PERMISSÃO PARA SENTIR

PERMISSÃO PARA SENTIR

COMO COMPREENDER NOSSAS EMOÇÕES
E USÁ-LAS COM SABEDORIA PARA
VIVER COM EQUILÍBRIO E BEM-ESTAR

Marc Brackett, Ph.D.
DIRETOR DO CENTRO DE INTELIGÊNCIA EMOCIONAL DE YALE

SEXTANTE

Título original: *Permission to Feel*

Copyright © 2019 por Marc Brackett
Copyright da tradução © 2021 por GMT Editores Ltda.

Todos os direitos reservados. Nenhuma parte deste livro pode ser utilizada ou reproduzida sob quaisquer meios existentes sem autorização por escrito dos editores.

tradução: Livia de Almeida
preparo de originais: Suelen Lopes
revisão: Ana Grillo e Hermínia Totti
diagramação: Valéria Teixeira
capa: Anne Twomey
adaptação de capa: Ana Paula Daudt Brandão
impressão e acabamento: Bartira Gráfica

CIP-BRASIL. CATALOGAÇÃO NA PUBLICAÇÃO
SINDICATO NACIONAL DOS EDITORES DE LIVROS, RJ

B789p

Brackett, Marc
    Permissão para sentir / Marc Brackett ; [tradução Livia de Almeida]. - 1. ed. - Rio de Janeiro : Sextante, 2021.
    320 p. ; 23 cm.

Tradução de: Permission to feel
ISBN 978-65-5564-205-6

    1. Emoções. 2. Autoaceitação. 3. Relações humanas. 4. Técnicas de autoajuda. I. Almeida, Livia de. II. Título.

21-71992   CDD: 152.4
                                                    CDU: 159.942

Camila Donis Hartmann - Bibliotecária - CRB-7/6472

Todos os direitos reservados, no Brasil, por
GMT Editores Ltda.
Rua Voluntários da Pátria, 45 – 14.º andar – Botafogo
22270-000 – Rio de Janeiro – RJ
Tel.: (21) 2538-4100
E-mail: atendimento@sextante.com.br
www.sextante.com.br

Para o tio Marvin

E para minha mãe e meu pai

Sumário

Prólogo   9

PARTE UM PERMISSÃO PARA SENTIR   13

    1. Permissão para sentir   14

    2. Emoções são informações   30

    3. Como se tornar um cientista da emoção   57

PARTE DOIS O MÉTODO RULER   79

    4. Reconhecer a emoção   80

    5. Compreender a emoção   97

    6. Rotular a emoção   115

    7. Expressar a emoção   133

    8. Regular a emoção   152

PARTE TRÊS COMO APLICAR HABILIDADES EMOCIONAIS PARA MAXIMIZAR O BEM-ESTAR E O SUCESSO   179

    9. Emoções no lar   180

10. Emoções na educação: da pré-escola   204
à universidade

11. Emoções no trabalho   235

Para criar uma revolução das emoções   255

Referências   258

Agradecimentos   314

Prólogo

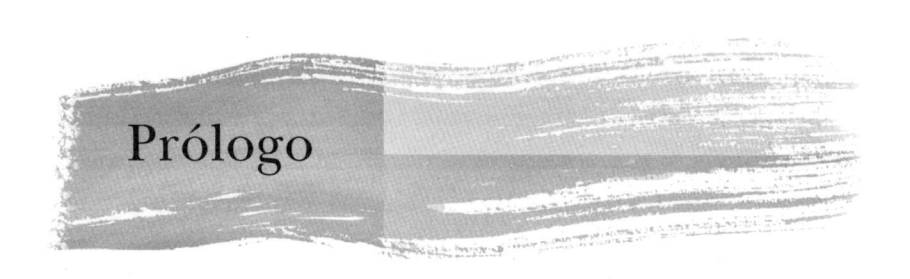

Muito bem, vamos começar pelas perguntas fáceis: qual é o problema com o título deste livro? Desde quando alguém precisa de permissão para sentir?

É verdade que todos nós temos sentimentos de modo mais ou menos contínuo, isto é, eles surgem a cada momento – até mesmo nos sonhos – sem pedir nem obter a aprovação de ninguém. Parar de sentir seria como parar de pensar. Ou de respirar. Impossível. Nossas emoções constituem grande parte daquilo que nos torna humanos.

Mesmo assim, passamos a vida tentando fingir o contrário. Nossos sentimentos podem se revelar problemáticos, inconvenientes, confusos e até viciantes. Eles nos deixam vulneráveis, expostos, nus diante do mundo. E nos levam a fazer coisas que preferiríamos não ter feito. Não é de admirar que nossas emoções às vezes nos assustem, por parecerem tão fora de controle. Com frequência, fazemos de tudo para negá-las ou escondê-las – às vezes até de nós mesmos. Essas atitudes em relação às emoções são transmitidas a nossos filhos, que passam a seguir o exemplo dos pais e professores, seus principais modelos. As crianças absorvem essa mensagem com tal intensidade que, em pouco tempo, também aprendem a suprimir até os sinais mais urgentes vindos de seu interior. Exatamente como aprendemos e ensinamos a fazer.

Você mal começou a leitura deste livro, mas aposto que já sabe do que estou falando.

É nesse contexto que negamos a nós mesmos – e às outras pessoas – a permissão para sentir. Nós engolimos em seco, reprimimos, fingimos. Evitamos a conversa difícil com um colega, depois explodimos com um ente querido e devoramos um pacote inteiro de biscoito sem fazer ideia do motivo. Quando negamos a nós mesmos o direito de sentir, surge na sequência uma longa lista de resultados indesejados. Perdemos até a capacidade de identificar o que estamos sentindo. É como se, sem perceber, ficássemos um pouco entorpecidos por dentro. Quando isso acontece, não conseguimos entender por que estamos experimentando uma emoção ou o que está acontecendo em nossa vida para provocá-la. Por não sermos capazes de nomeá-la, também não conseguimos expressar o que sentimos de um modo que as pessoas ao nosso redor consigam compreender. E se não conseguimos reconhecer, compreender ou colocar em palavras nossas emoções, é impossível fazer qualquer coisa a respeito, seja dominar nossos sentimentos – não negá-los, mas aceitá-los, até mesmo abraçá-los –, seja aprender a fazer com que nossas emoções trabalhem a nosso favor e não contra nós.

Lido com essas questões a cada minuto da minha carreira. Por meio de pesquisas acadêmicas e de experiências na vida real, sobretudo na área da educação, já vi o preço terrível que pagamos por nossa incapacidade de lidar de forma saudável com nossa vida emocional.

A seguir, há algumas evidências disso:

- Em 2017, cerca de 8% dos adolescentes de 12 a 17 anos e 25% dos jovens adultos de 18 a 25 anos nos Estados Unidos eram usuários de drogas ilícitas.
- O número de incidentes de bullying e assédio desde a pré-escola até o ensino médio relatados à Liga Antidifamação dobrou a cada ano entre 2015 e 2017 nos Estados Unidos.
- De acordo com uma pesquisa Gallup de 2014, 46% dos professores americanos relatam alto nível de estresse diário durante o ano

letivo. Empatam com enfermeiras, apresentando a taxa mais alta entre todos os grupos profissionais.
- Uma pesquisa Gallup de 2018 revelou que mais de 50% dos trabalhadores americanos não se sentem motivados pelo que fazem; 13% deles se sentem "infelizes".
- De 2016 a 2017, mais de um a cada três alunos em 196 campi universitários dos Estados Unidos relataram diagnósticos de transtornos mentais. Alguns campi relataram um aumento de 30% nos problemas de saúde mental de um ano para o outro.
- De acordo com o Relatório Mundial da Felicidade de 2019, os sentimentos negativos, incluindo preocupação, tristeza e raiva, têm aumentado em todo o mundo, chegando a 27% em 2018.
- Os transtornos de ansiedade são as doenças mentais mais comuns nos Estados Unidos, afetando 25% das crianças entre 13 e 18 anos.
- A depressão é a principal doença incapacitante em todo o mundo.
- Problemas de saúde mental podem custar à economia global cerca de 16 trilhões de dólares até 2030. Isso inclui custos diretos com cuidados de saúde e medicamentos ou outras terapias e custos indiretos, como perda de produtividade.

Ao que parece, preferimos gastar mais dinheiro e esforço lidando com os efeitos de problemas emocionais a tentar preveni-los.

Tenho um interesse pessoal no que acontece de ruim dentro de nós quando negamos a nós mesmos a permissão para sentir. Isso significa que já passei por essa situação, mas, graças a alguém que se importou, consegui sair dela vivo. Falaremos mais a respeito disso.

Algumas pessoas podem alegar ter as habilidades apresentadas neste livro sem que tenham precisado buscá-las de forma consciente. Eu tive que aprendê-las. E elas *são* habilidades. Todos os tipos de personalidade – comunicativos ou quietos, imaginativos ou práticos, neuróticos ou despreocupados – as acharão acessíveis e até transformadoras. São habilidades claras, simples e testadas que podem ser desenvolvidas por qualquer pessoa de quase todas as faixas etárias.

Recentemente, fiz um treinamento com administradores num dos distritos escolares mais desafiadores dos Estados Unidos. Fui alertado: "Eles vão comê-lo vivo." No almoço do primeiro dia, eu estava na fila do refeitório ao lado de um diretor e, para puxar assunto, perguntei: "E aí, o que está achando até agora?" Ele me encarou, depois olhou para a comida e respondeu: "As sobremesas parecem muito boas." Naquele momento, percebi o que eu estava enfrentando. Estou acostumado a encontrar resistência, mas aquela atitude me atingiu com força. Decidi então que esse seria meu projeto. O superintendente estava totalmente convencido dos resultados do meu trabalho, mas tinha ficado claro que só teríamos sucesso naquele distrito se os diretores, pessoas como aquele sujeito, também acreditassem.

No final de alguns dias de ensino intensivo, esbarrei com aquele diretor outra vez. "Quando nos conhecemos, você não tinha tanta certeza de que esse curso funcionaria no seu caso", falei. "Estou curioso. Agora que você passou dois dias aprendendo sobre as emoções e sobre a forma de integrar as habilidades emocionais em sua escola, o que acha?"

"Pois bem, vou te contar", começou ele, fazendo uma pausa para organizar os pensamentos. "Agora percebo que eu não fazia ideia do que não sabia. A linguagem dos sentimentos era totalmente desconhecida para mim."

Isso foi encorajador. Ele prosseguiu:

"Então, obrigado por me dar permissão para sentir."

Vamos começar por aí.

PARTE UM

PERMISSÃO
PARA SENTIR

1 Permissão para sentir

Como você está se sentindo?

Essa é uma pergunta razoável quando se leva em consideração o tema deste livro. Aliás, eu a repetirei algumas vezes antes de chegarmos ao fim. Uma vez que essa pergunta costuma ser feita com enorme frequência, teoricamente deveria ser a mais fácil de responder, e não a mais difícil – dependendo do nível de sinceridade que vamos empregar na resposta.

Estou falando agora não apenas como psicólogo e diretor de um centro dedicado ao bem-estar emocional, mas também como ser humano. Gostaria que alguém tivesse me feito essa pergunta quando eu era pequeno – claro, com o desejo sincero de saber a resposta, com a coragem de fazer algo em relação ao que eu revelaria.

Não fui uma criança feliz.

Eu me sentia assustado, com raiva, sem esperança. Intimidado. Isolado. Eu sofria bastante.

Nossa, como eu sofria!

Quando eu estava na escola, bastava olhar para mim para perceber que algo estava errado. Eu era um péssimo aluno, com notas medíocres. Minha alimentação era tão problemática que passei de magérrimo à faixa de sobrepeso. Além disso, não tinha amigos de verdade.

Meus pais me amavam e se importavam comigo – eu sabia disso.

Mas eles tinham as próprias dores. Minha mãe era ansiosa e deprimida, tinha problemas com bebidas alcoólicas. Meu pai era raivoso, assustador, parecia sempre decepcionado com o fato de ter um filho que não era tão durão quanto ele. No entanto, os dois tinham pelo menos uma coisa em comum: não faziam a mínima ideia de como lidar com sentimentos – nem com os deles, nem com os meus.

Eu passava horas sozinho no quarto, chorando ou angustiado com o bullying que sofria em silêncio na escola. Mas minha principal reação à vida era a raiva. Eu respondia a minha mãe com grosseria, gritava, berrava. "Quem você pensa que é para falar assim comigo?", ela esbravejava. "Espere até seu pai chegar em casa!" Quando isso acontecia, minha mãe contava como eu a tinha desrespeitado, e ele invadia meu quarto aos berros: "Se eu tiver que dizer mais uma vez para você parar de falar com sua mãe desse jeito, vou perder a cabeça!" Às vezes, ele me poupava do sermão e simplesmente começava a me bater.

Aí minha mãe se intrometia, e os dois brigavam por causa do modo como ele lidava com a situação. Por fim, meu pai desistia e minha mãe entrava no quarto, dizendo: "Marc, salvei você *desta* vez..."

Eu me perguntava: Do que ela acha que me salvou?

Sem querer, eles me ensinaram uma lição poderosa: eu devia guardar meus sentimentos. Ter a certeza de não permitir que os vissem. Mas isso só faria com que tudo fosse de mal a pior.

Foi nessa época que descobriram meu segredo mais terrível – que um vizinho, um amigo da família, estava abusando sexualmente de mim. Quando finalmente tomaram conhecimento, meu pai pegou um bastão no porão e quase matou o homem. Minha mãe chegou perto de ter um colapso nervoso. A polícia prendeu o vizinho, e logo todo o bairro soube. Descobriu-se depois que meu agressor também violentara dezenas de outras crianças.

Você pode estar imaginando que todos ficaram felizes por eu ter exposto esse horror. Errado. Tornei-me um pária no mesmo instante. Todos os adultos mandavam os filhos ficarem longe de mim. O bullying piorou ainda mais.

De uma hora para outra, a fonte das minhas explosões emocionais ficou clara para meus pais. O motivo das minhas notas ruins. Da bulimia. Do isolamento social. Do desespero. Da raiva.

Eles fizeram o mesmo que tantos outros pais sob tamanha pressão. Surtaram.

Na verdade, nem tanto: eles tiveram clareza suficiente para me levar a um psicólogo. Mas estavam sobrecarregados demais com os próprios problemas para ter condições de lidar com a vida emocional de outra pessoa; tentavam apenas sobreviver. Eles não perceberam ou então ignoraram todos os sinais que eu enviava, o que não chega a ser uma surpresa de fato. Talvez se sentissem mais seguros sem fazer muitas perguntas sobre meu dia a dia na escola ou no bairro. Talvez estivessem com medo do que descobririam – medo de ter que tomar alguma atitude, caso soubessem.

Se meus avós tivessem feito a eles as perguntas certas e lhes ensinado como lidar com os sentimentos e o que fazer quando surgissem problemas, minha vida naquela época poderia ter sido diferente. Talvez meus pais tivessem sido capazes de perceber a dor que eu sentia e saber como me ajudar.

Isso nunca aconteceu.

Algumas dessas coisas podem soar familiares para você. Ao longo da carreira, tenho encontrado muitas pessoas que tiveram uma infância parecida com a minha. Sentimentos invisíveis, desconhecidos e considerados ruins eram bem enterrados. Não existem duas histórias idênticas. As pessoas me contam como sofreram agressões físicas. Ou como foram ignoradas e silenciadas. Como sofreram abusos emocionais. Como foram sufocadas por pais que viviam indiretamente por meio delas. Negligenciadas por pais alcoólicos ou viciados. Nossas reações nunca são iguais.

Às vezes os relatos não são tão dramáticos – algumas pessoas apenas cresceram em lares em que os problemas emocionais do dia a dia eram ignorados porque ninguém aprendeu a falar sobre eles ou a tomar medidas para lidar com eles. O cenário não precisava ser trágico para que alguém sentisse que sua vida emocional não importava a ninguém além dele mesmo.

Foi assim que eu reagi: tornei-me insensível a meus sentimentos. Bloqueei todas as emoções. Ativei o modo de sobrevivência.

E então um milagre aconteceu.

Seu nome era Marvin. Tio Marvin, na verdade.

Ele era irmão da minha mãe, professor durante o dia e líder de banda à noite e nos fins de semana. Nós viajávamos de Nova Jersey até os balneários nas montanhas Catskill para assistir às apresentações de nossa celebridade familiar. Tio Marvin era realmente um ponto fora da curva – singular entre todos os meus parentes e entre todos os adultos que conheci. Era como o personagem de Robin Williams em *Sociedade dos poetas mortos*.

Em seu trabalho diurno, já na década de 1970, tio Marvin tentava criar um currículo que incentivasse os alunos a expressar o que sentiam. Ele acreditava que esse era o elo perdido na educação desses jovens – isto é, acreditava que as *habilidades emocionais* melhorariam o aprendizado e a vida deles. Eu ajudava tio Marvin datilografando suas anotações enquanto ele as lia em voz alta. Deparei com termos como "desespero", "alienação", "compromisso" e "euforia" e me reconheci em muitos deles.

Numa tarde de verão, enquanto estávamos sentados juntos no quintal, tio Marvin perguntou se poderia me aplicar um teste de QI. Acontece que eu era mais inteligente do que meus boletins deploráveis sugeriam. Acho também que ele desconfiava que eu estava passando por turbulências profundas relacionadas à escola e aos abusos sofridos. Isso levou meu tio a me fazer uma pergunta que eu nunca tinha ouvido de um adulto ou de qualquer outra pessoa:

"Marc", disse ele, "como você está se sentindo?"

Com essas palavras, a represa dentro de mim se rompeu e foi liberada a torrente de emoções. Todas as coisas terríveis que eu vivenciava na época e todos os sentimentos que tive em resposta a essas experiências, tudo veio à tona num turbilhão.

Essa breve pergunta foi o que bastou para mudar minha vida. Não foi apenas o que tio Marvin disse; foi a maneira como disse. Ele realmente queria ouvir a resposta. Sem me julgar pelo que eu sentia. Apenas ouviu, com receptividade e empatia, o que eu estava expressando. Não tentou me interpretar nem me explicar.

Eu me abri de verdade naquele dia.

"Não tenho amigos, sou péssimo em esportes, sou gordo e todas as crianças da escola me odeiam", lamentei, aos prantos.

Tio Marvin apenas ouviu. Ele escutou minhas palavras. Meu tio foi a primeira pessoa que escolheu não se concentrar em meu comportamento externo – sarcástico, retraído, desafiador, com toda certeza alguém desagradável de se ter por perto. Em vez disso, sentiu que algo mais estava acontecendo, algo significativo que ninguém, nem mesmo eu, reconhecera.

Tio Marvin me deu permissão para sentir.

Considerando tudo isso, não surpreende que, nos últimos 25 anos, eu venha pesquisando e escrevendo sobre as emoções e tenha percorrido o mundo para falar com as pessoas sobre seus sentimentos. Tornou-se minha paixão, o principal trabalho de minha vida. Sou professor do Centro de Estudos da Criança de Yale e diretor-fundador do Centro de Inteligência Emocional de Yale. Lá, lidero uma equipe de cientistas e profissionais que conduzem pesquisas sobre emoções e habilidades emocionais, além de desenvolverem abordagens para ensinar a pessoas de todas as idades – desde pré-escolares a CEOs seniores– habilidades que podem ajudá-las a prosperar. O objetivo do nosso Centro é usar o poder das emoções para criar uma sociedade mais saudável e justa, inovadora e compassiva.

Todos os anos, faço dezenas de palestras para educadores, alunos, pais, executivos, empresários, líderes políticos, cientistas, médicos e qualquer tipo de pessoa que se possa imaginar, em todo o mundo. Minha mensagem é a mesma: se pudermos aprender a identificar, expressar e controlar nossos sentimentos, mesmo os mais desafiadores, poderemos usar essas emoções para nos ajudar a criar vidas positivas e satisfatórias.

Sempre que falo para um grupo, começo pedindo aos espectadores que passem alguns minutos pensando sobre como estão se sentindo no momento. Então, convido-os a compartilhar. As respostas revelam muito – não necessariamente sobre suas emoções, mas sobre nossa incapacidade de falar sobre nossa vida emocional. O que descobri é que não temos sequer o vocabulário necessário para descrever o que sentimos com precisão: três quartos das pessoas demonstram dificuldade para encontrar uma palavra que exprima seus sentimentos. Em geral, dão voltas, se enrolam e depois usam os lugares-comuns a que todos nós recorremos: *Estou bem, legal, ok...*

Isso faz você pensar: será que ao menos sei como estou me sentindo? Eu me dei permissão para perguntar? Eu já fiz essa pergunta a meu parceiro, meu filho, meu colega de trabalho? Hoje, quando quase todas as questões podem ser resolvidas instantaneamente por tecnologias como Siri, Google ou Alexa, estamos perdendo o hábito de olhar para dentro ou de procurar outras pessoas em busca de respostas. Mas nem a Siri sabe tudo. E o Google não pode dizer por que seu filho está desesperado ou animado, ou por que a pessoa amada não se sente tão amada ultimamente, ou por que você não consegue se livrar dessa ansiedade crônica que o sufoca.

Faz sentido, então, que tenhamos todo esse desconforto e essa estranheza ao expressar nossa vida emocional. Isso acontece mesmo quando estamos experimentando sentimentos positivos, mas se mostra especialmente verdade quando são desagradáveis – tristeza, ressentimento, medo, rejeição. Todos eles nos conectam com nossas fraquezas, e quem quer expô-las? O instinto de nos proteger escondendo nossa vulnerabilidade é natural. Até os animais selvagens fazem isso. É autopreservação, pura e simples.

No entanto, todos nós fazemos esta pergunta ou alguma parecida várias vezes por dia, e somos convocados a respondê-la com a mesma frequência:

Como você está? Como você anda? Como você está se sentindo?

Perguntamos de modo tão automático que mal nos ouvimos. E respondemos com o mesmo espírito:

Ótimo, obrigado e você? Está tudo bem! Ocupado!

Sem parar um segundo sequer para pensar antes de responder.

Esse é um dos grandes paradoxos da condição humana. Fazemos algumas variações da pergunta "Como você está se sentindo?" repetidamente, o que nos levaria a supor que atribuímos alguma importância a ela. No entanto nunca esperamos nem desejamos – muito menos fornecemos – uma resposta sincera.

Imagine o que aconteceria se, da próxima vez que um conhecido (ou o atendente da lanchonete) dissesse "Oi, como vai?", você passasse cinco minutos dando uma resposta detalhada. Se realmente desnudasse a alma. Garanto que levaria muito tempo para que aquela pessoa voltasse a fazer essa pergunta.

Há algo significativo acontecendo na enorme desconexão entre nossa disposição de perguntar como nos sentimos e nossa relutância em responder com honestidade. Sabemos agora que, à possível exceção da saúde física, o estado emocional é um dos aspectos mais importantes de nossa vida. Ele governa todo o resto. Sua influência é incisiva. No entanto é também o que controlamos com mais cuidado. Nossa vida mais profunda, nosso âmago, é um território desconhecido até para nós mesmos, um lugar arriscado de se explorar.

A vida é saturada de emoções – tristeza, decepção, ansiedade, irritação, entusiasmo e até tranquilidade. Às vezes – na verdade, com frequência – os sentimentos são inconvenientes. Eles atrapalham nossa vida já cheia de ocupações, ou pelo menos é isso que dizemos. Portanto, fazemos o possível para ignorá-los. Esse comportamento está em toda parte, dos altos escalões dos governos aos pátios escolares e parquinhos infantis. Todos nós acreditamos que nossos sentimentos são importantes e merecem ser tratados de forma respeitosa e plena. Mas também consideramos as emoções perturbadoras e improdutivas – no trabalho, em casa e em qualquer lugar. Até a década de 1980, a maioria dos psicólogos via as emoções como um ruído estranho, uma estática inútil. Os sentimentos nos desaceleram e atrapalham a realização de nossos objetivos. Todos nós já ouvimos estes conselhos: *Supere! Pare de pensar em si mesmo* (como se isso fosse possível!). *Não seja tão sensível. É hora de seguir em frente.*

A ironia, porém, é que quando ignoramos nossos sentimentos, ou os suprimimos, eles se tornam mais fortes. Gostemos ou não, as emoções realmente poderosas se acumulam em nosso interior como uma força sombria que envenena tudo o que fazemos. Sentimentos que nos machucam não desaparecem por conta própria. Eles não se curam sozinhos. Se não expressamos nossas emoções, elas se acumulam como uma dívida que em algum momento será cobrada.

E não estou falando apenas dos momentos em que sentimos algo desagradável. Também podemos não entender o que sentimos quando as coisas vão bem. Ficamos satisfeitos em apreciar as emoções sem examiná-las em profundidade. É um erro, claro. Para fazer escolhas positivas no futuro, precisamos saber o que nos trará felicidade – e por quê.

Provas da nossa incapacidade de lidar de forma construtiva com a vida emocional estão ao nosso redor. Em 2015, em colaboração com a Fundação Robert Wood Johnson e a Fundação Born This Way (criada por Lady Gaga e sua mãe, Cynthia Germanotta), realizamos uma grande pesquisa com 22 mil adolescentes dos Estados Unidos e pedimos que descrevessem como se sentiam enquanto estavam na escola. Três quartos das palavras empregadas foram negativas, com "cansado", "entediado" e "estressado" ocupando o topo da lista. Isso não foi surpreendente, dado que cerca de 30% dos alunos do ensino fundamental experimentam problemas de adaptação graves o suficiente para exigir aconselhamento contínuo. Em escolas economicamente desfavorecidas, essa parcela chega a 60%.

De acordo com um relatório do Unicef, atualmente os jovens americanos ocupam o último quarto entre as nações desenvolvidas em matéria de bem-estar e satisfação com a vida. Pesquisas mostram que eles apresentam níveis de estresse superiores aos dos adultos. Os adolescentes dos Estados Unidos são líderes mundiais em violência, consumo excessivo de álcool, uso de maconha e obesidade. Mais da metade dos estudantes universitários experimenta uma ansiedade avassaladora e um terço relata depressão intensa. E, nas últimas duas décadas, houve um aumento de 28% na taxa de suicídio.

Com que clareza as crianças pensam quando se sentem cansadas, entediadas e estressadas? Será que absorvem bem novas informações quando estão ansiosas? Levam seus estudos a sério? Sentem-se inclinadas a expressar sua curiosidade e buscar o aprendizado?

A seguir, conto uma história que me diz muito sobre a atmosfera emocional nas escolas.

A superintendente de um importante distrito metropolitano nos Estados Unidos estava realizando visitas a escolas. Enquanto caminhava pelos corredores com o diretor, ela viu uma menina indo para uma das salas de aula e a cumprimentou, tentando iniciar uma conversa.

A menina se recusou a cumprimentá-la.

"Ela nem me respondeu", contou a superintendente. Depois de um momento de confusão mútua, a menininha baixou a cabeça e seguiu em frente. Ao que parecia, tinham recomendado aos alunos que caminhassem em silêncio sobre uma linha branca pintada no centro dos corredores. "Sair da linha para falar comigo seria desobedecer às regras", disse a superintendente.

Nunca saberemos como essa conversa poderia ter sido. O instinto natural da aluna e da educadora de se envolverem foi reprimido pela demanda da escola, que colocava a ordem acima de tudo.

O que pode acontecer num simples diálogo, num momento de conversa fiada no corredor? Provavelmente muito pouco. Embora você talvez tenha algumas memórias da primeira infância que se destacam em meio à névoa dos anos, cenas que perduraram com o passar do tempo apenas pelo fato de que um adulto abriu espaço em sua vida para você, reservou-lhe um momento. Foi o que aconteceu comigo. Uma coisa pequena como essa, se for sincera, pode reverberar.

Não são apenas os alunos que se sentem oprimidos. E quanto aos professores? Em 2017, em colaboração com o New Teacher Center, realizamos uma pesquisa com mais de 5 mil educadores e descobrimos que eles passam quase 70% de seu tempo de trabalho se sentindo "frustrados", "oprimidos" e "estressados". Isso está de acordo com os dados da Gallup, mostrando que quase metade dos professores dos Estados Unidos relata alto estresse diário. Um retrato assustador desse sistema educacional, não concorda?

Quão eficazes são os educadores quando se sentem tão frustrados, oprimidos e estressados quanto as crianças? Será que conseguem dar seu melhor nas aulas? São agressivos verbalmente com os alunos sem querer ou ignoram suas necessidades porque estão emocionalmente exaustos? Será que saem do trabalho se sentindo esgotados, temendo o retorno para a sala de aula no dia seguinte?

Se não entendermos nem encontrarmos estratégias para lidar com as emoções, elas assumirão o controle de nossa vida, como aconteceu comigo quando era criança. O medo e a ansiedade impossibilitavam que eu tentasse lidar com meus problemas. Eu me sentia paralisado. Hoje em dia, a ciência já demonstra as razões disso. Se houvesse alguém para me ensinar as habilidades emocionais – ao menos alguém para me dizer simplesmente que *existiam* tais habilidades –, talvez eu sentisse que tinha mais controle da situação. No entanto, tudo o que pude fazer foi suportar.

Durante as palestras, costumo fazer a observação de que atualmente as crianças vivem num estado de crise permanente. Em geral, isso faz com que alguém faça uma pergunta que na verdade é uma opinião: "Você não acha que faltam a esses garotos a dureza e a fibra moral que se tinha há algumas gerações?"

Minha resposta para essa pergunta amadureceu com o passar dos anos. No passado, uma declaração dessas realmente me deixaria irritado. Parece que alguém está procurando motivo para se sentir superior e culpar as vítimas. Hoje em dia, acho que essa pergunta é irresponsável.

Suponha que falte *mesmo* às crianças de hoje a força emocional que nós ou outra geração tínhamos em abundância. Vamos presumir que, no passado, os jovens passavam pelos mesmos desafios – ou talvez por outros, maiores –, mas eram capazes de lidar com os problemas.

E daí?

Será que isso significa que abdicamos da responsabilidade de fazer o melhor possível para ajudar as crianças de hoje? Se elas exigem alguma ajuda, não seria nosso dever ajudá-las, sem julgar? E se precisam mesmo de tanto apoio, como foi que chegaram a essa condição? Teria alguma relação com a forma como as criamos?

Houve um momento – e nem faz tanto tempo assim – em que as

crianças tinham uma necessidade básica que não era atendida. Em 1945, enquanto a Segunda Guerra Mundial ainda se desenrolava, um general (e ex-professor) chamado Lewis B. Hershey testemunhou perante o Congresso americano que quase metade de todos os recrutas do Exército foi rejeitada por motivos relacionados à má nutrição. O general tinha fundamentos para afirmar isso: Hershey era o responsável pelo Sistema de Serviço Seletivo. Ele via rapazes desnutridos e percebia sua incapacidade para a guerra.

O Congresso não emitiu qualquer declaração condenando a irresponsabilidade da geração mais jovem. Pelo contrário: um projeto bipartidário foi aprovado – a Lei Nacional de Merenda Escolar.

Em outras palavras, passamos a alimentar as crianças.

Está na hora de voltar a alimentá-las.

No Centro de Inteligência Emocional de Yale, é só o que pensamos: como podemos ajudar as pessoas a identificar suas emoções, a compreender a influência de seus sentimentos sobre todos os aspectos da vida e a desenvolver habilidades que garantam que usem as emoções de formas produtivas e saudáveis.

Certa vez, após uma conversa com profissionais de saúde mental num grande hospital, o chefe da psiquiatria infantil se aproximou de mim e disse: "Marc, ótimo trabalho. Mas, sabe, de acordo com nossos dados, vamos precisar de mais 8 mil psiquiatras infantis para lidar com os problemas que essas crianças terão."

Fiquei estarrecido.

"Você me entendeu mal. Na verdade, quero deixar todos vocês sem ter o que fazer", respondi em tom de brincadeira.

Na perspectiva dele, todas aquelas crianças problemáticas precisariam de intervenções profissionais para lidar com a vida. No entanto, o que eu afirmava era que precisávamos repensar a educação para que as escolas passassem a ensinar habilidades emocionais – de forma que as intervenções profissionais se tornassem menos necessárias.

Já se passaram quase trinta anos desde que a ideia de inteligência emocional foi introduzida por meus mentores, Peter Salovey, professor de psicologia e atual presidente da Universidade Yale, e Jack Mayer, professor de psicologia da Universidade de New Hampshire. Já se passou um quarto de século desde que Daniel Goleman publicou seu best-seller *Inteligência emocional*, que popularizou o conceito. E ainda temos dificuldades com as perguntas mais básicas, por exemplo: "Como você está se sentindo?"

Os sentimentos são um tipo de informação. São como notícias vindas do interior de nossa psique, enviando mensagens sobre o que está acontecendo dentro da pessoa singular que cada um de nós é, diante de quaisquer eventos internos ou externos. Precisamos acessar essas informações e, em seguida, descobrir o que elas nos dizem. Assim podemos tomar decisões mais fundamentadas.

Esse é um imenso desafio. Não é como se toda emoção viesse com um rótulo nos contando precisamente o que a motivou, por que e o que pode ser feito para resolvê-la. O pensamento e o comportamento mudam em resposta ao que estamos sentindo. Mas nem sempre sabemos qual seria a melhor forma de lidar com nossas emoções. Para os pais, talvez seja um cenário familiar: vemos uma criança que está claramente sofrendo, mas a razão não é aparente. Pergunte apenas "O que há de errado?" e a resposta quase nunca revelará a origem da angústia. Talvez a criança nem saiba o que está errado.

Um exemplo: a raiva por vezes pode parecer não provocada ou inexplicável, no entanto, em quase todos os casos ela é uma resposta ao que percebemos como um tratamento injusto. Sofremos algum tipo de injustiça, grande ou pequena, e isso nos deixa furiosos. Alguém fura a fila na sua frente – e você se irrita. Você merecia uma promoção no trabalho, mas ela foi dada à sobrinha do chefe – e você fica indignado. É a mesma dinâmica básica em funcionamento.

A maioria de nós não gosta de lidar com a raiva, seja ela nossa ou de outra pessoa. Quando o pai, a mãe ou um professor depara com o que talvez seja uma criança com raiva, em muitas ocasiões o primeiro impulso é ameaçar com castigos – se você não parar de gritar, de falar com grosseria ou de bater os pés, vai ficar sem ver TV/ vai ficar sem recreio.

Quando um adulto está com raiva, nossa reação não é muito diferente. Recuamos de imediato. Paramos de ouvir com compaixão. Nós nos sentimos sob ataque, o que torna quase impossível lidar com as informações que a pessoa irritada está transmitindo. Mas essa raiva é uma mensagem importante. Se pudermos apaziguar a injustiça que a desencadeou, a raiva irá embora porque perde a utilidade. Do contrário, vai se transformar numa chaga aberta, mesmo que pareça ceder.

Felizmente, existe uma ciência para compreender a emoção. Não é apenas uma questão de intuição, de opinião ou de instinto visceral. Não nascemos com um talento inato para reconhecer o que nós ou qualquer outra pessoa está sentindo e por quê. Todos temos que aprender. *Eu* tive que aprender.

Como ocorre com qualquer ciência, há um processo de descoberta, um método de investigação. Depois de três décadas de pesquisa e experiência prática, nós do Centro de Inteligência Emocional de Yale identificamos os talentos necessários para nos tornarmos o que chamamos de "cientistas da emoção".

Aqui estão as cinco habilidades que identificamos. Precisamos:

- Reconhecer nossas emoções e as dos outros, não apenas por meio do que pensamos, sentimos e dizemos, mas também pelas expressões faciais, linguagem corporal, tom de voz e outros sinais não verbais.
- Compreender esses sentimentos e determinar sua origem – quais foram as experiências que os provocaram –, para então ver como eles influenciaram nosso comportamento.
- Rotular as emoções com um vocabulário variado.
- Expressar nossos sentimentos de acordo com as normas culturais e contextos sociais de modo a informar o ouvinte e provocar sua empatia.
- Regular as emoções, em vez de permitir que elas nos regulem, descobrindo estratégias práticas para lidar com o que nós e os outros sentimos.

O restante deste livro é dedicado a ensinar essas habilidades e o modo de usá-las.

No fim da década de 1990, tio Marvin e eu começamos a levar essas habilidades para as escolas. Fracassamos. Estávamos preparados para dar instruções em sala de aula para as crianças. Mas alguns professores resistiram. "Ensinar as crianças sobre ansiedade me deixa nervoso", confessou um deles. "Não vou abrir a caixa de Pandora que é falar sobre como as crianças se sentem", afirmou outro. Se os professores não acreditassem na importância das habilidades emocionais, nunca seriam eficazes em instruir seus alunos. Então, Marvin e eu, junto com os novos colegas de Yale, voltamos aos estudos. Vimos que nunca alcançaríamos as crianças se primeiro não recrutássemos professores que entendessem a importância das habilidades emocionais. E logo depois percebemos que só poderíamos transformar sistemas escolares inteiros se houvesse comprometimento no topo da hierarquia escolar, nos comitês escolares, junto aos superintendentes e diretores.

Então, ficou claro que essas habilidades precisam ser compartilhadas de forma mais ampla. *Todos nós*, adultos, precisamos entender como as emoções nos influenciam e como influenciam as pessoas a nossa volta, não apenas as crianças em idade escolar. Precisamos desenvolver habilidades emocionais e nos tornar modelos positivos. Educadores e pais devem demonstrar a capacidade de identificar, discutir e regular as próprias emoções antes de ensinar essas habilidades a outras pessoas. Nossa pesquisa em sala de aula mostra que se o professor é emocionalmente habilidoso, os alunos fazem menos bagunça, se concentram mais e têm melhor desempenho acadêmico. Nossos estudos comprovam que onde há um diretor emocionalmente habilidoso, há professores menos estressados e mais satisfeitos. E onde há um pai emocionalmente habilidoso, há filhos com uma capacidade maior de identificar e de regular as emoções.

E assim, quando nossos filhos se tornarem adultos emocionalmente habilidosos, toda a cultura mudará – para melhor. Porém aprender essas habilidades e aprimorar a maneira como respondemos aos nossos sentimentos não significa que de repente ficaremos felizes o tempo todo.

A felicidade permanente não pode ser nosso objetivo – não é assim que a vida real funciona. Precisamos da capacidade de experimentar e expressar todas as emoções para diminuir ou aumentar as que são agradáveis ou desagradáveis, a fim de alcançar um maior bem-estar, tomar as decisões de modo mais fundamentado, construir e manter relacionamentos significativos e concretizar nosso potencial.

Esse movimento começa com nós mesmos. Se você é pai ou mãe, pergunte-se o seguinte: quais são as qualidades que você mais deseja que seus filhos tenham à medida que crescem? São habilidades matemáticas, conhecimento científico, desempenho atlético? Ou confiança, bondade, senso de propósito, sabedoria para construir relacionamentos saudáveis e duradouros? Quando consultamos líderes de empresas, eles nos dizem que estão à procura de funcionários que perseveram numa tarefa, que assumem responsabilidade por seu trabalho, que podem se dar bem com outras pessoas e funcionar como integrantes de uma equipe. Antes de habilidades técnicas ou de conhecimentos especializados, as empresas procuram os atributos emocionais. Um colega da RAND Corporation me disse que a tecnologia avança com tamanha rapidez nos dias de hoje que as empresas não contratam os funcionários por conta de suas habilidades atuais – na verdade, estão em busca daqueles que demonstram flexibilidade, que conseguem apresentar novas ideias, inspirar cooperação em grupo, gerir e comandar equipes e assim por diante.

Podemos adquirir algumas dessas habilidades por "osmose", observando e imitando aqueles que as possuem. Mas, para a maioria, elas devem ser ensinadas. E são aprendidas mais facilmente no seio das comunidades. Habilidades emocionais são ao mesmo tempo pessoais e coletivas. Podem ser usadas em particular, mas a melhor aplicação se dá quando alcançam toda uma comunidade, de modo que uma rede emerge para reforçar sua própria influência. Já vi isso acontecer, pois essas habilidades estão sendo implantadas em milhares de escolas em todo o mundo, com resultados impressionantes. As crianças se beneficiam porque há menos bullying e estresse emocional, menos suspensões e melhor desempenho acadêmico. Além disso, também vimos que as escolas onde essas habilidades são ensinadas têm professores com níveis mais baixos de estresse e de esgotamento, com menos intenções de deixar a profissão, maior satisfação no trabalho e capacidade de dar aulas mais envolventes.

Todos nós queremos que nossa vida e a vida das pessoas que amamos sejam livres de adversidades e de acontecimentos perturbadores.

Não podemos fazer com que isso aconteça.

Todos nós queremos que nossa vida seja repleta de relacionamentos saudáveis, de compaixão e de um senso de propósito.

Isso nós podemos fazer *acontecer*.

Tio Marvin me mostrou como. Começa com a permissão para sentir, o primeiro passo do processo.

2 Emoções são informações

E ENTÃO, COMO VOCÊ *ESTÁ* SE SENTINDO?

Lembre-se, essa é uma pergunta bem mais complicada do que parece. Estamos sempre sentindo algo, em geral mais de uma coisa ao mesmo tempo. Nossas emoções estão num fluxo constante, não são um evento ocasional. Dentro de nós existe um rio – plácido e contido às vezes, mas turbulento e transbordante em outras ocasiões. Há muito a ser navegado.

Imagine-se ao despertar. Mesmo nesse momento, enquanto recupera lentamente a consciência, você sente algo. Talvez esteja desesperado por mais uma hora de descanso. Talvez esteja esbanjando energia e pronto para pular da cama. Num dia ruim, talvez sinta pavor ao pensar no deslocamento até o trabalho ou no que você precisará enfrentar em poucas horas. Pode estar chovendo, o que aumenta ainda mais seu desânimo. Ou você pode estar se sentindo alegre e radiante graças ao que deve fazer mais tarde. Ou talvez seja um grande alívio, ao se lembrar de que é sábado. Ou a expectativa de um dia repleto de criatividade e empolgação. Dentro de dez minutos, seu estado emocional pode ser completamente diferente, dependendo do que você viu no noticiário matinal, do que seu cônjuge falou sobre os planos para a noite ou da rachadura que você acabou de perceber na parede da sala. Nossa vida emocional é uma montanha-russa, subindo loucamente em determinado momento e despencando em seguida.

Imagine como deve ser tudo isso para as crianças. O mesmo fluxo constante de sentimentos, toda a gama que vai do esmagadoramente negativo ao euforicamente positivo, desde o momento em que despertam pela manhã, passando por todo o dia de aula, até o momento em que adormecem. O problema é que as crianças ainda não aprenderam a gerenciar as emoções – não sabem como suprimir e compartimentalizar aquilo que é inconveniente no momento, como canalizar os sentimentos úteis de modo a obter o benefício máximo. Experimentam tudo com muita intensidade: tédio, frustração, ansiedade, preocupação, empolgação, alívio. E ficam sentadas durante horas numa sala de aula, sob a expectativa de prestar atenção em todas as palavras ditas por um professor que provavelmente está sob as mesmas pressões emocionais. O cérebro das crianças é menos desenvolvido do que o dos adultos; suas defesas são menos robustas. No entanto, os rios de emoção que as atravessam costumam ter mais pedras do que aqueles que experimentamos. É espantoso que alguém consiga aprender alguma coisa.

Portanto, há muito com que lidar a cada segundo. Não podemos ficar o tempo todo concentrados em nossas emoções. Não teríamos tempo nem atenção para fazer outras coisas. Contudo não podemos passar pela vida ignorando o que sentimos ou minimizando seu significado. Todas as emoções constituem uma importante fonte de informação sobre o que acontece dentro de nós. Nossos múltiplos sentidos nos trazem notícias de nosso corpo, de nossa mente, do mundo exterior, e em seguida o cérebro processa, analisa e formula nossa experiência. Chamamos isso de *sentimento*.

Porém, como seres humanos, temos uma longa história de desconsiderá-los. Isso remonta a milênios, mesmo antes de os filósofos estoicos da Grécia antiga argumentarem que as emoções eram fontes de informação pouco confiáveis. A razão e a cognição eram vistas como poderes superiores; no passado, a noção de "inteligência emocional" teria parecido inconcebível, uma contradição em termos. Desde então, boa parte da literatura ocidental, da filosofia e da religião nos ensinou que as emoções são uma espécie de interferência interna que atrapalha nosso bom senso e o pensamento racional. Não é coincidência que ainda gostemos de pensar que a inteligência e a emoção residem em duas partes completamente diferentes de nosso corpo – uma vem da cabeça, a outra do coração. Em qual das duas aprendemos a ter mais confiança?

Os cientistas não gostavam de emoções porque, ao contrário da inteligência, elas não podem ser medidas por testes padronizados. O QI se baseia principalmente em processos cognitivos "frios", como lembrar uma série de dígitos ou de fatos históricos, enquanto a inteligência emocional depende de processos socioemocionais e cognitivos "quentes", que costumam trazer uma forte carga, ser orientados por relacionamentos e focados na avaliação, na previsão e no enfrentamento de sentimentos e comportamentos – nossos e de outras pessoas.

É por isso que o estudo da inteligência, formalizado por volta de 1900, manteve a tradição de desconsiderar as emoções. Ao longo da maior parte do século XX, psicólogos e filósofos ainda debateram se as emoções estavam de alguma forma associadas ao pensamento lógico e ao comportamento inteligente. Não é de admirar que a identificação da inteligência emocional tenha ocorrido tarde em comparação com a de outros tipos.

Em 1990, os psicólogos Peter Salovey e John Mayer introduziram a primeira teoria formal da inteligência emocional na literatura científica. Eles a definiram como "a capacidade de monitorar seus próprios sentimentos e emoções e os dos outros, reconhecê-los e usar essas informações para guiar seus pensamentos e ações".

Em Yale, entrevistei Salovey, que disse: "Comecei a estudar as emoções humanas num laboratório na faculdade no fim dos anos 1970. Naquela época, a psicologia não tinha muito interesse nas emoções. A revolução cognitiva estava com força total e as pessoas viam as emoções como 'ruído'. A ideia era que tínhamos emoções, mas elas não previam nada importante. Eu simplesmente não conseguia acreditar que isso era verdade, então me senti motivado a estudar as emoções para comprovar que elas importavam de uma forma positiva. Eu queria mostrar que tínhamos um sistema emocional por algum motivo. E que esse sistema emocional nos ajudava a atravessar a vida."

A inteligência emocional se tornou uma síntese de três áreas emergentes da pesquisa científica, que demonstraram que as emoções, quando utilizadas com sabedoria, apoiavam o raciocínio e a resolução de problemas complexos.

A primeira foi a redescoberta da visão funcional da emoção elaborada por Charles Darwin. No século XIX, ele foi pioneiro ao trazer a ideia de que as emoções sinalizam informações valiosas e energizam o comportamento adaptativo, fundamental para a sobrevivência. O medo teve enfim sua utilidade reconhecida, especialmente nos ambientes ameaçadores em que nossa espécie viveu em tempos remotos. Nada como um bom susto para fazer com que você fuja de um tigre-dentes--de-sabre faminto.

Em seguida, descobriu-se como as emoções e os humores desempenham um papel essencial nos processos de pensamento, julgamento e comportamento. A partir de diversos experimentos, cientistas sociais e cientistas do cérebro que estudam diferentes regiões desse órgão começaram a descobrir como as emoções interagem com a cognição e o comportamento. A pesquisa mostrou que as emoções dão propósito, prioridade e foco ao nosso pensamento. Elas nos dizem o que fazer com o conhecimento que nossos sentidos transmitem. Ou seja, nos motivam a agir.

Psicólogos propuseram a ideia de um "ciclo cognitivo" que conecta o humor ao julgamento. Por exemplo, quando alguém está de bom humor, é mais provável que tenha pensamentos e lembranças positivas, o que, por sua vez, mantém a pessoa pensando em coisas positivas. Em um estudo clássico, o psicólogo Gordon Bower, da Universidade Stanford, usou a hipnose para fazer com que os participantes se sentissem alegres ou tristes. Em seguida, eles tiveram que completar três tarefas: lembrar listas de palavras, escrever num diário e relembrar experiências da infância. Os indivíduos que ficaram tristes relembraram mais memórias e palavras negativas, assim como registraram mais eventos desagradáveis nos diários. Da mesma forma, os participantes que se sentiram felizes relembraram mais memórias e palavras felizes, e também registraram eventos mais positivos. Outro estudo, da falecida pesquisadora Alice Isen, professora da Cornell University, e seus colegas, propôs que apenas alguns dos participantes assistissem a um filme de comédia. Em seguida, todos passaram por um teste de pensamento criativo. Os resultados indicaram um claro aumento da criatividade naqueles que viram o filme (aqueles numa "condição de afeto positivo"), comparados aos outros integrantes. É um viés natural – todos nós percebemos e recuperamos informações "congruentes com o humor" com mais facilidade. É apenas uma das muitas formas como as emoções influenciam o pensamento.

A terceira área de investigação científica foi uma busca por inteligências "alternativas", para incluir uma ampla gama de habilidades mentais em vez de apenas uma: o QI. Havia uma crescente frustração entre os pesquisadores com a incapacidade dos testes de QI de explicar resultados importantes na vida dos indivíduos. Howard Gardner, professor da Universidade Harvard, propôs uma teoria das inteligências múltiplas que aconselhava educadores e cientistas a dar maior ênfase às habilidades que iam além das verbais e matemáticas, como as intrapessoais (a consciência de seus próprios pontos fortes e fracos) e interpessoais (a capacidade de comunicar-se com eficácia e ter empatia). Outros pesquisadores, como Robert Sternberg, psicólogo que atua na Cornell University, propôs uma teoria da "inteligência bem-sucedida" e encorajou os cientistas e educadores a considerarem as habilidades criativas e práticas. Nancy Cantor e John Kihlstrom, psicólogos da Universidade Stanford, basearam-se na pesquisa de Edward Thorndike na década de 1920, colocando maior foco na "inteligência social" – a capacidade de acumular conhecimento sobre o mundo social, de compreender as pessoas e agir com sabedoria nas relações sociais.

No fim da década de 1990, a inteligência emocional finalmente alcançou paridade com os outros tipos de inteligência. Neurocientistas, psicólogos e pesquisadores chegaram a concordar que a emoção e a cognição trabalham juntas para realizar um processamento sofisticado de informações. Surgiram pesquisas que demonstravam que havia diferenças individuais na capacidade das pessoas de raciocinar com e sobre as emoções. Por exemplo, um estudo mostrou uma ampla gama de habilidades envolvidas na capacidade de regular emoções e de perceber as emoções em expressões faciais.

Todo o conteúdo deste livro se baseia nas últimas cinco décadas de pesquisa sobre os papéis – no plural – que a emoção desempenha em nossa vida. De uma perspectiva evolucionária, as emoções têm um propósito extremamente prático. Garantem nossa sobrevivência e nos tornam mais espertos. Se não precisássemos delas, simplesmente não existiriam.

Defendo que há cinco áreas em que nossos sentimentos são mais importantes, isto é, onde os aspectos da vida cotidiana são mais influenciados por nossas emoções. A primeira: nosso estado emocional determina a que direcionamos nossa atenção, o que lembramos e o que aprendemos. A segunda é a tomada de decisão: quando estamos nas garras de qualquer emoção forte – como a raiva ou a tristeza, mas também a euforia ou a alegria –, percebemos o mundo de forma diferente, e as escolhas que fazemos naquele momento são influenciadas por ela, para melhor ou para pior. A terceira são as relações sociais. O que sentimos – e como interpretamos os sentimentos dos outros – envia sinais para nos aproximarmos ou nos afastarmos das pessoas, para nos associarmos a alguém ou evitá-lo, para recompensar ou punir. A quarta é a influência das emoções em nossa saúde. As emoções positivas e negativas causam reações fisiológicas diferentes no corpo e no cérebro, liberando substâncias poderosas que, por sua vez, afetam o bem-estar físico e mental. E a quinta área tem a ver com criatividade, eficácia e desempenho. Para alcançar grandes objetivos, tirar boas notas ou ter sucesso no trabalho, temos que usar as emoções como se fossem ferramentas. E elas são mesmo – ou podem ser.

EMOÇÕES E ATENÇÃO, MEMÓRIA E APRENDIZAGEM

Todo aprendizado tem uma base emocional.
– PLATÃO

Vamos começar por esse ponto, examinando como as emoções afetam a atenção e a memória, que juntas determinam nossa capacidade de aprender.

Pense nisto: as emoções definem o que é importante a cada momento. Se você estiver muito entediado ou devaneando sobre o fim de semana que se aproxima, é provável que não seja possível absorver o que está lendo nesta página agora. Se estivermos com medo, a fonte desse medo ocupa nossos pensamentos. Se a casa está em chamas, temos apenas um objetivo: sobreviver. Se enfrentamos um súbito perigo físico – seja ao dar uma caminhada e deparar com um urso, seja ao estar passeando pela cidade à noite e ser abordado por um desconhecido armado –, basicamente paramos de pensar em qualquer outro assunto. A natureza fez com que nosso cérebro funcionasse assim, e isso é bom: num momento como esses, qualquer distração poderia ser fatal.

O medo de danos intangíveis – do constrangimento, da vergonha, de parecer tolo ou inadequado de alguma forma – funciona de maneira semelhante. Podemos experimentá-lo como ansiedade ou preocupação, em vez de terror. A emoção pode parecer irracional até para nós mesmos. Não importa. Como vimos, os sentimentos são altamente impermeáveis à lógica "fria". Quando antecipamos um resultado desfavorável sob quaisquer circunstâncias, somos inibidos de pensar em outras coisas. Talvez nossa atenção devesse se ater a algo específico, mas somos incapazes de redirecionar nossa mente naquele momento.

Emoções fortes e negativas (medo, raiva, ansiedade, desesperança) tendem a estreitar nossa mente – é como se nossa visão periférica tivesse sido limitada por estarmos muito focados no perigo diante de nós. Na verdade, há um lado fisiológico envolvido neste fenômeno. Quando esses sentimentos negativos estão presentes, o cérebro responde secretando cortisol, o hormônio do estresse. Isso inibe o córtex pré-frontal de processar efetivamente as informações; portanto, mesmo num nível neurocognitivo, nossa capacidade de concentração e de aprendizado é prejudicada. Com certeza, níveis moderados de estresse – sentir-se desafiado, por exemplo – podem acentuar o foco. É o estresse crônico que é tóxico e torna o aprendizado biologicamente difícil. É por isso que eu era um aluno medíocre na escola. Estava sobrecarregado demais com problemas familiares e o bullying para estar mentalmente presente nas aulas. Aos 40 anos, fui à minha cidade natal visitar a escola onde estudei. Duas coisas inesquecíveis aconteceram. Primeiro, assim que entrei, tive uma reação visceral: tornei a sentir o medo e a vergonha. Imediatamente regredi e voltei a ser o frágil garoto de 13 anos. Em segundo lugar, as únicas coisas que eu conseguia lembrar estavam relacionadas às minhas experiências de bullying. Eu não conseguia me lembrar do nome da maioria dos professores nem de qualquer assunto que eu havia aprendido.

Não são apenas os sentimentos negativos que podem prejudicar nossa capacidade mental. Digamos que um estudante do ensino médio esteja no auge do típico furacão hormonal que assola a maioria dos adolescentes. É divertido se permitir ter fantasias românticas, e não dá para esperar que os estudos de história antiga sejam um competidor à altura. Na verdade, é surpreendente que os adolescentes consigam aprender qualquer coisa se lembrarmos de todos os devaneios intoxicantes que enchem a mente nessa idade. As crianças mais novas não são menos obcecadas, mas imaginam a diversão que as brincadeiras trarão assim que o dia escolar terminar, ou no fim de semana, ou quando viajarem de férias. Alegria e exuberância são tão poderosas quanto qualquer outra emoção quando se trata da capacidade de direcionar os pensamentos para onde queremos que eles sigam. Em vez de estimular a produção de cortisol, as emoções positivas estão associadas, em geral, à excreção de serotonina, dopamina e outros neuroquímicos "agradáveis", que exercem influência sobre o pensamento e o comportamento.

O que as pesquisas atuais demonstram é que emoções diferentes servem a propósitos diferentes de aprendizagem. Se precisamos envolver as faculdades críticas – por exemplo, se tivermos que editar um texto que escrevemos e quisermos procurar e corrigir quaisquer erros –, um estado de espírito negativo talvez nos sirva melhor do que seu oposto. O pessimismo tende a facilitar a antecipação de coisas que poderiam dar errado, estimulando a adoção de medidas adequadas para evitá-las. A culpa atua como uma bússola moral. A ansiedade nos mantém tentando mudar coisas que estaríamos mais propensos a aceitar num estado de espírito condescendente. Até a raiva é uma grande motivadora – ao contrário da resignação, ela nos leva a agir e talvez consertar o que a provocou. Se ficamos furiosos ao ver alguém sendo maltratado, é provável que tomemos uma iniciativa e busquemos reparação.

Imagine-se sorridente e efervescente, quase tonto de entusiasmo, ao terminar de preencher o rascunho de um formulário de emprego. Isso é possível, mas é o medo saudável, e não a alegria, que nos faz verificar três vezes a pontuação e a estrutura das frases. As emoções negativas têm uma função construtiva: ajudam a estreitar e a dar foco à nossa atenção. É a tristeza, não a felicidade, que pode nos ajudar a resolver um problema difícil. É a empolgação que estimula muitas ideias. Mas entusiasmo demais não trará o precioso consenso para um grupo – ele dispersará a energia necessária para destrinchar o problema, seja ele matemático ou interpessoal.

Atualmente, estamos passando pelo que parece ser uma crise na educação. Os alunos estão cansados, entediados e estressados. Os professores se sentem frustrados, pressionados e oprimidos. O desligamento crônico e o absenteísmo alcançaram níveis recordes. Como respondemos a isso até agora? Tentamos controlar o comportamento dos alunos mais do que já fazíamos. Ou introduzimos novos programas de matemática e alfabetização, ou ainda instituímos padrões de aprendizagem mais rígidos. Nenhuma dessas soluções leva em conta o fato de que o modo como os alunos se sentem é o que dá sentido ao que estão aprendendo. A pesquisa é clara: as emoções determinam se o conteúdo acadêmico será processado de forma profunda e lembrado. Vincular a emoção ao aprendizado garante que os alunos considerem relevantes as informações dadas em sala de aula. É o que ajuda os estudantes a descobrir seu propósito e sua paixão, é o que impulsiona sua persistência.

Ao notarmos que estamos tendo dificuldade em prestar atenção, nos concentrarmos ou lembrarmos de algo, devemos nos questionar sobre a informação a respeito da emoção existente, aquela sob a superfície de nossos pensamentos. E se houver algo que possa ser feito para recuperar o controle de nossa mente?

EMOÇÕES E TOMADA DE DECISÃO

O afeto não é necessário apenas para a sabedoria. Também se encontra irrevogavelmente entrelaçado à tessitura de todas as decisões.

– ANTÓNIO DAMÁSIO, neurocientista,
Universidade do Sul da Califórnia

Você já tomou uma decisão ruim? Seguiu seu instinto e quando tudo deu errado, levou a mão à testa e disse: "Que *burrice*! O que você estava pensando?" Foi um lapso mental ou talvez apenas falta de raciocínio. Ao olhar em retrospecto, é fácil discernir o que você não conseguiu levar em conta naquele momento. Vamos esperar que você tenha aprendido a lição.

Um desejo bem sensato, mas qual teria sido a lição?

Acreditamos que nossa capacidade de raciocinar e de pensar de forma racional é nosso maior poder mental, sendo mais relevante que nosso lado emocional desordenado. No entanto, trata-se apenas de uma trapaça de nosso cérebro. Na verdade, nossas emoções exercem uma enorme influência, embora em geral inconsciente, sobre o modo como nossa mente funciona. Esse fato fica evidente quando se trata do processo de tomada de decisão.

Há exemplos óbvios em que a emoção por si só determina nossas ações. Se temermos voar, viajamos de carro, apesar de o perigo ser maior. Quando nos apaixonamos, às vezes nos esquecemos de nos proteger de uma gravidez indesejada ou de doenças sexualmente transmissíveis.

Mas a influência da emoção se estende muito além disso. A maioria das decisões é uma tentativa de prever resultados futuros: "Devemos comprar esta casa", "Eu não vou aceitar esse trabalho", "Massa é uma ótima opção para o jantar". Em todos os casos, consideramos as possibilidades e escolhemos aquela que parece mais provável de desembocar num resultado favorável. Pelo menos na teoria.

Na prática, as emoções determinam grande parte de nossas ações. Se estamos sentindo algo positivo – confiança, otimismo, contentamento –, chegaremos a uma conclusão sobre o que deve ser feito. Se as emoções são negativas – ansiedade, raiva, tristeza –, a decisão pode ser bem diferente, apesar de dispormos do mesmo conjunto de fatos.

Os padrões resultantes são bastante previsíveis. Como discutido anteriormente neste capítulo, a ansiedade restringe a atenção e melhora o foco nos detalhes. Ela nos faz antecipar o que poderia dar errado. Pode não parecer um sentimento bem-vindo, mas é um bom estado de espírito quando realizamos tarefas que envolvem números, como cálculos financeiros, por exemplo. No momento de decidir fazer ou não um investimento ou uma compra importante, um estado de espírito otimista pode nos levar a minimizar os riscos e realizar algo que trará arrependimento. Emoções negativas nos fazem pesar os fatos com cuidado e errar pelo excesso de cautela.

Emoções positivas, por outro lado, preenchem-nos com a sensação de que a vida está seguindo o rumo desejado. Se nos sentimos fortes, exuberantes, enérgicos, ficamos mais propensos a basear nossas decisões em heurísticas – nossa intuição – do que no raciocínio cuidadoso. É uma perspectiva útil quando planejamos uma festa de aniversário ou quando alguém precisa de apoio moral, mas talvez não seja tão conveniente quando preenchemos a declaração de imposto de renda.

O verdadeiro papel da emoção na tomada de decisão foi medido abundantemente em experimentos. Os pesquisadores induzem determinado estado de espírito nos participantes – ao fazer com que leiam ou assistam a algo feliz ou triste, por exemplo –, e, em seguida, pedem que eles tomem decisões. Num estudo, os indivíduos eram acomodados em salas confortáveis ou desconfortáveis; depois, eram perguntados sobre seu grau de satisfação com a vida. O grupo da sala confortável relatou estar mais satisfeito. Num estudo separado, quando fizeram os participantes sentirem tristeza, eles acreditavam que a situação era pior do que parecia. Além disso, num estudo sobre admissões à faculdade de Medicina, descobriu-se que era mais provável que os candidatos fossem aprovados em dias ensolarados do que quando chovia (sim, as decisões da banca examinadora foram influenciadas pelo tempo!).

Num experimento que conduzimos em Yale, os professores foram divididos em dois grupos. Um deles foi instruído a lembrar e a escrever sobre experiências positivas de sala de aula enquanto o outro foi designado para recordar uma memória negativa. Em seguida, pedia-se a todos que dessem uma nota ao mesmo trabalho feito por alunos do ensino médio. O grupo do estado de espírito positivo avaliou a tarefa com um ponto a mais do que o grupo da negatividade. Quando perguntamos aos professores se acreditavam que o humor afetava a avaliação do trabalho, 87% disseram que não. Julgamentos que implicam um maior grau de subjetividade, como a avaliação de uma redação ou um texto literário, em geral sofrem um risco mais elevado de serem submetidos ao viés emocional, se comparados com julgamentos mais objetivos, como a correção de uma prova de matemática.

Nossos sentimentos podem permanecer muito além do momento que os inspira – influenciando, assim, o comportamento subsequente sem que percebamos. A isso damos o nome de "viés do humor incidental". Por exemplo, se você discutir com seus filhos no café da manhã e ainda estiver com raiva ao sair para o trabalho, pode dirigir com mais agressividade do que o habitual e tomar decisões arriscadas. Quando nos lembramos de momentos felizes do passado, ficamos mais propensos a tomar decisões baseadas no otimismo e na confiança. Se nos lembrarmos de coisas negativas, nos sentiremos céticos e pessimistas e tomaremos decisões diferentes.

A influência da raiva não é aquela que se poderia esperar: os pesquisadores descobriram que, quando zangadas, as pessoas tendem a crer que são responsáveis pelo que deu errado. Quando tristes, nos tornamos mais propensos a culpar as circunstâncias externas. Curiosamente, a raiva deixa as pessoas mais otimistas do que a tristeza, talvez porque pessoas com raiva sintam que têm mais controle sobre a vida.

Tomamos decisões continuamente, o dia inteiro, e a maioria delas é pequena. Não podemos ficar deliberando sobre cada uma delas, por isso confiamos em nosso cérebro para fazer julgamentos rápidos. Essas questões aparecem o tempo todo em pesquisas contemporâneas sobre o funcionamento do cérebro. Há o conceito do "pensar rápido e devagar", que acredita que nosso cérebro trabalha em duas faixas separadas, mas sobrepostas, uma que responde imediatamente sem muita ou nenhuma deliberação e outra que se demora, que pesa a informação antes de dar comandos. Quando usamos o cérebro para funções habituais ou relativamente simples, chegamos a respostas rápidas, enquanto situações novas ou problemas complexos nos fazem cogitar. Essas decisões rápidas são particularmente suscetíveis a nosso humor e vieses inconscientes, em especial quando informações adicionais não estão disponíveis. Com frequência, tomamos decisões com um mínimo de pensamentos conscientes.

Com isso, não se pretende dizer que a emoção por si nubla nosso julgamento. De fato, com maior consciência emocional, o oposto pode ser verdade: nossos sentimentos serviriam como outra forma de informação, nos dizendo coisas importantes sobre o modo como reagimos a qualquer acontecimento. Quando deparamos com uma decisão, a ansiedade pode nos dizer uma coisa e o entusiasmo, outra completamente diferente. Sabendo disso, podemos levar em conta nosso estado emocional antes de escolher um curso de ação. É o nosso humor negativo que está nos deixando desconfiados ou temos uma razão genuína para preocupação? Nossa confiança é resultado do bom humor ou decorre de uma decisão acertada?

EMOÇÕES E RELACIONAMENTOS

*Ninguém se importa com quanto você sabe
até saber quanto você se importa.*
– THEODORE ROOSEVELT

Apresento agora um experimento que você pode conduzir usando-se como cobaia: faça uma lista de todas as pessoas com quem você se encontra em sua vida diária. Todos – desde seu parceiro ou parceira e parentes próximos a todos os colegas de trabalho, desde o topo até a base, todos os familiares, amigos e conhecidos, o caixa no supermercado, seu médico, o barbeiro, a recepcionista na academia e assim por diante. Todo ser humano cujo caminho cruza com o seu, seja por horas a fio ou por apenas cinco minutos.

Muito bem, agora examine a lista e peça a si mesmo sua resposta imediata, de improviso, a estas perguntas: como me sinto quando encontro cada um deles? Quanto anseio pelas minhas interações com todos, e com cada um? Sorrio quando penso em ver essa ou aquela pessoa? Isso me deixa emocionalmente impassível? Ou algo dentro de mim fica um pouco tenso diante da perspectiva? Não precisa ser antipatia completa, apenas aquela pontinha de ansiedade por saber que essa pessoa e eu estaremos cara a cara em algum momento.

Que palavra você usaria para descrever a sensação que associa a cada um? É ansiedade? Alegria? Confiança? Inadequação? Tédio? Afeição? Irritação? Todas elas nos tornam mais ou menos atraentes. Você sente vontade de trabalhar ao lado do colega que vive com raiva do mundo?

Normalmente, não chegamos a colocar essa emoção em palavras nem é algo em que pensamos muito. É como uma reação instintiva que vem de um lugar mais profundo do que os rótulos podem expressar. Quase instintivo. Quando vejo essa pessoa, algo dentro de mim salta de alegria. Ou me faz cair em desânimo. Ou um meio-termo.

Experimente. Agora você talvez tenha uma noção mais clara de como as reações emocionais mais fortes ditam a natureza dos relacionamentos.

Em seminários que conduzo com professores, às vezes peço que listem seus alunos e que considerem o sentimento que cada nome provoca. É amor, antipatia, confiança, alegria, medo, nojo? Em seguida, digo: seja sincero e pense em como essa emoção faz com que você aja em relação a cada criança. Já houve casos de pessoas que caíram no choro no meio do exercício. Elas reconhecem no mesmo instante como tratam cada criança de forma diferente, dependendo apenas de sua percepção do modo como o aluno as faz sentir. Isso apresenta pouca relação com o desempenho da criança em sala de aula, com suas necessidades ou com qualquer coisa que possa ser nomeada. É apenas uma reação forte e quase visceral que costuma ter a ver com o professor, não com o aluno. Na maioria dos casos, trata-se de bons professores, que a partir dessa constatação fazem o melhor possível para tratar os alunos com igualdade e estabelecer um relacionamento positivo e estimulante com todos. No mundo real, contudo, apesar das melhores intenções, nem sempre é assim que as coisas funcionam. Por alguma razão, os professores mal conseguem fazer contato visual com determinada criança ou dedicar-lhe atenção, enquanto aguardam ansiosamente para interagir com outros alunos durante as atividades em sala de aula.

Fora do espaço escolar, todos nós operamos da mesma maneira. As relações humanas são infinitamente complexas porque nós somos assim, mas a dinâmica básica é bastante simples: aproximar ou evitar. Dizemos às pessoas que se aproximem do mesmo modo que dizemos a elas que se afastem. E as pessoas nos comunicam a mesma coisa. Muito do que acontece entre os seres humanos é resultado da comunicação das emoções. E tudo depende de algo profundo dentro de nós, talvez escondido de nossa percepção: o estado emocional.

Relacionamentos são os aspectos mais importantes de nossa vida. Há diversas pesquisas científicas que demonstram a enorme influência das relações sobre nosso bem-estar – pessoas com redes sociais robustas desfrutam de uma melhor saúde mental e física e até vivem mais tempo, enquanto os resultados desfavoráveis estão associados à falta de conexão com outras pessoas. O objetivo dos relacionamentos pode ser visto em todas as sociedades, mesmo entre os animais: estar cercado por aliados é uma forma de proteção que pode significar a diferença entre a vida e a morte. Embora possa parecer à primeira vista, a verdade é que nos dias de hoje nossa necessidade de nos vincularmos aos outros não é uma questão apenas sentimental.

Neste livro, vamos discutir os meios que usamos para comunicar nossos sentimentos, independentemente de com quem estamos lidando e do momento – isto é, as expressões faciais sutis, a linguagem corporal, inflexões vocais, o toque e tudo o mais do nosso arsenal de sinais.

Quando expressamos emoções positivas de forma autêntica – contentamento, compaixão, alegria –, fazemos isso de um modo que cria proximidade, seja com nosso melhor amigo ou com o caixa do supermercado.

Eles podem ler nossos sinais com clareza e reagir do mesmo modo, mas isso depende do estado emocional *deles*. Pessoas que sentem emoções como tristeza, vergonha ou ansiedade costumam ter o desejo de desencorajar interações sociais, e esses sinais também são comunicados. Talvez elas fossem as mais beneficiadas com o envolvimento com outras, mas em geral é difícil que isso aconteça. Este é um problema particularmente sério nas escolas, que costumam repreender as crianças quando expressam uma emoção negativa, em vez de ver essa demonstração como um pedido de ajuda. Elas são negligenciadas, ignoradas ou suspensas por mau comportamento, quando deveriam receber empatia, atenção extra e oportunidades para construir habilidades e relacionamentos significativos. Pesquisas demonstram que basta um adulto solícito para fazer a diferença no progresso de uma criança.

Temos uma imensidão de relacionamentos – com nossos filhos, pais e cônjuges, mas também com o bombeiro, o motorista da faixa ao lado, nossos colegas de pelada, o chefe ou um colega de trabalho, a funcionária que abre a porta quando entramos numa loja. Todas essas ligações funcionam sob o mesmo princípio básico: nosso estado de espírito em determinado momento é exprimido por sinais que emitimos. Se nos sentimos alegres, abertos e expansivos, nos tornaremos mais confiantes e receptivos aos outros. Se nos sentimos abatidos, isso se refletirá no modo como nos relacionamos com os outros – ou se nem sequer conseguiremos estabelecer algum tipo de ligação. Dizemos para as pessoas o que queremos delas pelas mensagens que enviamos, calorosas e desejosas de alguma resposta, ou desagradáveis, quando tudo o que queremos é distância. Isso se torna um desafio para muitas pessoas que estão no espectro do autismo: elas têm dificuldades na leitura das pistas e em dar uma resposta adequada; têm também dificuldades para emitir pistas que os outros consigam entender. Como resultado, torna-se um desafio criar e manter relacionamentos.

Exprimimos nossas emoções também para obter o que queremos das pessoas em nossa vida. Se damos uma demonstração de raiva, talvez não conquistemos muita empatia, mas instigaremos o medo e provavelmente removeremos alguns obstáculos do nosso caminho. Se, por outro lado, precisamos de cooperação e de compreensão, sabemos qual mensagem emocional enviar para obter a reação desejada.

Pessoas que sentem compaixão enxergam uma maior humanidade compartilhada com desconhecidos. Punem menos os outros, são mais generosas e cooperativas e estão dispostas a se sacrificar pelos outros. Pesquisas demonstram que indivíduos de grande poder tendem a ser menos responsivos às emoções das pessoas ao seu redor. Num estudo, esses indivíduos reagiram com menos compaixão do que pessoas com menos poder ao ouvir alguém descrever o sofrimento. Esse fenômeno explicaria algo sobre nossos líderes políticos e empresariais?

Às vezes, as emoções que sentimos enviam sinais que provocam a resposta oposta àquela que desejamos e precisamos. Imagine uma criança típica: se está preocupada ou ansiosa, ela pode desejar que seu pai ou o professor estenda a mão e lhe ofereça conforto. No entanto, quando esses adultos percebem o estado emocional da criança, especialmente quando ela está "fazendo birra", eles podem reagir da maneira oposta, por conta de sua própria resposta emocional aos sinais de um estado de espírito. Essa dinâmica rege grande parte da interação humana – quando mais precisamos de apoio emocional é quando temos menos probabilidade de recebê-lo.

Lembro-me de quando estava no sétimo ano, e dois alunos costumavam escrever em um casaco que eu usava todos os dias. Tenho certeza de que eu usava aquele casaco como forma de proteção. O medo e o desespero que eu sentia deviam estar evidentes em meu rosto, corpo e desinteresse crônico. Mas o professor não interferia. O que devia passar por sua cabeça? Fique longe – esse garoto é um fracote que precisa amadurecer? Estaria preocupado demais com as próprias questões para prestar atenção nas minhas? Talvez simplesmente não soubesse o que fazer. De um jeito ou de outro, eu sofri do ponto de vista social, emocional e acadêmico.

Há um grande momento no filme *Nos bastidores da notícia,* quando um personagem pergunta: "Não seria um mundo maravilhoso se a insegurança e o desespero nos tornassem mais atraentes? Se ser 'carente' fosse um tesão?" Infelizmente, nós, seres humanos, (ainda) não funcionamos assim.

EMOÇÕES E SAÚDE

*A doença emocional é evitar a realidade
a qualquer custo.
A saúde emocional é enfrentar a
realidade a qualquer custo.*

— M. SCOTT PECK

Você está acordado às três da manhã, deitado olhando para o teto, ansioso com algum problema. É impossível dormir. Todos nós já passamos por essa situação. Você se sente muito pressionado e está distraído demais para sequer pensar em praticar atividade física e, além disso, tem muitas outras coisas para fazer, então você não tem ido à academia, mesmo sabendo que se sentiria bem se fosse. As refeições são uma bagunça. Em vez de pensar no jantar, planejar compras e cozinhar, você pega uma pizza na volta do trabalho. Isso tem acontecido muito nos últimos tempos. E depois que conseguir dar conta de todas as tarefas, precisa relaxar, então come meio pote de sorvete na frente da TV. Até que finalmente é hora de dormir. Então agora são três da manhã e você está olhando para o teto...

Por um momento, esqueça sua saúde emocional e pense no que você está fazendo com sua saúde física.

Ao considerar a influência da emoção em nosso bem-estar, devemos primeiro lembrar que nosso cérebro – onde se originam a maioria dos nossos sentimentos – faz parte de nosso corpo tanto quanto qualquer outro órgão, alimentado pelo mesmo fluxo de sangue, oxigênio e nutrientes. Nossas emoções estão ligadas a reações fisiológicas em nosso cérebro, liberando hormônios e outras poderosas substâncias químicas que, por sua vez, afetam a saúde física, que tem impacto direto em nosso estado emocional. Tudo está interligado.

É por isso que a doença física pode ser causada por uma mente sob estresse emocional. Mas há também o fenômeno oposto: bem-estar físico fomentado por sentimentos positivos. Os dois cenários destacam a importância de gerenciar nossas emoções.

Até mesmo a crença sobre o estresse pode influenciar nossa saúde, desde a perda de peso à insônia. Num estudo, Alia Crum, professora assistente da Universidade Stanford, designou aleatoriamente trezentos funcionários de uma empresa de finanças para assistir a dois vídeos diferentes de três minutos sobre estresse. Metade dos participantes assistiu a um vídeo que reforçava os aspectos negativos do estresse; os outros assistiram a um vídeo semelhante, mas a mensagem reforçava o lado positivo. Após quatro semanas, os funcionários foram entrevistados: em termos de saúde, o grupo "estresse é ruim" apresentou mais sintomas negativos do que o grupo "estresse é bom".

No interior do nosso cérebro, hormônios e outros produtos neuroquímicos são ligados e desligados dependendo do que sentimos. O eixo hipotálamo-pituitária-adrenal (HPA), localizado no mesencéfalo, é um dos principais sistemas neuroendócrinos, responsável por controlar a resposta ao estresse e também regular as emoções e o humor. O eixo HPA é o local de origem de certos hormônios, como adrenalina e cortisol. Os pesquisadores que estudam essa região do cérebro descobriram que a exposição a estressores leves do dia a dia, no início da vida, aumenta a capacidade futura de regular emoções e confere resiliência para o resto da vida. No entanto, a exposição ao estresse extremo ou prolongado faz exatamente o oposto: induz a hiperatividade no eixo HPA e a suscetibilidade ao estresse por toda a vida.

A diferença entre estresse bom e ruim tem a ver, sobretudo, com a duração e a intensidade. Por exemplo, ter que preparar uma apresentação envolvente para um cliente é uma forma de estresse, mas do tipo bom. É causado pelo desafio de atingir uma meta desejada e dura apenas um curto período. A final de um campeonato ou a realização de um grande evento, como um casamento, nos afeta de forma semelhante. Cria tensão, mas são ocasiões felizes. Esses eventos provocam a liberação momentânea dos hormônios do estresse, mas ela é logo interrompida. Pesquisas da Escola de Medicina da Universidade Stanford descobriram que crises curtas de estresse podem reforçar a imunidade e aumentar os níveis de moléculas que combatem o câncer, e o efeito dura por semanas após o desfecho da situação estressante.

Evoluímos para lidar com o estresse de curto prazo – a torrente de hormônios é liberada, permitindo-nos responder com sucesso à crise, e depois fechamos a torneira. Não é o que acontece em alguns locais de trabalho, onde podemos ser obrigados a suportar oito horas diárias com um chefe que inferniza nossa vida ou em escolas onde os alunos temem as ameaças dos colegas que praticam bullying. Muitos de nós passam horas e dias inteiros sob pressão emocional, até que isso se torna uma condição crônica. Nosso cérebro é banhado por um fluxo constante de hormônios do estresse, para os quais a evolução definitivamente não nos preparou. Não sofremos apenas emocionalmente nesses casos – nossa saúde física também é afetada.

"O estresse deixa você numa situação de lutar ou fugir em que seu corpo desativa projetos de construção e reparo de longo prazo", afirmou Robert Sapolsky, professor da Universidade Stanford, em seu livro *Comporte-se: A biologia humana em nosso melhor e pior*. "A memória e a precisão são prejudicadas. Você se cansa com mais facilidade, pode ficar deprimido e a reprodução piora."

Há ampla evidência científica dos danos de longo prazo causados por traumas emocionais na infância, como o bullying. As crianças podem ter a imunidade comprometida e ficar sujeitas a doenças, dores e perturbações do trato digestivo, dores de cabeça, sono insuficiente, incapacidade de concentração e depressão. Esses efeitos podem persistir na idade adulta, criando problemas de saúde física e mental muito depois de o bullying ter ficado para trás.

Sentir-se "para baixo" – pessimismo, apatia, depressão – está ligado a baixos níveis de serotonina e dopamina, os chamados neurotransmissores do bem-estar. A serotonina desempenha um papel na percepção da dor, o que talvez seja o motivo pelo qual as pessoas que experimentam emoções negativas relatam sintomas mais graves de doença, e quase metade dos pacientes com depressão também sofre dores.

Estados emocionais negativos – ansiedade, raiva, tristeza, estresse – estão intimamente associados a comportamentos deletérios, como alimentação inadequada, fumo, bebida em excesso, inatividade física e isolamento social, muitos dos quais encontramos num estudo recente realizado com mais de 5 mil professores de todos os Estados Unidos. Esses são os mesmos fatores de estilo de vida que contribuem para as doenças mais temidas e disseminadas: doenças cardíacas, câncer, diabetes tipo 2, vícios e demência. Essas condições, por sua vez, têm um impacto devastador em nossa vida emocional, e o ciclo de feedback se transforma numa espiral descendente para nossa saúde mental e física. Por fim, elas aprofundam o desespero e também a desesperança de que algum dia conseguiremos melhorar o estado de espírito ou a saúde. Curiosamente, descobrimos que um clima de trabalho positivo atuava como um amortecedor para os efeitos deletérios das emoções negativas sobre a saúde dos professores.

Há uma grande quantidade de pesquisas médicas relacionando a hostilidade e a raiva às doenças cardíacas. Os homens que relataram níveis mais altos de raiva tinham 2,5 vezes mais probabilidade de sofrer doenças do coração, como ataque cardíaco. As emoções negativas têm sido associadas à hipertensão, aumento da frequência cardíaca, constrição dos vasos sanguíneos periféricos, altas taxas no sangue de lipídios prejudiciais à saúde e diminuição da função do sistema imunológico.

Uma explosão de raiva não causa apenas um pico na pressão arterial; sempre que nos lembramos daquilo que nos irritou, a pressão arterial sobe do novo. De acordo com um estudo, uma discussão de trinta minutos com seu parceiro ou sua parceira pode retardar a capacidade de cura do seu corpo em pelo menos um dia. E se vocês discutem com regularidade, esse atraso é duplicado. Mesmo formas sutis de raiva, como a impaciência, a irritabilidade e o mau humor, podem prejudicar a saúde.

Também podemos notar a influência das emoções sobre a saúde física de maneiras mais sutis. O estresse associado ao fato de saber que você tem que fazer um discurso pode dobrar a gravidade dos sintomas de alergia por dois dias. Sentir-se triste faz com que os sintomas de uma doença pareçam mais graves e causem maior desconforto. Num estudo, as pessoas com pontuação baixa em emoções positivas tinham três vezes mais chances de adoecer quando expostos a um vírus, se comparadas àquelas com pontuação mais elevada. Quando o segundo grupo adoecia, os sintomas eram menos severos.

É importante mencionar que as emoções também podem estimular a liberação de neuroquímicos e hormônios benéficos. O choro é reconfortante porque carrega os hormônios do estresse para fora do corpo. O sentimento de gratidão aumenta os níveis de oxigênio em nossos tecidos, acelera a cura e fortalece o sistema imunológico. Descobriu-se que estar apaixonado eleva o nível de fator de crescimento nervoso (NGF na sigla em inglês), uma substância semelhante a um hormônio que restaura o sistema nervoso e melhora a memória. O efeito dura cerca de um ano, segundo pesquisadores. Outro estudo mostrou que o riso provocado por uma comédia no cinema aumenta o fluxo de betaendorfinas, que melhoram o humor, e estimula os hormônios do crescimento, que reparam nossas células. Descobriu-se ainda que até a antecipação do riso baixa os níveis de cortisol e adrenalina. O riso também pode reduzir o risco de ataque cardíaco. Sentir-se bem, portanto, pode estimular comportamentos saudáveis, que por sua vez podem promover maior bem-estar emocional e saúde física.

Após os ataques de 11 de setembro de 2001, estudantes universitários dos Estados Unidos passaram por testes, e aqueles que experimentaram as emoções mais positivas – gratidão, amor e assim por diante – se mostraram menos propensos a desenvolver sintomas depressivos posteriores. Isso sugere que, após uma crise, as pessoas que têm sentimentos mais positivos podem ser mais resilientes do que aquelas que vivenciam menos emoções positivas.

Nunca iremos erradicar as emoções negativas da nossa vida ou da vida de nossos filhos. Nem deveríamos. Mas precisamos prestar atenção no jogo das emoções positivas e negativas, que está fora de equilíbrio para muitos de nós. Como relatamos, nossa pesquisa em Yale revelou que alunos do ensino médio, professores e empresários vivenciam emoções negativas em até 70% do tempo que passam na escola ou no escritório. Seus sentimentos não são a única coisa em risco, a saúde também está. O que será necessário para mudar a proporção de emoções negativas para positivas? Qual é essa proporção?

EMOÇÕES E CRIATIVIDADE

*Pensamentos racionais nunca impulsionam
a criatividade das pessoas da mesma
forma que as emoções.*

– NEIL DEGRASSE TYSON

Muitos de nós precisam se sentir criativos para se sentir vivos, mobilizados e totalmente envolvidos na vida e em qualquer coisa que ela nos proponha. Caso contrário, estariam apenas sobrevivendo. Mas o que queremos dizer com criatividade?

Há uma resposta óbvia: trabalhos artísticos como pintura, música, literatura e as profissões que exigem (e recompensam) a criatividade, como arquitetura, ciência, design e engenharia, entre outras.

Mas a criatividade é bem mais universal. É um elemento importante em toda vida humana. Sempre que tomamos uma decisão ou enfrentamos um desafio, temos a oportunidade de ser criativos – de responder ao momento de uma forma que vá além de apenas repetir o que foi feito antes (e que talvez tenha falhado). Diariamente, cada um de nós tem muitas oportunidades de ser criativo, de agir de maneiras novas e ponderadas. É o que transforma a vida numa aventura.

Mas pode haver também algo de assustador na criatividade. Ela representa uma ruptura com o status quo e um passo rumo ao desconhecido. Decisões criativas, mesmo nas menores questões, são uma forma de dizer que acreditamos ter uma ideia melhor. E então vem o feedback – dos outros, mas até de nós mesmos. E se a nova solução não funcionar tão bem? E se você piorar as coisas (pelo menos aos olhos de alguém, embora talvez não aos seus)? O que faz você pensar que é tão criativo, afinal de contas? É possível notar que nossos impulsos criativos e nossas emoções estão intimamente ligados.

Muitos de nós acreditam que a personalidade e a inteligência por si sós impulsionam a capacidade de ser criativo. Ou que a criatividade é um dom do tipo "ou tem ou não tem", em vez de um conjunto de habilidades que podem ser aprimoradas com a prática. É verdade que alguns traços de personalidade, como "predisposição para a experiência" relacionam-se com elas, mas os traços sozinhos não são responsáveis por tudo. Pesquisas confirmam que a criatividade tem uma associação apenas modesta com o QI, o que significa que não é preciso ser um gênio para ser criativo!

É nesse ponto que nossa vida emocional se estende para além da esfera pessoal. A criatividade é a força vital de nossa cultura e economia. Numa pesquisa, 1.500 CEOs disseram que a criatividade de um funcionário era o melhor indicador de sucesso futuro. Sem inovação, as sociedades estagnam e morrem.

A criatividade também inclui dois outros fatores: desempenho e eficácia. A criatividade não pode existir apenas num nível abstrato, dentro de nossa mente. Isso significaria apenas ter uma forte imaginação! O processo criativo precisa ser seguido por ações concretas. Depois de criarmos novas estratégias, devemos ter confiança para aplicá-las. O desempenho eficaz faz parte da criatividade na mesma medida que a ideia inicial inspiradora.

Contudo, se aproveitamos ou não todas as possibilidades em todas as ocasiões é outra questão. É seguro dizer que às vezes todos nos *sentimos* menos criativos do que gostaríamos. Isso ocorre porque nossa criatividade está intimamente ligada ao estado emocional – embora a conexão possa não ser tão óbvia.

Repetidamente, ao trabalhar com educadores, famílias e crianças, acabamos discutindo alguns problemas onipresentes, como o estresse e a frustração – o desespero de sentir que não temos o poder de fazer mudanças significativas para melhor. É difícil imaginar uma sensação pior. Para uma criança, pode ser devastador, pois, mesmo nas melhores circunstâncias, as crianças têm pouco controle sobre a vida. Todos nós passamos por momentos difíceis, mas a maioria acredita que, se perseverar, será possível encontrar soluções. Essa é outra forma de criatividade: a criatividade diária, a capacidade de continuar descobrindo novas respostas quando as antigas não funcionam mais. Como deve ser a vida para crianças e adultos que não podem ter nem esse tipo de esperança?

Podemos ver como isso funciona nas escolas. Kyung Hee Kim, professora da Escola de Educação do College of William & Mary, fez extensos estudos sobre a criatividade entre crianças em idade escolar e descobriu que ela entrou em declínio nas últimas duas décadas. Suas conclusões são baseadas nos resultados dos Testes de Pensamento Criativo de Torrance (TTCT), que mensuram a criatividade como a capacidade de responder às situações de formas inéditas e originais. Por exemplo, poderiam ser feitas perguntas sobre todos os usos possíveis para um clipe de papel ou sobre quais seriam as consequências se pessoas pudessem ficar invisíveis. A pesquisadora examinou dados normativos para os testes ao longo do tempo, do jardim de infância ao último ano do ensino médio, e escreveu: "As crianças se tornaram menos expressivas emocionalmente, menos enérgicas, menos falantes e expressivas verbalmente, menos engraçadas, menos imaginativas, menos inovadoras, menos animadas e apaixonadas, menos perceptivas, menos aptas a estabelecer ligações entre coisas aparentemente irrelevantes, menos sintéticas e menos propensas a ver as coisas de um ângulo diferente." Quem ou o que poderíamos culpar a não ser os pais e um sistema educacional que muitas vezes esmagam o pensamento original e penalizam os alunos por usar a imaginação? Nossos estudantes entendem a mensagem depressa diante de nossa obsessão pela disciplina desde o jardim de infância, algo que, na verdade, acarreta prejuízo à sociedade. Curiosamente, quando o desenvolvedor do teste de criatividade, Dr. E. Paul Torrance, o administrou aos alunos e, anos depois, os rastreou, descobriu que as pontuações em seu famoso teste de criatividade eram um indicador melhor das realizações criativas dos adultos do que o teste de QI.

Ao discutir o pensamento criativo, os psicólogos costumam usar os termos *pensamento convergente* e *pensamento divergente*. O primeiro opera quando se busca apenas uma solução correta para um problema ou apenas uma resposta adequada para uma pergunta e se tenta chegar a ela por um raciocínio linear e direto. A abordagem divergente se move em todas as direções, presume que há muitas soluções possíveis e tenta considerar cada uma, especialmente as mais criativas e incomuns.

O impulso de criar parece surgir naturalmente no cérebro humano.

No entanto, devemos ser encorajados a expressá-lo. Nas escolas, é difícil ser criativo quando o pensamento convergente – a capacidade de lembrar fatos e ter um bom desempenho em testes padronizados – recebe maiores recompensas. Para mobilizar as crianças e prepará-las para o mercado de trabalho, é importante que elas tenham mais oportunidades e incentivo para exercer a criatividade. A fim de que isso aconteça, as escolas precisam reestruturar a aprendizagem para que promova o pensamento não convencional e novas abordagens para a resolução de problemas em áreas de conteúdo e não apenas nas artes. Por exemplo, cada vez mais escolas estão incorporando aprendizado baseado em projetos e em *design thinking* – um processo de cinco etapas para resolver problemas complexos que inclui, basicamente: 1) identificar o problema; 2) compreender as necessidades humanas envolvidas; 3) reenquadrar o problema de formas centradas nas necessidades humanas; 4) gerar uma multiplicidade de ideias e 5) uma abordagem prática para a prototipagem e testagem.

Pesquisas mostram que o pensamento divergente resulta em sentimentos de alegria, orgulho e satisfação. Um estudo realizado em cinco países com quatro idiomas diferentes concluiu que trabalhar em tarefas criativas leva a um aumento das emoções positivas e da autonomia. Outro estudo mostrou que o comportamento criativo num determinado dia leva a emoções mais positivas e a uma sensação de desabrochar no dia seguinte. Assim como acontece em nossa vida emocional, há um ciclo de feedback no trabalho: sentir-se bem nos incentiva a agir de forma criativa, o que nos faz sentir ainda melhor.

Mas a felicidade não é a única chave para a criatividade. Na verdade, descobriu-se que, em alguns casos, níveis moderados de estresse melhoram significativamente o desempenho criativo em comparação a cenários com ausência de estresse. Mesmo emoções como a raiva e a angústia podem servir como motivação para o pensamento criativo e acentuar a criatividade. Veja o exemplo dos alunos do ensino médio em Parkland, na Flórida. Eles canalizaram a raiva resultante do horrível tiroteio na escola para desenvolver uma campanha sobre o controle do porte de armas. O papel da compaixão no pensamento criativo também foi estudado. Alguns universitários foram induzidos a sentir compaixão por meio de uma apresentação de slides exibindo idosos angustiados em uma sala de espera e, em seguida, foi pedido que gerassem ideias e projetassem uma planta-baixa para uma área de recepção que fosse mais acolhedora para idosos. Em comparação com o grupo de controle, os participantes "compassivos" mostraram maior originalidade. Uma explicação é que a compaixão é uma reação ao sofrimento de outras pessoas e, portanto, produz motivação intrínseca para gerar soluções que reduzem esse sofrimento.

A criatividade é especialmente importante diante da adversidade: quando estamos decepcionados porque o plano A não deu certo; quando nos esforçamos muito e ainda recebemos feedback negativo; quando alguém atrapalha nosso progresso ou mesmo tenta impedi-lo. Primeiro temos que gerenciar a mágoa ou a raiva – não negá-la, mas aceitá-la e usá-la em benefício próprio, como uma força motivacional. É nesse momento que a criatividade pode nos salvar e permitir que alcancemos a meta, apesar dos obstáculos.

De acordo com minha colega de Yale, Zorana Ivcevic Pringle, pesquisadora da criatividade: "As emoções são a faísca que aciona o motor da criatividade e o combustível que mantém o fogo aceso quando outras pessoas tentam apagá-lo ou quando o fogo fica baixo." As emoções comandam todo o processo criativo, desde a motivação até a geração de ideias e a persistência em direção à concretização de nossas próprias ideias. É o desafio que nos mantém na luta.

Agora você consegue entender como a simples pergunta "Como você está se sentindo?" pode ser complexa? Essa montanha-russa emocional não é pouca coisa. Ela tem uma enorme influência nas áreas mais importantes de nossa vida. Líderes religiosos, poetas e dramaturgos sabem disso há séculos; nas últimas décadas, os cientistas começaram a entender isso também. Atualmente, sabemos melhor do que os antigos (e do que os não tão antigos) qual o nível de influência que as emoções exercem sobre nós. Esse é o primeiro passo para aceitar quem realmente somos. Qual seria, então, o próximo passo?

3 Como se tornar um cientista da emoção

COMO VOCÊ ESTÁ SE SENTINDO NESTE MOMENTO? Como pode ter certeza?

Pode parecer uma pergunta ridícula. Claro que todos nós sabemos exatamente o que estamos sentindo. Essa pode ser a única certeza que temos.

Se é tão evidente e claro, se não exige qualquer esforço entender o que sentimos, por que precisaríamos de uma ciência da emoção e da inteligência emocional? Falamos de habilidades emocionais, mas isso não significa que há algo a ser aprendido – ou há? De fato, há: é provável que ninguém na história da humanidade jamais soube exatamente o que está sentindo, em toda a sua complexidade, contradição e caos, em todos os momentos. Nossos neurônios disparam centenas de vezes por segundo, e muito do que acontece em nossa cabeça é pura emoção turbulenta.

Os cientistas referem-se às inteligências usando as palavras quente ou fria; quente seria a emocional e fria, é claro, a racional.

Mas elas não se revezam no funcionamento. Se estou calculando o que devo em impostos, uso a inteligência fria, embora minha capacidade de raciocínio seja totalmente afetada se cinco minutos antes eu tiver notado um caroço estranho no pescoço do meu cão ou brigado com meu vizinho. Temos um cérebro composto por diversas regiões, cada uma delas com suas próprias funções, e às vezes somos empurrados em direções diferentes.

Considerando tudo isso, como alguém, que *não* um cientista, poderia compreender algo tão complexo? É por isso que todos devemos nos esforçar para sermos cientistas da emoção.

Você pode ser brilhante, com um QI que Einstein invejaria, mas se não for capaz de reconhecer suas emoções e saber como elas afetam seu comportamento, todo esse poder cognitivo não vai lhe beneficiar tanto quanto imagina. Uma criança superdotada que não tem permissão para sentir, que não dispõe de um vocabulário para expressar esses sentimentos e da capacidade de entendê-los, não terá condições de lidar com emoções complicadas relacionadas a amizades e aos estudos, limitando seu potencial.

Como vimos no capítulo anterior, nossas funções mentais mais importantes têm um aspecto emocional, mesmo que pareçam estar puramente no domínio da "cognição". E esses fatores determinam resultados significativos na vida real – os relacionamentos, o desempenho, a tomada de decisão e até a saúde física. Nossos sentimentos nos incentivam a tratar as pessoas de quem gostamos com amor e respeito ou a desconsiderar suas necessidades e seus desejos; ajudam-nos a focar nosso pensamento ou a nos distrair; enchem-nos de entusiasmo e de energia ou esgotam nossa vontade; abrem-nos para o mundo exterior ou isolam-nos dele. Os sentimentos nos motivam a ter atitudes que melhoram nossa vida e a daqueles ao nosso redor, mas também podem influenciar nossas ações de forma adversa, e sem que sequer percebamos. Na verdade, é justamente quando estamos mais vulneráveis ao impacto da emoção que não conseguimos detectá-la.

Durante o processo de tomada de decisão, há dois tipos de emoções: *integrais* e *incidentais*. Emoções integrais são causadas diretamente pela ação em questão – temos medo quando escalamos uma trilha acidentada na montanha; ficamos alegres quando estamos com alguém que amamos. Tudo é completamente compreensível e relacionado ao momento. Emoções incidentais não têm a ver com o que está acontecendo – como descrevemos anteriormente, se tivemos uma discussão com nossos filhos, nossos sentimentos persistentes de frustração e raiva influenciam o modo como dirigimos para ir ao trabalho ou como interagimos com colegas no escritório. Essas são as emoções que se infiltram em nosso pensamento sem que percebamos.

Somente nos tornando cientistas da emoção aprenderemos as habilidades necessárias para usar as emoções com sabedoria. Sem suprimi-las nem ignorá-las. Na verdade, fazendo exatamente o oposto: deixando de ser controlados por sentimentos que podemos nem perceber. Também teremos condições de ajudar as pessoas com quem interagimos – entes queridos, colegas – a gerenciar seus próprios sentimentos.

Saber o que as emoções nos dizem é a primeira parte fundamental do processo. Por exemplo, a ansiedade é um sinal de que sentimos que algo importante está fora do controle. O medo ou a inquietação pode nos tornar avessos ao risco. Isso pode ser positivo, pode nos desviar de riscos tolos. Mas se formos avessos demais ao risco ou se desistirmos de obstáculos com muita facilidade, nunca tentaremos nada, garantindo assim o fracasso. É por esse motivo que precisamos entender nossas emoções, estar cientes de como elas influenciam nossas ações e ter estratégias para regulá-las.

Tornar-se um cientista da emoção ajudará a reconhecer os sintomas físicos que às vezes acompanham os sentimentos fortes. De repente, me sinto febril e meu coração dispara; ou começo a sentir uma dor no estômago, um enjoo. São todas sensações reais, às vezes apenas emocionais, às vezes de fato fisiológicas. Lisa Feldman Barrett, professora da Northeastern University, recentemente compartilhou comigo que quando nosso "orçamento corporal" está acabando e nos sentimos angustiados, o cérebro procura coisas que podem estar erradas em nossa vida para dar sentido à angústia. Quando esses sintomas se apresentam, nem sempre paramos para perguntar: "Existe uma emoção por trás disso? O que posso fazer a respeito?", "Estou desidratado, com fome ou cansado e preciso beber ou comer algo ou só preciso ir para a cama?".

Um cientista da emoção tem a capacidade de fazer uma pausa mesmo nos momentos mais estressantes e se perguntar: "Estou reagindo a quê?" Podemos aprender a identificar e compreender nossos sentimentos, integrais e incidentais, e reagir de maneiras úteis e cabíveis assim que adquirimos habilidades emocionais. Mas o que são elas?

Em 1990, Peter Salovey e John Mayer publicaram um artigo marcante, chamado "Emotional Intelligence" [Inteligência emocional], num periódico pouco conhecido (depois de ter sido rejeitado por várias publicações de primeira linha). Desde então, esse artigo serviu como fundação acadêmica para a maior parte da pesquisa realizada sobre inteligência emocional. Nele, os autores afirmam que a maioria das tarefas da vida é influenciada pela emoção. Todos nós dispomos de habilidades emocionais, mas em graus variados. E todos nós podemos aumentar nossa inteligência emocional, que Salovey e Mayer definiram como:

"A capacidade de perceber com precisão, avaliar e expressar emoções; a capacidade de acessar e/ou gerar sentimentos quando facilitam o pensamento; a capacidade de compreender a emoção e o conhecimento emocional, e a capacidade de regular as emoções para promover o crescimento emocional e intelectual."

Essa é uma ótima definição didática. Todos devemos dispor dessas habilidades, mas é difícil compreender a inteligência emocional, na prática, apenas a partir dessa definição. Existem diferenças individuais na forma como processamos informações de todos os tipos. Alguns de nós são naturalmente melhores em matemática, enquanto outros se destacam em tarefas baseadas na linguagem. No entanto, todos podem aprender e progredir nessas áreas. Da mesma forma, alguns de nós são mais fluentes e intuitivos quando se trata de questões emocionais. Mas todos podem aprender e progredir nesses aspectos também.

Em meus seminários, costumo pedir às pessoas que descrevam alguém que considerem emocionalmente inteligente. Experimente fazer o mesmo: quais são as habilidades que essa pessoa tem?

Alguns respondem *empatia*, aquilo que nos permite nos identificarmos com o que o outro está sentindo. Empatia significa ter uma experiência emocional compartilhada. Se você sente vergonha das experiências da sua infância, e eu também senti vergonha, podemos estabelecer a empatia mútua. A empatia costuma ser enriquecida por habilidades emocionais. Ela pode ajudá-lo a se conectar com alguém, mas não necessariamente vai ajudar você a apoiar uma pessoa no gerenciamento de uma emoção difícil ou impedi-lo de se perder na identificação com o outro. É aí que as habilidades emocionais entram em jogo.

Essas habilidades não são o que comumente chamamos de *estabilidade emocional*. Tendemos a ver uma atitude calma e equilibrada como um sinal de sabedoria emocional superior. Isso denota paz interior e harmonia. Pessoas que são serenas e "centradas" podem, é claro, possuir grandes habilidades emocionais, mas o mesmo pode ser verdadeiro para aquelas que são visivelmente neuróticas. Na verdade, às vezes – por pura necessidade – pessoas com alto nível de neuroticismo também possuem grandes habilidades emocionais. Esses indivíduos precisam delas para regular a tumultuada vida interior. Contudo, nem a estabilidade nem o neuroticismo equivalem à inteligência emocional.

Garra, que Angela Duckworth, professora da Universidade da Pensilvânia, define como "perseverança e paixão por objetivos de longo prazo", tornou-se um popular construto psicológico nos últimos anos. Pesquisas mostram que a determinação está associada a muitos resultados relevantes, desde o desempenho acadêmico até a renda do indivíduo. Mas garra não é uma habilidade emocional. Há muitas pessoas corajosas que lutam para controlar as emoções. A garra e a inteligência emocional não competem entre si, trabalham juntas para apoiar as pessoas na conquista de seus objetivos. Por exemplo: no caminho para o sucesso, pessoas de garra (como eu) muitas vezes não conseguem atingir certos objetivos; ficam frustradas, desapontadas ou arrasadas, e recebem feedback negativo. Portanto, ter um repertório de estratégias de regulação da emoção pode ajudar pessoas com garra a superar emoções difíceis e obstáculos que surgem na jornada para alcançar metas de longo prazo. E, como sabemos, a quantidade certa de persistência pode levar ao sucesso, mas em demasia pode ser contraproducente. Eu tive alunos que, encorajados pela crença no poder da garra, foram tão longe que minaram os próprios esforços devido à falta de consciência social.

A *resiliência* também é mencionada como uma habilidade emocional. De acordo com a Associação Americana de Psicologia, é "o processo de se adaptar bem diante de adversidades, traumas, tragédias, ameaças ou fontes significativas de estresse, como conflitos familiares e de relacionamento, graves problemas de saúde ou estressores financeiros e de trabalho". A pesquisa de Tom Boyce, da Universidade da Califórnia, e seus colegas revelou marcadores biológicos que diferenciam como as crianças "sensíveis" (referidas como "orquídeas") reagem às mudanças ambientais em comparação com o modo como reagem crianças "resilientes" (chamadas de "dentes-de-leão"). As crianças dente-de-leão podem prosperar sob quase todas as condições, enquanto as orquídeas tendem a ser mais amedrontadas e oprimidas em situações sociais incertas. Um desempenho melhor ou pior de uma orquídea ou dente-de-leão provavelmente tem relação com o modo como as famílias, professores e colegas apoiam seu desenvolvimento emocional. Se negligenciadas, as crianças orquídeas murcham prontamente, mas se forem criadas em condições favoráveis, não apenas sobrevivem como desabrocham, em comparação com as crianças dente-de-leão. É provável que as habilidades emocionais sejam o antecedente para a construção de resiliência.

Por fim, as habilidades emocionais não são uma constelação de traços, como confiança, carisma ou popularidade. Não é o mesmo que ter uma personalidade "boa", seja lá o que isso signifique. Não é gentileza, cordialidade ou autoestima elevada. Não é otimismo. Todas essas podem ser qualidades desejáveis, que nos tornam atraentes para o mundo. Podemos aspirar a uma delas ou a todas. Mas não são habilidades emocionais.

Então quais são elas? Em primeiro lugar, as habilidades emocionais precisam ser adquiridas. Ninguém nasce com todas elas prontas para a ação. As habilidades emocionais ampliam nossos pontos fortes e nos ajudam a superar desafios. Se sou extrovertido e preciso brilhar, devo aprender a ler meu ambiente para que possa perceber quando sobrecarrego os outros e devo baixar o tom. Se sou introvertido, minha tendência de ficar quieto e ser discreto pode decepcionar as pessoas em casa, na escola ou no local de trabalho, então terei de aumentar o tom às vezes, para que o mundo possa ver meu entusiasmo.

Ao longo dos anos, esbarrei com algumas ideias estranhas sobre inteligência emocional e seus propósitos. Certa vez, durante um seminário que ministrei numa grande empresa de tecnologia, um alto executivo questionou a ideia de que tinha algo a aprender. "Quero que você ensine às pessoas que trabalham para mim como lidar com as *minhas* emoções", disse ele.

Numa conferência para indivíduos superdotados, em que fui um palestrante, as pessoas usavam crachás com pontos coloridos. Quando perguntei à anfitriã o que significavam as cores, ela respondeu que o verde indicava "Sinto-me confortável ao receber um abraço", o amarelo "Pergunte antes de abraçar" e o vermelho proclamava "Fique longe!". Essa foi a primeira (e única) conferência a que compareci em que as pessoas anunciavam publicamente seus níveis de conforto em relação à emoção e ao contato físico. Também foi minha primeira experiência de "aprendizado em cena", que apoiou a pesquisa empírica que fiz demonstrando a pequena correlação entre inteligência emocional e QI.

Em outra ocasião, numa faculdade de Medicina exigente, um professor sênior não se esforçou para esconder o ceticismo diante da minha palestra. Quando perguntei se havia alguma dúvida, ele disse: "O que aconteceu com a academia? Estamos treinando futuros ganhadores do Nobel aqui, e não gente legal." Para ele, era como se as duas qualidades não pudessem coexistir em uma pessoa. Havia tantos preconceitos, fraquezas e contradições codificados nessa afirmação, que seriam necessárias muitas horas de discussão (e provavelmente muita terapia) para esclarecer tudo. A resposta mais simples e curta que consegui foi: "Bem, você *poderia* estar preparando *mais* ganhadores do Nobel se..." (Após o evento, perguntei ao chefe do departamento: "Isso está realmente acontecendo?" Ele sussurrou: "Por que você acha que eu o trouxe aqui?")

Para alguns observadores, especialmente no mundo dos negócios, inteligência emocional ou habilidades emocionais significa algo confuso e embaraçoso, como um distanciamento da realidade. Na verdade, é justamente o contrário. Essas habilidades mentais são como quaisquer outras: elas nos permitem pensar de maneira mais inteligente, mais criativa e obter melhores resultados de nós mesmos e das outras pessoas. Não há nada de vergonhoso nisso. A inteligência emocional não permite que os sentimentos atrapalhem. Ela faz o oposto: restaura o equilíbrio de nossos processos de pensamento; evita que as emoções tenham influência indevida sobre nossas ações; e isso ajuda a perceber que podemos estar nos sentindo de determinada maneira por um motivo específico.

Por mais de vinte anos, nossa equipe tem reunido e realizado pesquisas em psicologia, educação e neurociência para ensinar as habilidades emocionais necessárias ao desenvolvimento de crianças e adultos. Essas habilidades representam os principais aspectos do conhecimento, das competências e dos processos emocionais encontrados na literatura de psicologia sobre o desenvolvimento emocional e a inteligência. Com base nisso, desenvolvemos uma abordagem para tornar as habilidades emocionais uma parte integrante da educação para líderes, gerentes, professores, alunos e famílias. Está sendo usada em todo o mundo, em sistemas escolares, em empresas e em outras instituições.

No restante deste livro, exploraremos essas habilidades em detalhes. Por enquanto, vou fornecer uma breve introdução. As habilidades emocionais são conhecidas por uma sigla: RULER, composta pelas palavras em inglês *recognizing, understanding, labeling, expressing, regulating* (reconhecimento, compreensão, rotulagem, expressão, regulação).

A primeira habilidade é o *Reconhecimento*, isto é, reconhecer a ocorrência de uma emoção, percebendo uma mudança nos próprios pensamentos, na energia, no corpo ou na expressão facial, na linguagem corporal ou na voz de outra pessoa. Essa é a primeira pista de que algo importante está acontecendo.

A segunda habilidade é a *Compreensão*, o que significa que sabemos a causa das emoções e percebemos como influenciam os pensamentos e as decisões. Isso nos ajuda a refinar as previsões sobre nosso comportamento e o comportamento dos outros.

A terceira habilidade é a *Rotulagem*, que se refere a fazer conexões entre uma experiência emocional e os termos precisos para descrevê-la. Pessoas com um "vocabulário de sentimentos" mais maduro conseguem diferenciar emoções relacionadas, como satisfação, felicidade, euforia e êxtase. Rotular as emoções com precisão aumenta a autoconsciência e nos ajuda a comunicar as emoções de maneira eficaz, reduzindo os mal-entendidos nas interações sociais.

A quarta habilidade é a *Expressão*, que significa saber como e quando mostrar nossas emoções, dependendo do ambiente, das pessoas com quem estamos e do contexto geral. As pessoas com essa habilidade desenvolvida entendem que as regras não faladas para a expressão emocional, também chamadas de "regras de exibição", geralmente direcionam a melhor maneira de expressar o que sentem e modificam seus comportamentos de acordo com elas.

A quinta habilidade é a *Regulação*, que envolve monitorar, moderar e modificar as reações emocionais de maneiras úteis, a fim de alcançar objetivos pessoais e profissionais. Isso não significa ignorar emoções inconvenientes; ao contrário, trata-se de aprender a aceitá-las e a lidar com elas. Pessoas com essa habilidade empregam estratégias para controlar as próprias emoções e ajudar os outros com as deles.

Na estrutura RULER, as três primeiras habilidades – Reconhecimento, Compreensão e Rotulagem – nos ajudam a identificar e a decodificar com precisão o que nós e os outros estamos sentindo. Assim, as duas habilidades restantes – Expressão e Regulação – dizem-nos como podemos gerenciar essas emoções para alcançar os resultados desejados, nosso objetivo final.

As primeiras pesquisas sobre inteligência geral, ou QI, datam do início do século XX. Parte do motivo de o conceito de inteligência emocional estar atrasado em relação ao de QI é que há décadas existem testes confiáveis e cientificamente comprovados para medir este último. Um psicólogo habilitado cobrará alguns milhares de dólares para aplicar um exame padronizado de três horas que tem como resultado um número definidor: seu quociente de inteligência. O QI está conosco há mais de um século. E (ainda) não existe essa avaliação abrangente para a inteligência emocional. Sem uma medida precisa, achamos fácil desconsiderá-la, tendo-a como uma noção subjetiva e imprecisa.

A vida cotidiana requer habilidades emocionais a cada momento, mas fornece pouco feedback confiável sobre quão bem estamos indo ou se estamos melhorando. Poucas instituições de aprendizagem dedicam tempo para ensinar ou avaliar habilidades emocionais. Ainda estamos nos estágios iniciais de desvendar a ciência da emoção, incluindo a melhor forma de medir e ensinar as habilidades. Pense nisto: quanta instrução formal, em casa ou na escola, você recebeu nas cinco importantes áreas emocionais descritas anteriormente? Se você é como a maioria, não foi muita.

No entanto, sinto-me confortável em defender que a inteligência emocional é tão importante quanto o QI. Sabemos que não importa quão inteligente você seja, suas emoções terão uma influência – positiva ou negativa – em seus processos de pensamento racional. Isso é importante.

Como já explicamos as cinco principais habilidades emocionais, vamos tentar um experimento, um teste simples que você pode fazer para se autoavaliar. Você terá que pontuar de 1 (muito pouco qualificado) a 5 (muito habilidoso) em cinco afirmativas que resumem o que é necessário para ser um cientista da emoção:

- Sou capaz de reconhecer com precisão minhas emoções e as dos outros.
- Estou ciente das causas e consequências dos meus sentimentos e dos sentimentos dos outros.
- Tenho um vocabulário emocional refinado.
- Tenho habilidade para expressar toda a gama de emoções.
- Sou hábil em administrar minhas emoções e em ajudar os outros a administrar as deles.

Muito bem. Qual foi sua pontuação? O máximo que você pode conseguir é 25, a nota perfeita; a pior é um 5.

Qual o seu nível de confiança quanto ao significado de sua pontuação? Vamos admitir a grande falha desse teste: nenhum de nós é completamente imparcial quando se trata de estimar as próprias habilidades mentais, sejam elas emocionais ou não. Num estudo que conduzimos com estudantes universitários, perguntamos como achavam que se sairiam na avaliação padronizada de inteligência emocional em comparação com seus colegas de alojamento e com todos os outros alunos de graduação da universidade. Quase 80% dos participantes acreditavam que teriam um desempenho acima de 50%. Portanto, fica claro que tendemos a exagerar nossas habilidades emocionais. Talvez não seja surpreendente que as estimativas dos alunos do sexo masculino tenham sido significativamente mais altas do que as das mulheres, apesar de os homens terem se saído pior quando fizeram um teste baseado em desempenho.

É possível encontrar na internet muitos testes semelhantes, que prometem medir a inteligência emocional com rapidez e precisão. Como o que acabamos de fazer, são em geral superficiais e enganosos, muitas vezes medindo traços de personalidade em vez de habilidades emocionais e refletindo o desejo universal de nos sentirmos superiores a nossos semelhantes no que diz respeito à sabedoria do coração.

No mundo corporativo, a inteligência emocional é regularmente avaliada usando um formato "360 graus" para fins de promoção ou coaching executivo. Nesse caso, a pontuação de uma pessoa é baseada em seu relato, além das avaliações fornecidas por colegas, subordinados e supervisores. Essas avaliações estão mais preocupadas com autocontrole, confiabilidade, consciência, adaptabilidade, facilidade de trabalho em equipe, capacidade de influenciar pessoas e liderança inspiradora – aspectos potencialmente importantes para ser um bom líder e gestor. A maioria dos pesquisadores afirma que essas ferramentas medem características percebidas e aspectos da reputação de um indivíduo, mas não habilidades emocionais.

Pelas razões expostas, há um consenso geral em psicologia de que os testes de desempenho (em oposição às escalas de relato pessoal) são o padrão-ouro, porque medem a capacidade real para tarefas mentais. No que diz respeito à inteligência emocional, Salovey e Mayer, juntamente com David Caruso, cofundador do Emotional Intelligence Skills Group, desenvolveram um teste de desempenho que visa medir quão bem as pessoas realizam tarefas e resolvem problemas que tenham uma grande carga emocional. O teste tem sido uma ferramenta importante para fins de pesquisa, mas mesmo o mais sofisticado deles não pode prever como alguém responderia em situações da vida real, quando habilidades emocionais são de fato necessárias. O verdadeiro teste de habilidades emocionais não acontece quando se está lendo na praia, e sim quando alguém chuta areia na sua cara! Atualmente, nossa equipe está trabalhando com o professor Sigal Barsade, da Wharton School, da Universidade da Pensilvânia, para construir um conjunto de testes de desempenho dinâmico de inteligência emocional, a fim de capturar as habilidades emocionais em tempo real.

Há outra razão pela qual definir inteligência emocional é tão difícil: a falta de terminologia clara. A maioria de nós usa palavras como "emoção" e "sentimento" mais ou menos indistintamente, com uma compreensão geral do que significam. Mas existem algumas distinções sutis e importantes. Vamos examinar o glossário.

Uma *emoção* – feliz, triste, zangado – surge da avaliação de um estímulo interno ou externo. Por avaliação, refiro-me a uma interpretação do que está acontecendo no mundo ou em minha mente sob a perspectiva de meus objetivos ou preocupações presentes. Ouvimos, vemos, sentimos (por meio do toque), provamos ou cheiramos algo que nos alerta para uma mudança no ambiente. Somos provocados por uma memória ou sensação, ou um evento, algo que alguém diz ou faz, ou algo que testemunhamos ou experimentamos. Penso em alguém que me tratou de forma injusta e fico com raiva.

Em geral, as emoções têm vida curta (você já se sentiu surpreso por uma hora?). Costumam incluir uma reação fisiológica, como um rubor, calafrios ou batimentos cardíacos acelerados, além da liberação de neuroquímicos para deixá-lo pronto para a ação. Costumam ser exprimidas de forma automática por meio de expressões faciais, linguagem corporal e outros sinais não verbais. As emoções também são acompanhadas por uma experiência subjetiva na nossa mente consciente. Quando nos sentimos felizes, temos pensamentos positivos. Estar perturbado nos torna pessimistas. Por fim, as emoções nos mobilizam a agir, a nos aproximar ou nos afastar, lutar ou fugir.

Numa visão clássica, as emoções eram consideradas adaptações evolutivas; pessoas de todas as culturas experimentariam e exibiriam as mesmas emoções básicas, da mesma maneira. Por exemplo: desenvolvemos o sentimento de medo porque era vantajoso para a sobrevivência, e todos nós o expressamos da mesma forma porque faz parte da nossa natureza biológica.

Hoje em dia, nosso entendimento ganhou mais nuances. Pesquisas recentes enfatizam que as emoções estão totalmente entrelaçadas não apenas com a biologia, mas também com as experiências individuais de vida e de cultura. Não tememos as mesmas coisas nem manifestamos alegria da mesma maneira. Quando pedimos a crianças em idade escolar nos Estados Unidos para desenhar um rosto feliz, o desenho apresenta um grande sorriso. Quando crianças asiáticas recebem a mesma tarefa, os sorrisos são menores. Isso não significa que elas sejam menos felizes do que seus colegas americanos, apenas que talvez vivenciem e expressem a felicidade de maneira diferente. À medida que amadurecemos, nosso repertório emocional se torna mais preciso (é o que esperamos!). Crianças em idade pré-escolar têm uma palavra para raiva: zangado. Nas escolas onde trabalhamos, as crianças mais velhas aprendem a fazer distinções sutis, usando conceitos como incomodado, nervoso, irritado, exasperado e enraivecido.

Um *sentimento* é nossa resposta interna a uma emoção. Estou com raiva de algo que está acontecendo entre nós, isso me fez perder a esperança e não posso continuar assim. Isso é uma sensação. É matizado, sutil, multidimensional. Quando se pergunta a alguém como ele está se sentindo, a resposta às vezes é uma emoção, como feliz, triste, com medo, com raiva. Mas ele também pode dizer que se sente apoiado, conectado, valorizado, respeitado e apreciado. Essas palavras não se referem às emoções em si, mas a estados motivacionais e relacionais impregnados de emoção. Tecnicamente, um atleta não se *sente* motivado a correr uma maratona; são os sentimentos atuais e antecipados de alegria e orgulho que o motivam a correr todos os dias para participar da maratona.

Frequentemente, temos mais de uma emoção ao mesmo tempo. Estou animado com meu novo emprego e ansioso para saber se vou conseguir dar conta dele. Estou com raiva do modo como você vem me tratando e me sinto superior porque nunca o tratei tão mal. Aqui está um exemplo que eu conheço muito bem: a companhia aérea perdeu minha bagagem, e ao mesmo tempo estou zangado com o descuido deles, preocupado porque meu remédio estava lá dentro, envergonhado porque terei que comparecer a uma reunião vestido com a roupa que usei no avião e desanimado porque sei que não vão encontrar minha mala antes do fim da viagem.

Podemos até sentir emoções sobre emoções. Nós as chamamos de *metaemoções*. Eu poderia ter medo de falar em público e me envergonhar por estar com medo. Ou ser intimidado e me sentir uma vítima e ao mesmo tempo ter vergonha por permitir que isso acontecesse.

Um *humor* é algo mais difuso e menos intenso do que uma emoção ou sentimento, mas é mais duradouro. Com mais frequência, não sabemos bem por que nos sentimos de certa forma quando vivemos determinado estado de ânimo, mas temos certeza quando sentimos uma emoção. Os humores também podem ser o resultado de uma emoção. Você já se irritou com alguém, não conseguia deixar de pensar no assunto e ficou mal-humorado? Muitas vezes, o humor não parece ter sido causado por alguma coisa, é apenas um estado de ser, mas está completamente ligado às nossas respostas emocionais à vida. "Transtorno de humor" é um termo comum hoje em dia, utilizado para descrever condições psiquiátricas como depressão, bipolaridade ou transtorno de ansiedade. Todas elas prejudicam o funcionamento diário dos indivíduos. Essas condições demonstram de forma extrema como o humor afeta nossa vida.

Além de emoções, sentimentos e humores, existem *traços de personalidade* relacionados à emoção. Esses traços parecem revelar quem somos, em nosso âmago – nossa predisposição para sentir, pensar e agir de uma maneira particular. Somos otimistas ou pessimistas, controladores ou fatalistas, introvertidos ou extrovertidos, calmos ou hiperativos. É verdade que os traços de personalidade podem mudar com o tempo, mas, quando isso acontece, em geral ocorre de forma gradual, o que significa que precisamos ter paciência com as crianças que estão crescendo e se tornando elas mesmas. Na maioria das vezes, entretanto, os traços são as constantes, que podem ter influência sobre como nos sentimos, mas não devem ser confundidos com sentimentos. Pessoas mais otimistas tendem a experimentar emoções positivas mais intensas, porém podem superestimar as emoções positivas de outras pessoas.

Todas essas distinções são mais importantes para psicólogos pesquisadores e cientistas sociais do que para outras pessoas. Para nosso propósito, usaremos as palavras *emoção* e *sentimento* com mais ou menos o mesmo significado. Mas cabe ressaltar que todos nós entenderemos melhor nossa vida emocional se tivermos um vocabulário rico para expressar cada nuance do que sentimos.

No caminho para nos tornarmos cientistas da emoção, precisamos evitar a tentação de agir como juízes da emoção.

Nos dois casos, estamos tentando reconhecer as emoções e sua origem para, em seguida, prever como elas podem estar influenciando nossos pensamentos e nossas ações. Porém um cientista da emoção procura compreender sem fazer julgamentos de valor nem opinar se os sentimentos são justificados ou não, benéficos ou não, ou se refletem uma realidade objetiva. Um cientista da emoção vem equipado apenas com perguntas e um desejo de ouvir e aprender.

Um juiz da emoção, por outro lado, está à procura de algo diferente. Um juiz da emoção tenta avaliar os sentimentos (mesmo os próprios, já que não somos imunes a um autojulgamento severo) e considerá-los bons ou maus, úteis ou prejudiciais, baseados na realidade ou numa invenção da imaginação. Um juiz da emoção deseja o poder de validar sentimentos ou de negá-los, deseja fazer julgamentos.

Suas razões são compreensíveis. Um pai, por exemplo, tem muito em jogo quando se trata da vida emocional do filho. Quaisquer sentimentos negativos expressos – ansiedade, raiva, vergonha – podem ser vistos como um reflexo da criação da criança. Se um funcionário se sentir intimidado, se um ente querido se desesperar, se você se sentir inútil, há uma tentação de desviar a responsabilidade e atribuir culpa a outra pessoa. É por isso que é mais fácil condenar uma criança zangada a um castigo do que ouvir seus sentimentos e explorar o que espreita por trás deles. Onde os cientistas da emoção operam com mente aberta e boas intenções, os juízes da emoção têm medo de ouvir algo terrível. Eles vêm preparados para negar, defender e culpar.

Carol Dweck, professora da Universidade Stanford e autora do best-seller *Mindset*, mostrou em décadas de pesquisa como nossas crenças sobre habilidades determinam o sucesso ou o fracasso em desenvolvê-las. Isso significa o seguinte: quando acreditamos que as habilidades emocionais podem ser ensinadas, temos mais fé em sua capacidade de melhorar os resultados. Se pensarmos que nossa composição emocional é mais ou menos fixa e imutável, é menos provável que façamos um investimento de tempo ou de esforço relevantes para desenvolver nossas habilidades ou para ensiná-las aos outros. Cientistas da emoção compartilham o *mindset* que diz que a educação é possível. Para um juiz da emoção, tudo o que resta é considerar o estado emocional de alguém como útil ou prejudicial, positivo ou negativo, bom ou ruim, sem esperança de crescimento e melhoria.

No sistema judiciário, os juízes desempenham um papel valioso e necessário. Em nossa vida emocional, ocorre o contrário.

Ter um alto grau de inteligência emocional e possuir as cinco habilidades emocionais torna a vida melhor. Parece óbvio, mas se precisarmos de evidências, há muitos aspectos científicos para dar respaldo a essa noção.

O trabalho dos pesquisadores Jeremy Yip, professor assistente da Georgetown University, e Stéphane Côté, professor da Rotman School of Management da Universidade de Toronto, demonstrou o conceito que está no cerne disso: indivíduos com habilidades emocionais mais desenvolvidas eram mais capazes de identificar corretamente os eventos que causaram suas emoções e, portanto, conseguiram filtrar a influência das emoções incidentais em suas decisões.

Baseamos a maioria das decisões da vida em como pensamos que nossas ações nos farão sentir. Mas as pesquisas demonstram que sem habilidades emocionais, somos reconhecidamente ruins em prever o que nos fará felizes. Muitos de nós, inclusive, passam bastante tempo perseguindo metas erradas ou recusando-se a participar de atividades que poderiam nos fazer sentir melhor. Comemos açúcar para melhorar o humor deprimido quando o exercício provavelmente traria uma contribuição mais eficaz; mergulhamos nas redes sociais para nos sentirmos conectados quando sabemos que elas amplificam a ansiedade.

Na época em que John Kerry concorreu à presidência dos Estados Unidos contra George W. Bush, realizamos uma pesquisa com os alunos de Yale para ver quão furiosos ficariam se seu candidato perdesse. Após a eleição, testamos os eleitores de Kerry e descobrimos que eles haviam superestimado grosseiramente seus sentimentos de raiva. Num segundo estudo, conduzido na Universidade Duke, pedimos aos alunos que previssem seus sentimentos em relação a um jogo de basquete que aconteceria em breve contra o arquirrival da instituição, a Universidade da Carolina do Norte. Os participantes foram orientados a imaginar como ficariam animados se a Duke ganhasse. Também foram solicitados a prever como se sentiriam se a Duke perdesse. No dia seguinte ao jogo – vencido pelo rival –, os alunos foram convocados outra vez e solicitamos que relatassem seu nível de desagrado. Mais uma vez, eles superestimaram os sentimentos. No entanto, nos dois estudos, os alunos que tinham escores mais elevados de inteligência emocional se saíram melhor em antecipar suas emoções. Os indivíduos emocionalmente inteligentes tinham uma compreensão intuitiva de uma das conclusões centrais da pesquisa da felicidade: o bem-estar depende menos de eventos objetivos e mais de como esses eventos são percebidos, tratados e compartilhados com os outros. Como as pessoas emocionalmente habilidosas têm maior probabilidade de reconhecer esse conceito central, é provável que tenham uma vantagem na tomada de decisão.

Essas habilidades são cruciais em todas as idades. Nossos filhos serão capazes de resistir à tentação de magoar um amigo ou de abusar de álcool e de drogas? Saberão usar a criatividade para superar o tédio e não se render a ele? Entenderão como as perturbações emocionais podem levá-los a considerar decisões erradas nas redes sociais e, em seguida, ajustar seu pensamento? Ensinar habilidades emocionais com certeza irá ajudar, e há pesquisas que demonstram isso. Crianças pequenas em idade escolar com habilidades emocionais mais desenvolvidas têm menos problemas de conduta, são mais bem ajustadas e apresentam melhor desempenho acadêmico do que aquelas com habilidades menos desenvolvidas.

Estamos todos familiarizados – em primeira mão – com as dramáticas sensibilidades e desregulações emocionais que vêm com a adolescência. Elas podem prejudicar o sucesso até mesmo dos alunos mais esforçados e sagazes. No entanto, a inteligência emocional faz uma grande diferença nesse cenário. A capacidade dos jovens de prosperar, mesmo quando os sentimentos (positivos ou negativos) ameaçam sobrepujar suas intenções, está associada a habilidades emocionais mais desenvolvidas.

Entre os adolescentes, maior inteligência emocional está relacionada a menos depressão e ansiedade e pode ser um fator de proteção contra o comportamento suicida. Aqueles que têm mais inteligência emocional também são avaliados pelos próprios adolescentes e por seus professores como sendo de convivência mais fácil do que os alunos com habilidades menos desenvolvidas. Além disso, há dados sugerindo que a inteligência emocional está relacionada a pontuações mais altas nos exames de admissão das universidades, maior criatividade e melhores notas entre alunos do ensino médio e universitário. Num estudo, a inteligência emocional se mostrou um indicador de sucesso acadêmico que fica acima da garra, um indicador bem conhecido de realização.

Os benefícios não desaparecem quando chegamos à idade adulta. Indivíduos com pontuação mais alta nos testes de inteligência emocional tendem a relatar relacionamentos melhores com amigos, pais e parceiros românticos. Faz sentido. Eles são mais propensos a interpretar com precisão os sinais não verbais, a entender os sentimentos do outro e a saber quais estratégias podem ajudar outra pessoa a sentir algo com maior ou menor intensidade.

Pesquisas também vincularam a inteligência emocional a resultados importantes para a saúde e para a carreira, incluindo menos ansiedade, depressão, estresse e esgotamento, além de maior produtividade e capacidade de liderança. Indivíduos com pontuações mais altas de inteligência emocional também tendem a ter um melhor desempenho, especialmente em trabalhos voltados para os serviços e aqueles que envolvem contato com clientes. Pense nos motivos pelos quais você volta à mesma cafeteria ou restaurante. Poderia ter mais relação com o modo como o barista faz você se sentir do que com o café ou a comida?

Em dois estudos, as habilidades emocionais se correlacionaram com o surgimento de liderança, que é definida como o nível de influência exercida sobre os colegas por alguém que não está numa posição oficial. Outros estudos mostraram associações promissoras entre inteligência emocional e liderança "transformacional" – aquela em que os líderes motivam e inspiram seus subordinados a trabalhar em prol de uma visão comum.

Quando você tem habilidades emocionais, passa a ser percebido pelos seus pares como sendo mais sensível; se relaciona melhor com colegas e parceiros românticos e é visto como alguém mais confiante e seguro.

Vários pesquisadores examinaram se as habilidades emocionais podem ser aprendidas em intervenções breves. Um estudo descobriu que atletas designados de forma aleatória para participar de dez oficinas de três horas tiveram pontuações de inteligência emocional significativamente mais altas pós-teste do que antes, além disso tiveram pontuações bem mais altas do que seus colegas do grupo de controle. Um segundo estudo encontrou resultados semelhantes entre alunos de escolas de administração. Os participantes designados para um curso de inteligência emocional de dezesseis horas mostraram um ganho significativo na inteligência emocional geral, enquanto as pontuações pré e pós-teste de seus colegas num curso de controle de atenção (isto é, etiqueta empresarial) não mostraram nenhuma mudança significativa. Em nossa pesquisa, descobrimos que aulas que implementaram a abordagem RULER com maior fidelidade apresentaram turmas com alunos de habilidades emocionais mais desenvolvidas após dez meses em comparação com classes que implementaram o RULER com menos fidelidade.

Ter habilidades emocionais – dar a si mesmo e àqueles ao seu redor a permissão de sentir – não significa que você se torna um capacho, abana o rabinho e concorda com tudo que todo mundo diz ou faz. Pessoas com mais inteligência emocional têm a mesma probabilidade de reagir quando atacadas, mas terão mais facilidade em lidar com as emoções num confronto e serão mais hábeis em encontrar uma solução pacífica.

Nada disso quer dizer que a pessoa emocionalmente sábia seja perfeita. Você está cansado, com raiva, preocupado com algo e naturalmente pode não parar para pensar antes de reagir. Você tem que se dar permissão para sentir até isso. Você vai perder o controle. Você é uma obra em andamento. Se lidou mal com isso hoje, e tem habilidades emocionais suficientes para reconhecer esse fato, talvez se saia melhor amanhã.

Nem sempre é fácil levar em conta a nossa vida emocional e a vida dos outros. Mas quando crianças e adultos têm permissão para sentir todas as emoções e aprender como gerenciá-las, abrem-se portas para a colaboração, para a construção de relacionamentos, para a melhor tomada de decisão e para o alto desempenho e para o maior bem-estar. Quase todos os ingredientes essenciais para o sucesso surgem de habilidades emocionais.

Quando dou palestras em escolas, compartilho a pesquisa sobre inteligência emocional; em seguida, pergunto aos alunos sobre a importância do desenvolvimento de tais habilidades. Naturalmente, todos concordam que são essenciais. Mas não se interessam em aprendê-las. Os jovens dizem: *Assim que eu terminar o ensino médio e essas provas... Assim que eu for aceito na pós-graduação...* E logo eles se tornam adultos. São os futuros médicos, professores, comissários de bordo, advogados e tantos outros que nos dizem que se sentem "estressados" na maior parte dos dias. Não é assim que a vida deve ser. Mas é como a vida normalmente é quando as famílias, as escolas e as instituições para as quais trabalhamos ignoram a importância das emoções.

Ao deixar de abordar o elemento mais significativo da nossa humanidade, estamos sufocando o fogo da paixão e do propósito, retardando e distorcendo o crescimento e a maturidade de gerações inteiras e esgotando os adultos que estão lá para ajudá-los a crescer. Habilidades emocionais são o elo perdido na capacidade de uma criança de crescer e se tornar um adulto de sucesso. Cabe a nós começar a revolução na qual a permissão para sentir impulsiona nosso sucesso de maneiras que ainda não imaginamos.

Repito as habilidades necessárias:

O primeiro passo é reconhecer o que estamos sentindo.

O segundo passo é compreender o que descobrimos, o que sentimos e por quê.

O próximo passo é rotular adequadamente nossas emoções, o que significa não apenas dizer que estamos "felizes" ou "tristes", mas ir mais fundo e identificar as nuances e as complexidades do que sentimos.

O quarto passo é expressar nossos sentimentos, primeiro para nós mesmos e depois, quando for o caso, para os outros.

O último passo é regular. Como já dissemos, não é suprimir nem ignorar nossas emoções, mas usá-las com sabedoria para atingir os objetivos desejados.

Na próxima seção, seguiremos cada um desses passos.

PARTE DOIS

O MÉTODO RULER

4 Reconhecer a emoção

MAIS UMA VEZ, NOS VEMOS DIANTE da pergunta fundamental: como você está se sentindo?

Antes de responder, pare e *não* pense. Apenas perceba. *Sinta*. Talvez ajude se você inspirar de forma profunda e lenta.

Meu palpite é que, se conseguir desligar sua mente analítica por um momento, você obterá uma sensação clara – *visceral* – de seu estado emocional subjacente. Você sabe do que estou falando mesmo se nem sempre coloque isso em palavras. Estou me referindo a seu estado básico, fundamental, neste exato momento.

Me sinto ótimo.
Estou bem.
Estou mais ou menos.
Estou estressado.

Você não precisa empregar as palavras para articular isso por enquanto. Elas virão mais tarde. Mas não podemos chegar lá sem passar por aqui primeiro.

Então dê uma pausa, pare o que quer que esteja fazendo, verifique o estado de sua mente e de seu corpo e se pergunte: neste exato momento, qual é meu estado emocional? Estou me sentindo animado ou triste? É uma sensação agradável ou desagradável? Gostaria de me aproximar do mundo ou de me afastar dele? Em seguida, examine as pistas físicas. Estou energizado ou esgotado? Meu coração está disparado, estou de punhos cerrados, sinto um nó na garganta, um aperto no estômago ou me sinto equilibrado, tranquilo, à vontade?

A primeira das habilidades do método RULER que precisamos adquirir para nos tornarmos cientistas da emoção é o Reconhecimento. Isso é o que estamos aprendendo neste capítulo: como reconhecer emoções em nós mesmos e nos outros com precisão.

Como vimos, pedir às pessoas que encontrem as palavras para o que estão sentindo nem sempre traz o resultado desejado. Na última década, perguntei a centenas de milhares de adultos – de educadores a pais, de médicos a CEOs – por que é tão difícil para eles descrever como se sentem. Eis o que costumo receber como resposta:

"Nunca paramos para nos fazer essa pergunta."
"Nunca nos ensinaram um vocabulário emocional abrangente."
"Estamos acostumados a dizer 'tudo bem' ou 'bem' de modo automático."
"Nem sempre é seguro compartilhar o que você realmente sente."
"Ninguém realmente *se importa* com o que você sente."
"Fomos ensinados a não falar sobre nossos sentimentos."
"Se reconhecermos como nos sentimos, teremos que assumir a situação e fazer alguma coisa a respeito."
"As emoções não são naturais."
"Não quero ser julgado."
"Não tenho tempo para isso!"
"Eu sinto muitas coisas."
"Há muita pressão social para nos arriscarmos a ser sinceros."
"Se eu compartilhasse como me sinto, ninguém desejaria ficar perto de mim."
"Sinto como se tivesse crescido no programa de proteção a testemunhas. Disseram-me para nunca compartilhar nada."

Dá para perceber contra o que estamos lutando. No entanto, não podemos aprender as habilidades necessárias para regular nossas emoções a menos que possamos reconhecê-las. Reconhecer nossas emoções significa entender que todos nós somos seres sensíveis e que experimentamos emoções a cada instante de nossa vida.

E o Reconhecimento não se aplica apenas aos nossos sentimentos. Também precisamos ser capazes de reconhecê-los em outras pessoas. Isso é um pouco mais desafiador, porque você não pode perguntar constantemente a alguém: "Olá, qual é o seu estado emocional básico agora?" (Confie em mim, experimente uma vez e veja o que acontece.) Mas, a menos que sejamos capazes de ler pensamentos, só podemos nos guiar pelas aparências, que nem sempre são indicadores precisos, ou pela intuição, que funciona melhor com pessoas que conhecemos bem, mas não com o restante.

O Reconhecimento é particularmente crucial porque a maior parte da nossa comunicação é não verbal. Isso inclui tudo, desde expressões faciais a linguagem corporal e tons vocais – não me refiro às palavras, mas à maneira como as pronunciamos. As palavras podem mentir ou esconder a verdade. Gestos físicos raramente o fazem. Isso ressalta a importância do Reconhecimento: ele exige que reconheçamos a emoção ou o humor geral de uma pessoa antes de tentar obter os detalhes do que ela está sentindo e por quê. Isso nos coloca na direção certa.

Aqui está o que pode acontecer quando não reconhecemos algo tão básico quanto o estado emocional de outra pessoa. Uma criança engajada e amigável torna-se cada vez mais hostil. Um adolescente que já foi brilhante e animado torna-se letárgico e praticamente não funcional. Um adulto que costumava irradiar bem-estar passa a sofrer de uma ansiedade paralisante. E, na pior das hipóteses, pessoas ficam misteriosamente deprimidas e se vão, pelas próprias mãos. Depois que isso acontece, muitas vezes encontramos o mesmo pano de fundo: um adulto ou criança vítima de bullying, de abusos ou de alienação parental, que foi ignorado, mas teria se beneficiado de uma intervenção externa. Todos nos encaramos e perguntamos: "Como ignoramos tantos sinais?" Quando criança, eu tinha certeza de que era amado por meus pais. No entanto, ia para a escola todos os dias e brincava em nossa rua depois da aula, onde sofri intimidações e abusos por muitos anos. Como isso passou despercebido? Todos os sinais óbvios estavam lá. Mas me amar não era sinônimo de *me ver*.

Há ocasiões em que expressamos nossos sentimentos negativos por meio de um comportamento destrutivo, repulsivo e insuportável. Em momentos assim, praticamente desafiamos as pessoas em nossa vida a estender a mão e se envolver, tentando ajudar. Outras vezes, nos afastamos, evitamos estar com amigos e nos distanciamos das atividades sociais. Nesses momentos, enviamos sinais de que queremos apenas ficar sozinhos ou de que está tudo bem, quando não está. Na minha infância, fui um exemplo clássico de explosões autodestrutivas e da reclusão calculada. Mas é diante de comportamentos assim que precisamos nos esforçar para romper as demonstrações de raiva ou autoalienação. É quando devemos lembrar que nossos atos às vezes enviam a mensagem oposta do que realmente precisamos. Nossas ações gritam: "Afaste-se!" ou "Estou bem!", enquanto nossas emoções imploram por atenção.

O primeiro passo para nos envolvermos totalmente com nossas emoções e as de outra pessoa – mesmo antes de saber os detalhes do que está causando esses sentimentos – é desenvolver a habilidade do Reconhecimento.

Existe uma ferramenta que pode ajudar.

O Gráfico das Emoções foi construído com base no que é chamado de "modelo circumplexo", desenvolvido por James Russell, professor do Boston College. Ele disse que as emoções humanas têm duas propriedades ou dimensões essenciais – energia e agrado. Russell teve a percepção de cruzar essas dimensões para criar um único gráfico que poderia representar todos os sentimentos. O eixo horizontal representa seu grau de agrado de uma emoção, de muito desagradável a muito agradável. O eixo vertical representa seu grau de energia, de muito baixo a muito alto.

Essas duas forças por si sós nos dizem muito sobre nossa vida emocional em qualquer momento. Mesmo quando não temos consciência de como nos sentimos, nosso sistema emocional monitora continuamente o ambiente em busca de mudanças que possam ser relevantes para nossos objetivos, valores e bem-estar.

Como uma ferramenta para ajudar as pessoas a reconhecer emoções, o Gráfico das Emoções foi usado pela primeira vez em *Liderança com inteligência emocional*, um livro de David Caruso e Peter Salovey, de 2004. Mais tarde, Caruso e eu o aprimoramos e o desenvolvemos como a peça central do RULER, nossa abordagem baseada em evidências para a aprendizagem social e emocional que atualmente está em mais de 2 mil escolas e distritos nos Estados Unidos e em outros países, incluindo Austrália, China, Inglaterra, Itália, México e Espanha.

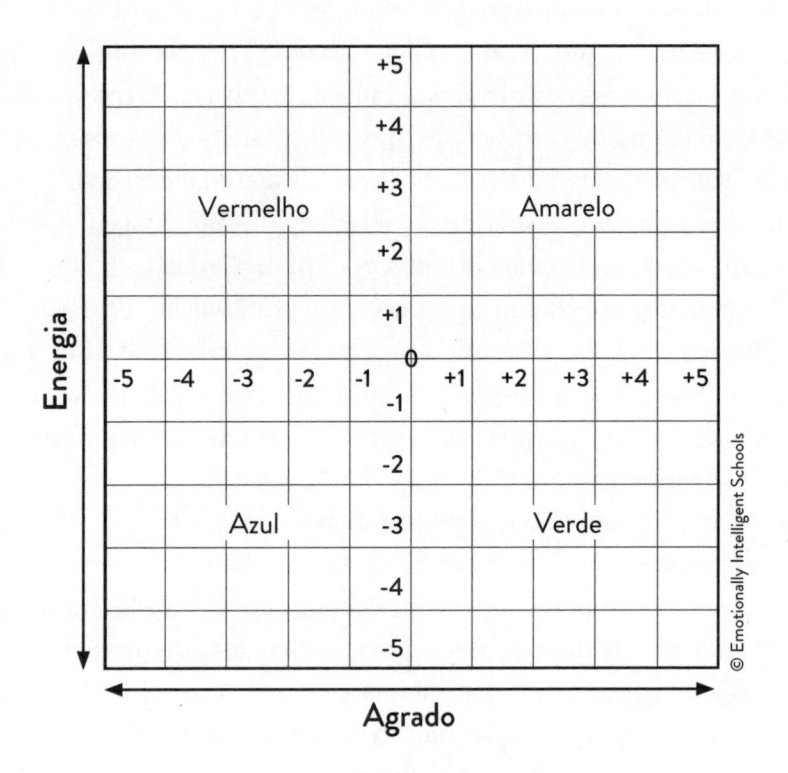

O Gráfico das Emoções foi criado para mapear cada sentimento que um ser humano pode experimentar e projetá-lo num gráfico semelhante ao proposto por Russell. Ele nos permite fazer observações sobre agrado e energia das emoções, a fim de compreender rapidamente as principais informações sobre elas. Usando a ferramenta, podemos visualizar com facilidade centenas de emoções, da raiva à serenidade, do êxtase ao desespero.

Como você pode ver na figura da página anterior, o Gráfico das Emoções é um quadrado dividido igualmente em quatro quadrantes pelo eixo horizontal (agrado) e o eixo vertical (energia). Na extremidade esquerda do eixo horizontal está o extremo de desagrado, que representamos com um -5; na extremidade direita está seu oposto, o muito agradável, em +5. Da mesma forma, no topo do eixo vertical está a alta energia e na parte inferior está o oposto. Medimos tudo em ambos os eixos por um número. No ponto central do gráfico, seríamos neutros em agrado e energia, o que é pontuado como 0.

Como você poderá ver no gráfico que está na parte de dentro da capa deste livro, atribuímos a cada quadrante uma cor diferente, escolhida para refletir o estado emocional.

O quadrante superior direito é amarelo. É aí que experimentamos altos níveis de prazer *e* energia. Se você está no amarelo, está se sentindo feliz, animado, otimista. Sua postura provavelmente é ereta, com brilho nos olhos. Você se sente energizado e pronto para enfrentar o mundo.

No canto superior esquerdo está o vermelho. Este é o quadrante com baixo nível de agrado, mas alta energia. Aqui você pode estar enfurecido, ansioso, frustrado ou estressado, mas também agitado, preocupado ou irritado. Seu corpo pode parecer tenso, sua respiração provavelmente está superficial e seu coração, batendo rápido. Talvez tenha franzido a testa ou erguido as sobrancelhas, dependendo se está com raiva ou com medo. Está se preparando para lutar ou fugir; ou talvez esteja se preparando para vencer uma corrida ou para defender bravamente alguém que precisa de ajuda. Não importa o que aconteça: neste quadrante, você está nas garras de algo forte.

O canto inferior direito é verde, para alto nível de agrado, mas baixa energia. Aqui você está em paz: contente, sereno, satisfeito. Seu corpo provavelmente parece à vontade, você respira devagar. Tem um sorriso gentil e se sente seguro e protegido.

E o canto inferior esquerdo é azul, indicando baixo nível de agrado e de energia – o que pode ser qualquer coisa, desde tristeza e apatia à depressão absoluta, mas também cansaço e solidão. Os olhos talvez estejam baixos. Você pode estar com a testa franzida e a postura corporal provavelmente está curvada. Você tem vontade de recuar, desaparecer ou talvez confortar alguém que passou por um infortúnio.

Nos próximos capítulos, entraremos nos meandros do Gráfico das Emoções à medida que discutirmos cada emoção e sua posição exata. Por enquanto, vamos nos preocupar apenas com os quadrantes.

Talvez alguns exemplos ajudem.

É uma manhã de sábado de primavera, o tempo está lindo e estou sentado num jardim rodeado por árvores e flores em botão. Bem, ninguém precisa de um ph.D. para saber que estou bem no topo da escala de agrado – no quadrante verde, se for uma manhã de sábado sonolenta. Se eu estivesse igualmente feliz, mas me sentindo energizado, estaria no amarelo.

Ou então: chego ao aeroporto para uma viagem de trabalho e, ao fazer o check-in, de repente percebo que estou sem meu laptop. Será que o deixei em casa? Será que ficou no carro? Não há tempo para voltar e procurá-lo. No momento, sinto uma grande energia e extremo desagrado – estou bem no auge da zona vermelha. Depois de aceitar que é uma causa perdida e que provavelmente não terei o laptop para a minha apresentação, posso deslizar para o azul – com baixo agrado *e* baixa energia.

O Reconhecimento é o primeiro passo fundamental para compreender o estado emocional presente, seja o nosso ou de outra pessoa. Infelizmente, ele não é infalível. Existem muitas maneiras de entender mal o que está bem diante dos olhos e ouvidos. É por isso que as quatro outras habilidades que discutiremos mais à frente são tão importantes.

Trago algumas histórias para explicar o que quero dizer.

Tenho um parente que nunca diz uma palavra simpática a ninguém. (Tenho que ser cuidadoso aqui, pois não quero torná-lo reconhecível!) É a pessoa mais negativa que já conheci, está sempre de mal com a vida. Se ele não fosse da família, nenhum de nós o toleraria.

Tenho como hábito levar para as reuniões de família materiais de reconhecimento de expressão facial, que psicólogos pesquisadores utilizam em experimentos. São fotos de pessoas exibindo emoções típicas, projetadas cientificamente para serem o mais universais possível. Você deve olhar para o rosto e identificar o que aquele indivíduo está sentindo. Eu transformo isso numa espécie de jogo, mas sempre aprendo algo no processo.

Mostrei ao meu parente a foto de uma pessoa expressando medo.

"Diga-me o que acha que ela está sentindo", pedi.

"Parece raiva", respondeu ele.

"Mas você vê como os olhos dela estão arregalados?", perguntei. "E a boca ligeiramente aberta e virada para baixo? Isso não se parece mais com medo ou mesmo com angústia?"

"Talvez seja medo para você, mas para mim é raiva", insistiu ele.

Isso fazia todo o sentido, pois na visão do meu parente *tudo* parecia raiva.

Certa vez, num jantar com amigos e colegas, tentei outra coisa que faço de vez em quando nesses encontros. Dei a volta na mesa e perguntei às pessoas como elas se consideravam do ponto de vista emocional.

"Acho que sou do tipo animada e feliz", disse uma mulher.

"Jura?", interveio outra amiga. "Estou surpresa. Não vejo você assim."

Passei para outro convidado, que disse que sentia que transmitia calma e relaxamento.

"Bem, *sempre* achei que você parecia um tanto ansioso", disse aquela mesma amiga.

E a conversa seguiu assim por algum tempo.

Depois do jantar, chamei aquela amiga a um canto e mostrei que em todos os casos ela demonstrava uma visão mais negativa das pessoas do que a que elas manifestavam. Ela ficou arrasada e chocada. Não lhe ocorrera ter uma visão particularmente azeda de ninguém. Mas com certeza tinha.

Uma última história, que ocorreu na época em que eu ainda cursava a pós-graduação. Uma amiga acabara de vivenciar algo realmente perturbador e me contava a história, chorando enquanto falava. Mas, naquele momento, outra aluna – que era reconhecidamente egocêntrica –

apareceu, parou e disse: "Vocês não fazem ideia do que meu namorado e eu fizemos no fim de semana!"

Minha amiga e eu erguemos os olhos, perplexos. Nunca tínhamos visto alguém interpretar tão mal todos os sinais.

Às vezes, mesmo eu estou sujeito a interpretações erradas, embora tenha dedicado um tempo significativo a estudar as emoções. Tive uma aluna de pós-graduação que desenvolveu um estranho hábito: quando precisava entregar um trabalho, ela entrava em meu escritório, jogava-o na minha mesa e saía correndo sem dizer uma palavra.

Por fim, perguntei a ela sobre essa atitude, e minha aluna me disse que enquanto eu lia seus trabalhos uma expressão de desgosto surgia no meu rosto. Ela não suportava ver aquilo, confessou, e era por isso que fugia. Fiquei chocado. Não havia absolutamente nenhum problema com os trabalhos dela. Parte da reação da aluna pode ter sido causada por sua insegurança em relação à escrita. Mas a verdade é que não tenho ideia dos sinais que posso ter enviado enquanto me concentrava na correção dos trabalhos. De qualquer forma, ela reagia a alguma coisa, e isso estava atrapalhando nosso relacionamento.

Todos nós às vezes entendemos mal as emoções das outras pessoas quando baseamos nossas suposições apenas em sinais não ditos. Muitas vezes, contudo, essas são as únicas evidências de que dispomos.

No meu trabalho, enfrento isso o tempo todo. Quando conduzo seminários para educadores, muitas vezes pergunto na sala qual o nível de habilidade deles no reconhecimento das emoções dos alunos. Todos dizem: "Bem, isso é o que fazemos o dia todo, todos os dias."

"Ótimo. Vou expressar uma emoção e todos vão escrever o sentimento que detectaram", digo. Em seguida, viro-me de costas para a plateia, assumo uma expressão facial e me viro novamente.

Após alguns instantes, falo: "O que vocês acham que eu estava sentindo?"

Alguém diz que eu estava com raiva. Outro que eu parecia calmo. Para um terceiro, eu parecia expressar desaprovação. Uma das espectadoras pensa que eu estava flertando com ela. Outra diz que não sabe o que eu estava sentindo.

Na verdade, explico a eles, estava tentando expressar contentamento. Isso leva à discussão de quem estava certo (se é que houve alguém). Eu sei o que estava tentando demonstrar, mas isso significa que sei o que de fato transmitia pela minha expressão? Os observadores costumam ter certeza de que sabem como me sinto. Lembro-me de um participante que disse: "Marc, acho que você nem sabe o que realmente estava demonstrando." É possível que eu não seja melhor em manifestar minhas expressões emocionais do que qualquer outra pessoa. Porém, o fato é que fazemos julgamentos automáticos sobre como as pessoas se sentem o dia todo – e muitas vezes estamos errados. Pense nas implicações. Com que frequência você é mal interpretado? Com que frequência você está interpretando mal as pessoas ao seu redor? Você ao menos sabe disso?

Claro, se eu demonstro uma emoção muito evidente, como a surpresa – olhos arregalados, boca aberta –, todo mundo acerta. Mas com que frequência ficamos surpresos num dia?

Diante de tudo isso, é fácil ver por que a ciência da emoção depende tanto da comunicação verbal – saber quais perguntas fazer a outras pessoas e como ouvir e processar as respostas. Também temos que saber articular o que estamos sentindo, especialmente as sutilezas que distinguem uma emoção de outra que é próxima, mas não exatamente a mesma. Caso contrário, nunca alcançaremos nosso objetivo final: compreender, comunicar e regular nossas emoções de forma eficaz para que se tornem uma ajuda e não um obstáculo.

"O rosto humano – em repouso e em movimento, no momento da morte como em vida, no silêncio e na fala, quando visto ou sentido por dentro, na realidade ou representado na arte ou registrado pela câmera – é uma fonte de informação exigente, complicada e às vezes confusa", declarou Paul Ekman, o lendário psicólogo conhecido como o maior detector de mentiras humano, fonte de inspiração para a série de TV *Lie to Me*.

Imagine tentar registrar todas as expressões faciais de emoção! Muitas são chamadas de microexpressões, o tipo que apenas se insinua nos traços de uma pessoa, tão fugidias que mal são visíveis. Será que algum de nós, até mesmo o Dr. Ekman, rastreia tanta atividade emocional assim, dia após dia?

No entanto, todos nós passamos a vida inteira, desde antes que possamos nos lembrar, estudando expressões faciais para extrair seu conteúdo emocional. É a base de todos os relacionamentos humanos, começando com a mãe e o recém-nascido. Fazemos isso instintivamente, por uma questão de sobrevivência, porque quanto melhor lermos as expressões faciais, mais saberemos sobre as intenções das pessoas. Todos nós evoluímos para nos tornarmos cientistas da emoção. Mas ainda precisamos aprender as habilidades para chegar lá.

Um século antes de Ekman, em 1872, Charles Darwin publicou sua terceira obra de grande importância, *A expressão das emoções no homem e nos animais*. Nela, Darwin escreveu que tanto animais quanto humanos expressam suas emoções fisicamente, e há alguns sinais universais de expressão entre as pessoas – sobrancelhas erguidas denotando surpresa, por exemplo –, bem como grande diversidade na expressão de emoções.

Ekman e outros psicólogos realizaram uma série de estudos transculturais na década de 1970, argumentando que todos os rostos humanos expressam seis "emoções básicas" da mesma maneira:

Felicidade
Tristeza
Raiva
Medo
Surpresa
Repulsa

Parece correto. Então a literatura científica prossegue, dizendo que todos nós exibimos essas emoções mais ou menos da mesma maneira, e é quando tudo fica um pouco turvo. Todos nós, acadêmicos, fazemos amplo uso desses materiais que representam expressões faciais prototípicas de diferentes emoções, os mesmos que levo para reuniões familiares. Mas sabemos que é exagero dizer que todo mundo do planeta manifesta essas emoções exatamente da mesma forma.

Com certeza há algo universal nessas seis citadas. Desde a infância, somos capazes de fazer caras associadas a essas emoções. Não precisamos de aulas; nós as compreendemos instintivamente. Uma pesquisa mais recente de Dacher Keltner, professor da Universidade da Califórnia-Berkeley, e seus colegas sugere que até 22 emoções são reconhecidas no rosto em níveis acima do aleatório (ou seja, acima de 50/50) em diferentes culturas.

Também contamos com o som para obter dicas do estado emocional de alguém. O tom de voz pode enviar uma mensagem inconfundível – quando estamos com raiva, tristes ou assustados, podemos soar idênticos, independentemente do idioma que falamos. Numa pesquisa, estudantes universitários de dez países diferentes e aldeões no remoto Butão foram testados para ver se conseguiam fazer a correspondência entre os sons espontâneos que fazemos quando inspirados por várias emoções – dezesseis ao todo: divertimento, admiração, desprezo, alívio, pena, triunfo –, com histórias que provocavam o mesmo sentimento. Eles encontraram "um reconhecimento muito forte" em todas as onze culturas. Em outro estudo, os participantes se mostraram extremamente eficientes em distinguir o riso falso do riso real.

Numa série de estudos, pesquisadores mostraram que as emoções também podem ser detectadas pelo toque. Dois participantes, um designado para ser o codificador e o outro, o decodificador, foram convidados a trabalhar juntos. Eles se sentaram numa mesa separada por uma cortina. O codificador recebeu uma lista de emoções e foi solicitado a comunicar treze emoções diferentes no braço do decodificador, usando qualquer forma de toque que durasse um ou dois segundos. Das chamadas emoções básicas ou universais, a raiva, o medo e a repulsa foram decodificados de forma correta. Emoções pró-sociais, aquelas que nos ajudam a construir e manter relacionamentos, como amor, gratidão e simpatia, também foram facilmente detectadas. Emoções autocentradas, como constrangimento, orgulho e inveja, não foram detectadas, como era esperado. Dada a sua função comunicativa, faz sentido que possamos reconhecer melhor, por meio do toque, as emoções sociais em vez daquelas focadas em nós mesmos.

Como discutimos anteriormente, a mensagem emocional primária que interpretamos ao ler as emoções das pessoas, sejam elas desconhecidas ou íntimas, é se devemos nos aproximar ou afastar – ou congelarmos até certo ponto, como ocorre com a surpresa. Damos as boas-vindas às pessoas em nosso círculo ou as alertamos para manter distância. Se sou um professor ou pai, a dinâmica de abordar ou evitar é o que diz aos nossos alunos ou filhos se eles são valorizados ou rejeitados, amados ou apenas tolerados. Enviamos os mesmos sinais para os adultos também.

Ler com precisão pistas não verbais – expressões faciais, tons de voz, linguagem corporal – torna possível a interação social. Isso nos diz como (ou mesmo se devemos) iniciar uma conversa, se uma pessoa está prestando atenção ou não, se estamos lidando com alguém que preferimos evitar ou que realmente precisa interagir conosco agora. Uma expressão tão simples quanto um sorriso pode significar emoções e intenções que vão desde alegria, interesse e atração romântica até desaprovação, deferência e mesmo agressividade. Curiosamente, um sorriso sincero tende a durar alguns segundos, enquanto um sorriso educado ou forçado tende a durar apenas um quarto de segundo.

Os psicólogos gostam de testar como registramos e analisamos os sinais não verbais da emoção. Normalmente mostram fotos de rostos exibindo todas as expressões usuais – sorrindo, carrancudo, olhos arregalados ou franzidos, lábios entreabertos e dentes à mostra ou bocas bem fechadas. Mas as pistas são bastante óbvias: há uma grande diferença no meu rosto se acabei ganhar na loteria ou se quebrei o dedo do pé. Se eu mostrar a você um rosto com sobrancelhas franzidas, olhar penetrante e lábios tensos, você não precisa ser um gênio para ver a raiva. No entanto, elas não refletem a vida real. Com que frequência vemos todos esses sinais de raiva numa reunião de negócios? Em tempo real, as emoções que estamos tentando ler nos outros são muito mais sutis, ambíguas, fugazes e misturadas.

No entanto, mesmo diante desses aspectos universais na leitura de emoções, é importante destacar que também há diferenças complexas, que dependem de uma variedade de fatores.

As influências culturais importam. Somos mais precisos na leitura das emoções de quem compartilha de nosso contexto cultural. Além disso, integrantes de diferentes culturas tendem a atribuir significados variados a expressões faciais. Num estudo, foram mostradas a participantes japoneses e americanos imagens de pessoas exibindo uma expressão feliz. Os japoneses avaliaram a experiência interior do indivíduo e a expressão externa como sendo compatíveis com o mesmo nível de felicidade. Os americanos achavam que a exibição externa era mais intensa do que a experiência interior verdadeira.

Há também diferenças devido à personalidade. Pessoas agradáveis – um dos cinco principais traços de personalidade – tendem a perceber aqueles que demonstram raiva ou expressões faciais hostis como sendo mais amistosos do que realmente são. Há até diferenças de interpretação baseadas na qualidade do relacionamento. Um colega com quem trabalho há quinze anos costuma identificar melhor do que ninguém quando estou entediado. Enfim, existem diferenças baseadas no contexto e no cenário. Nossa interpretação dos dentes cerrados e do punho cerrado de alguém será diferente se esses indivíduos estiverem num comício político ou numa briga de bar. Num estudo, as avaliações das pessoas sobre uma expressão facial destinada a representar repulsa variaram de 91%, quando alguém estava segurando um objeto imundo, a apenas 11% quando o representado tinha os punhos cerrados. No mundo real, todas essas categorias bem-organizadas de emoção não funcionam tão bem no que diz respeito à interpretação da vida interior das pessoas.

Nossa percepção de emoção é facilmente abalada pelas opiniões dos outros. Num estudo clássico, uma pessoa que se fazia passar por um professor visitante deu uma palestra para estudantes universitários. Antes de ele aparecer, metade dos alunos recebeu a informação de que ele era uma pessoa bastante calorosa. A outra metade foi informada de que ele era frio. O segundo grupo de alunos teve a percepção do orador como sendo mais irritadiço do que aqueles que ouviram que ele era um cara legal.

Existem também outros preconceitos – estereótipos de gênero e viés racial implícito, atitudes que afetam nossas ações e decisões de maneira inconsciente – que influenciam a forma como lemos as emoções. Temos maior probabilidade de detectar raiva nas expressões dos homens e tristeza nas das mulheres. Os nascidos nos Estados Unidos são mais propensos a perceber raiva nas expressões emocionais dos afro-americanos. As pontuações dos participantes chineses num teste de viés implícito pró-chinês/antibranco se correlacionam com suas avaliações da intensidade das expressões faciais de raiva, medo e tristeza dos brancos.

Não é de admirar que todos nós estejamos tão propensos a ser mal interpretados e a entender mal os estados emocionais dos outros. Cometemos erros de cálculo fatais: "A julgar pela expressão impassível do meu chefe esta manhã quando o cumprimentei, ele está claramente desapontado com o relatório que entreguei ontem." Como eu poderia saber que ele havia acabado de sair de uma reunião difícil com o chefe *dele*? O termo que os psicólogos usam para esse fenômeno é "viés de atribuição", o que significa que observamos as pistas ou o comportamento de alguém e atribuímos a eles, erroneamente, nosso próprio estado emocional.

Vimos como meu parente reagiu à foto que lhe mostrei. Seu próprio estado emocional suplantou a capacidade de olhar objetivamente para outra pessoa e ver o que ela sente. Nesse caso, há um termo ainda mais preciso: "viés de atribuição hostil", uma vez que a própria raiva o faz ver a mesma emoção em todos os lugares, mesmo onde ela não existe. No século XVIII, o poeta Alexander Pope expressou bem isso: "Tudo parece amarelo a olhos com icterícia." Se você passar pela vida com raiva, verá raiva em todos os lugares. O mesmo se aplica a outras emoções, mesmo as positivas.

É da natureza humana prestar mais atenção às informações emocionais negativas do que às positivas. Desde a infância, contamos com as reações de outras pessoas para medir o perigo em qualquer situação. É o motivo pelo qual as crianças estudam os rostos dos pais antes de tentar algo potencialmente perigoso; estão procurando uma pista para saber quanto realmente é arriscado.

Mesmo assim, alguns de nós são mais propensos do que outros a sentir emoções negativas. Ao olhar para rostos com expressões neutras, é mais provável que as pessoas deprimidas os considerem tristes e não felizes; aqueles com transtornos de ansiedade tendem a ver o medo; quem cresceu em lares onde os pais discutiam frequentemente veem raiva; crianças irritadas veem hostilidade ou medo. Cientistas do cérebro identificaram até mesmo em que lugar do órgão esse viés pode residir – no córtex cingulado anterior pregenual (CCApg, para abreviar).

Esta é uma pergunta que eu ouço com frequência: estamos realmente piorando nossa leitura das emoções das pessoas? Há evidências que indicam que sim. Quanto mais tempo passamos nos comunicando por meio de telas, menos tempo cara a cara (ou mesmo voz no ouvido) temos, e, por consequência, menos prática adquirimos na leitura de pistas não verbais. Num estudo, alunos do sexto ano que passaram cinco dias sem olhar para um smartphone ou outra tela digital foram melhores em ler emoções do que seus colegas da mesma escola, que, todos os dias, continuaram olhando para seus celulares, tablets e computadores por horas.

E esse não é o único obstáculo que a vida moderna apresenta. Num seminário que ministrei em Los Angeles, uma diretora se levantou e disse que estava preocupada com o fato de os alunos de hoje terem dificuldade para decifrar expressões faciais devido à popularidade – especialmente em sua cidade natal – do botox. O que faz todo o sentido, porque como será possível perceber os sentimentos da mãe ou do pai se eles estiverem com a testa, as sobrancelhas e os cantos dos olhos e da boca quimicamente paralisados?

A habilidade de reconhecimento melhora apenas com a prática. E porque se baseia em informações não verbais, temos que ser sensíveis às sensações e nuances das emoções, nossas e das outras pessoas. Se você pensar demais, estará fazendo errado. Neste ponto do processo, não estamos procurando definir a emoção precisa, apenas a área geral onde ela reside – o quadrante do Gráfico das Emoções. Estamos nos sentindo para cima ou para baixo? É agradável ou desagradável? É o tipo de pergunta que você pode se fazer a cada hora e obter uma resposta diferente. Pode tentar a mesma coisa com as pessoas em sua vida – seja seu cônjuge, seu chefe, seus filhos ou a recepcionista da biblioteca. Não há nenhuma penalidade por explorar e há bastante benefício potencial ao desenvolver essa habilidade. É o primeiro passo necessário.

No entanto, como vimos, não podemos confiar apenas nesse sentido visceral para nos dizer tudo o que precisamos saber. Para isso, devemos ir mais fundo. Também devemos permitir a possibilidade de estarmos errados. Há muitas maneiras de entender e interpretar mal a comunicação não verbal. Não há problema numa ocasional identificação incorreta. É para isso que servem as seguintes etapas – para corrigir nossos caminhos e nos aproximar do entendimento. Porque, a fim de conhecer uma emoção, nossa ou de outra pessoa, precisamos saber o que está por trás dela, suas causas. Para isso, precisamos compreender a emoção.

5 Compreender a emoção

Vamos começar este capítulo com uma pergunta ligeiramente diferente: como *eu* estou me sentindo?

Ou, mais precisamente, como eu *estava* me sentindo?

Quando eu tinha 13 anos e era vítima de bullying diário na escola, meu pai me incentivou a praticar artes marciais, para me tornar mais durão. Ele era um cara forte do Bronx e só queria o mesmo para mim. (Faz tempo que tenho uma faixa preta de quinto dan em Hapkido, uma arte marcial coreana, e ainda não me tornei um cara durão.)

Eu nem era atlético naquela época, mas estava determinado a fazer meu pai feliz e experimentei. Em pouco tempo, estava me preparando para me qualificar para a faixa amarela. Pratiquei todos os dias durante três meses e depois literalmente implorei ao meu instrutor que me deixasse fazer o exame mais cedo.

O grande dia finalmente chegou. Tive que executar uma série de chutes, socos, bloqueios e movimentos de autodefesa. Estava tão nervoso que nem queria minha mãe no local, por isso ela esperou no carro.

E não passei no teste.

Saí da academia, abri a porta do carro, entrei e comecei a gritar: "Odeio você! Nunca mais vou voltar para o Hapkido! Eu sou um perdedor! Você nunca deveria ter me deixado ir! Sabia que eu nunca seria bom nisso! E também não vou para a escola amanhã!" Parecia completamente fora de mim.

Bem, como estava me sentindo?

Quando conto e interpreto essa história durante palestras e pergunto às pessoas o que elas acham, as respostas mais comuns são raiva, decepção, vergonha e humilhação. Certamente, todas essas suposições fazem sentido, com base no meu comportamento, mas, na verdade, não deixam de ser apenas suposições. Tudo o que meus ouvintes têm para embasar suas conclusões são a intuição e meus uivos de sofrimento. Estão cometendo um entre alguns possíveis vieses de atribuição: ou estão inferindo como me sinto com base unicamente no meu comportamento ou estão rotulando minhas emoções com base em como acreditam que *eles* se sentiriam naquela situação. Não podemos realmente chamar essas pessoas de cientistas da emoção. Elas não sabem o suficiente para dizer o que eu estava sentindo ou por quê, e não fizeram nada para descobrir. Nós, adultos, queremos acreditar que a vida emocional das crianças é menos complexa e confusa que a nossa, mas não é verdade. Às vezes, o que acontece é o oposto.

Agora, coloque-se no lugar de minha mãe. Ela está no carro, esperando, rezando para que eu passe no teste pelo bem da minha autoestima. Está olhando para a porta da academia, tentando ler minha linguagem corporal enquanto eu saio.

E aí ela recebe uma bronca. Se tinha a intenção de descobrir por que fui dominado por tantas emoções horríveis, aquele bom impulso foi esmagado pela minha fúria. Minha indignação desencadeou a dela, e ela berrou em resposta: "Pare de gritar comigo! Como ousa falar assim com a sua mãe? Pare neste instante! Espere até eu contar ao seu pai como você está me tratando!"

Não era exatamente o que eu precisava naquele momento. Mas é o que eu estava acostumado a receber de meus pais. Não é que não quisessem me tratar melhor. Eles simplesmente não tinham ideia do que fazer. A maneira como me tratavam era provavelmente como foram tratados quando crianças. A dor não é bonita. E assim a recusa em reconhecer a emoção infeliz da infância, ou a incapacidade de lidar com ela, é transmitida de uma geração a outra.

O que exatamente era necessário naquele momento? Pois bem, você poderia dizer "compreensão", e acertaria. Mas o que exatamente estamos tentando compreender? E como fazer isso?

De todas as cinco habilidades do método RULER exigidas para ser um cientista da emoção, a Compreensão é uma das mais difíceis de adquirir. No capítulo anterior, aprendemos sobre a importância de ser capaz de discernir os próprios sentimentos e de ler, de relance ou logo depois, o estado emocional geral de outra pessoa. Com isso, demos o primeiro passo importante rumo ao bem-estar emocional.

Agora começa o verdadeiro trabalho.

É aqui que temos que decidir se queremos compreender o que pode ter causado nossos sentimentos ou os sentimentos do outro. No que diz respeito a nossos sentimentos, há muitas ocasiões em que é mais fácil pegar a emoção que estamos experimentando e escondê-la em um compartimento hermético, para ser analisada num momento mais conveniente (ou não). Este também é o momento em que nos deparamos com a descoberta dos sentimentos do outro. É como abrir a caixa de Pandora: não sabemos o que vai surgir nem como isso vai nos afetar, ou – o que é mais crucial – o que se espera que façamos a respeito.

Todo esse drama é desencadeado por duas palavrinhas: *Por quê?* Por que esse sentimento? Por que agora? A Compreensão das emoções se inicia quando começamos a responder a estas perguntas: por que você ou eu nos sentimos assim? Qual é a razão subjacente para esse sentimento? O que está causando isso? Raramente é algo simples. Pode haver uma teia complexa de eventos e lembranças, de uma emoção provocando outra. Em geral, fazer uma pergunta levará a mais perguntas, uma sequência que pode ir ao fundo do que estamos sentindo. É como separar as camadas de uma cebola. Sim, é assustador: assim que começamos a fazer perguntas, não há como retroceder.

Compreender as emoções é uma jornada. Possivelmente uma aventura. Quando ela termina, podemos nos encontrar em algum lugar novo, em algum lugar inesperado, em algum lugar aonde talvez não tivéssemos intenção de ir. No entanto, lá estamos nós, mais sábios do que antes, talvez mais sábios do que gostaríamos de ser. Mas não há outro caminho a seguir.

Se nos deparamos com as emoções de alguém próximo a nós – um ente querido, um colega apreciado, um bom amigo –, os riscos são ainda maiores, porque há uma grande possibilidade de que estejamos envolvidos de alguma forma. Talvez algo que dissemos ou fizemos (ou deixamos de fazer) seja a razão dos sentimentos difíceis que a pessoa apresenta. É quando devemos respirar fundo antes de começar a cavar. Posso imaginar agora que é assim que meus pais devem ter se sentido nos piores dias da minha infância: *E se for nossa culpa?*

A habilidade central da Compreensão é a busca do *tema* subjacente ou da possível causa que alimenta a emoção. Não estamos fazendo perguntas e ouvindo respostas apenas para oferecer uma escuta solidária. À medida que ouvimos, procuramos um significado que vai mais fundo do que as palavras ditas.

"Odeio a escola e não vou mais voltar!" Essa é uma informação importante, mas apenas se soubermos o que fazer com ela. Qual é a causa? Esta criança tem medo de algo relacionado à escola? Possivelmente. Há momentos em que odiamos o que tememos. O que provoca o medo? O tema subjacente é perigo, ameaça. Portanto, talvez, neste exemplo, ódio seja igual a perigo; nesse caso, sabemos a direção que nossas próximas perguntas devem tomar.

Quando perguntamos "O que está acontecendo na escola que faz você odiá-la tanto?", sabemos o que vamos ouvir: uma fonte potencial de perigo. Um professor difícil? Um boletim ruim iminente? Algum dos alunos praticando bullying no pátio de escola? Suspeitamos que a resposta está em algum lugar e investigamos cuidadosamente até encontrá-la. É assim que um cientista opera: com uma teoria que será provada ou refutada por investigações futuras. Talvez não seja o medo que está alimentando a emoção. Talvez seja decepção ou vergonha. Em todos os casos, há uma ou algumas necessidades ou estados emocionais subjacentes aos sentimentos, e é isso que a Compreensão nos ajuda a encontrar.

Também precisamos ter em mente o que os psicólogos chamam de "modelo teórico da avaliação". Muitas emoções – positivas e negativas – têm temas universais subjacentes, mas as causas individuais variam de pessoa para pessoa. Todo dia, cada um de nós rapidamente ou mesmo inconscientemente avalia situações ou experiências, e essas avaliações levam a emoções distintas. Mas o que me deixa animado ao falar em público pode deixá-lo apavorado. O que desperta medo ou ansiedade no coração de uma pessoa pode não abalar outra. O que importa, no entanto, é a experiência do indivíduo – é isso que estamos tentando identificar, para que possamos lidar com ela. Essa é outra parte do conjunto de habilidades do cientista da emoção: a capacidade de deixar de lado as próprias avaliações para poder compreender e ter empatia com aquelas de outras pessoas.

Adquirir a habilidade da Compreensão nem sempre é um processo fácil. Normalmente, a necessidade de compreender uma emoção aumenta conforme sua intensidade – quanto mais forte o sentimento, mais importante é compreendê-lo. Isso é verdade para todos nós, mas especialmente para as crianças, que não têm o vocabulário, o circuito do córtex pré-frontal nem a presença de espírito para tornar claros seus sentimentos mais íntimos. Quando nosso filho diz "Eu te odeio!" – como em geral acontece, mais cedo ou mais tarde –, levamos um golpe. Há poucas coisas mais desanimadoras que um pai ou uma mãe pode ouvir. Mas a maior chance é de que o *ódio* não seja realmente o problema. Essas palavras são alimentadas por algo impossível de articular (no momento). É função do ouvinte manter a calma e tentar ouvir as palavras que (ainda) não estão sendo ditas.

Com tudo isso em mente, vamos voltar aos quatro quadrantes do Gráfico das Emoções e começar por aí. Em cada quadrante, existe uma ampla gama de emoções individuais. Saber disso pode nos ajudar a direcionar as perguntas.

Amarelo, como dissemos, é onde os sentimentos de alto agrado e alta energia estão localizados. Essas são as emoções de alegria, surpresa e empolgação, entre muitas outras. O que as causa? Algo positivo e possivelmente inesperado aconteceu e estamos comemorando em nosso interior. Demos passos significativos em direção a uma meta importante. Antecipamos um acontecimento ou uma experiência que nos deixará felizes.

O quadrante vermelho denota emoções desagradáveis com alta energia. É vermelho por um motivo: é aqui que estão situados a raiva, o medo e a ansiedade. Por serem semelhantes em alguns aspectos, é fácil confundi-los. Isso é um erro quando estamos tentando determinar quais são os sentimentos que ditam as ações de alguém. Embora não esteja representada no gráfico, a paixão também se encaixa aqui. As emoções nesse quadrante geralmente nos tornam hiperalertas, devido à nossa percepção de oposição. É a reação de lutar ou fugir que acelera a frequência cardíaca e a respiração e aumenta a pressão arterial. Quando estamos com raiva, focamos em alguém ou em algo externo que nos trata de forma desigual, injusta; nossa atenção aponta para fora, hipervigilante, assertiva. Quando temerosos, ficamos alertas ao perigo iminente. Quando somos veementes, nosso desejo é convencer os outros de que nossas opiniões estão corretas.

O azul é o espaço onde o prazer e a energia estão baixos, o que significa que podemos estar num continuum tristeza-depressão. Nosso pensamento é estreitamente focado e pessimista. Estamos olhando para dentro e concentrados no fracasso, na perda ou em qualquer outra coisa que possa estar causando esses sentimentos.

Verde é o espaço onde o agrado é alto e a energia baixa. É o local no Gráfico das Emoções onde geralmente sentimos calma ou contentamento. Corpo e mente estão à vontade e nos sentimos completos. Nossos pensamentos estão focados em maneiras de apreciar o momento presente. Nossa necessidade de resolver problemas ou de consertar as coisas é mínima.

Agora que conhecemos nosso quadrante, nosso espaço emocional, estamos prontos para examinar os detalhes.

Estas são algumas das perguntas que podemos fazer quando estamos tentando entender nossos sentimentos:

- O que acabou de acontecer? O que eu estava fazendo antes de isso acontecer?
- O que pode ter causado meus sentimentos ou minha reação?
- Algo que aconteceu esta manhã, ou ontem à noite, pode ter alguma relação com isso?
- O que aconteceu antes com essa pessoa que pode estar relacionado a isso? (No caso de sua emoção ter a ver com um relacionamento.)
- Que lembranças tenho sobre essa situação?

Quando estamos agindo como cientistas da emoção com alguém, podemos perguntar para a pessoa:

- O que pode ter ocorrido para causar esse sentimento?
- O que geralmente faz você se sentir assim?
- O que está acontecendo para você se sentir assim?
- O que você estava fazendo logo antes de começar a se sentir assim? Com quem estava?
- De que você precisa neste exato momento? O que posso fazer para apoiá-lo?

Como exercício, às vezes pedimos às crianças que leiam uma história e, em seguida, perguntamos:

- O que esse personagem sente?
- Por que ele ou ela se sente assim? O que você acha que pode ter feito com que esse personagem se sentisse assim?
- O que aconteceu com o personagem ajuda você a entender os sentimentos dele?
- Se a mesma coisa acontecesse com você, o que você acha que sentiria?

Podemos compreender melhor as emoções e suas causas e ramificações, considerando-as em pares e agrupamentos. É possível desenvolver o reconhecimento de padrões para nos ajudar a saber que perguntas fazer ao buscar a verdade. Por exemplo:

VERGONHA, CULPA E CONSTRANGIMENTO

A vergonha é um julgamento, mas que vem de fora, a partir de nossa percepção de que outras pessoas acreditam que rompemos uma regra moral ou ética ou alguma convenção compartilhada. Acreditamos que diminuímos nosso valor aos olhos delas. Uma grande parte dos danos causados pelo bullying à vítima, assim como o isolamento resultante, decorre da vergonha mais do que de qualquer sofrimento físico.

A culpa é um julgamento que fazemos de nós mesmos quando sentimos remorso ou responsabilidade por algo que fizemos, geralmente alguma coisa que parece errada.

Constrangimento é quando somos pegos violando alguma norma ou fazendo algo de maneira diferente do que seria esperado ou exigido. Todos nós já passamos por muitos desses momentos e fazemos de tudo para evitá-los.

Todos três parecem intimamente relacionados em nossa vida emocional, mas os pesquisadores descobriram que eles têm causas psicológicas e consequências cognitivo-comportamentais distintas, e por isso devemos nos lembrar de distingui-los quando procuramos as razões pelas quais os sentimos.

CIÚME E INVEJA

Com frequência, usamos as palavras *ciúme* e *inveja* como se significassem a mesma coisa, mas são emoções diferentes. O ciúme é uma forma de medo – o medo de perder alguém importante para você, em especial de perder esse alguém para outra pessoa. Todos nós já testemunhamos (e às vezes até experimentamos) ciúme romântico ou sexual acompanhado pela raiva ou mesmo pela fúria. É uma combinação inflamável. As crianças podem ter ciúmes de um irmão ou de um colega de turma quando percebem que seus pais ou professores passam mais tempo com a outra criança. Têm ciúmes porque se sentem ameaçadas e temem a perda de seu relacionamento com o adulto, ou por acreditarem que estão perdendo um tempo de relacionamento precioso.

A inveja, por outro lado, tem a ver com desejar algo que outra pessoa possui. Novamente, essa coisa pode ser alguém ou um objeto, uma posição ou mesmo uma reputação. A inveja é causada pela cobiça daquilo que não é nosso. A inveja pode nos levar a concentrar esforços e trabalhar arduamente para alcançar algo desejado. Nesse caso, pode ser uma força para o bem. Mas também pode ocorrer o oposto, levando ao ressentimento e até mesmo à agressão contra quem tem o que desejamos.

ALEGRIA E CONTENTAMENTO

Na maioria dos dicionários, as definições de alegria e contentamento são quase idênticas: "estados de felicidade e satisfação". Mas seriam realmente *o mesmo*? No Gráfico das Emoções, tendemos a colocar a alegria no quadrante amarelo – alto agrado e alta energia –, enquanto o contentamento está no quadrante verde – alto agrado, mas pouca energia. Fazemos isso por um motivo: tanto a experiência subjetiva quanto as avaliações internas que causam essas emoções são diferentes. A alegria *parece* enérgica e o contentamento, calmo. A alegria é *causada* por uma sensação de conseguir o que se deseja e a satisfação, por uma sensação de plenitude (não querer nem precisar de nada).

Para a maioria de nós no Ocidente, a alegria é algo que perseguimos (pense na busca da felicidade). Contentamento, entretanto, é mais um estado de equilíbrio psicológico, e não algo que buscamos ativamente – sentimos contentamento quando apreciamos o momento presente. A pesquisa destacou as maneiras pelas quais a *felicidade* facilita a criatividade e os vínculos sociais. Mas a que tipo de felicidade estamos nos referindo? De forma paradoxal ao que nos foi ensinado, a busca constante pela felicidade pode ser autodestrutiva. Diversas pesquisas mostram que quanto mais valorizamos a felicidade, maior a chance de nos sentirmos desapontados. Assim, embora a felicidade seja com frequência considerada como altamente desejável, precisamos distinguir entre os diferentes tipos de felicidade. Nem todas as suas formas são benéficas para todos os propósitos da vida e em todas as situações.

ESTRESSE E PRESSÃO

O *estresse* pode ser enganoso, porque se tornou um termo genérico para crianças e adultos. Um exemplo perfeito é um episódio que vivi com uma aluna. Aqui está um e-mail (removendo todas as informações pessoais) que ela me enviou às 21 horas de um domingo, antes de uma prova no meio do semestre:

> "Ei, professor!
> Eu não te conheço bem pra saber como se sente sobre esse tipo de coisa, mas estava pensando se poderia fazer uma prova de segunda chamada sem dar uma justificativa pra direção. Eu participei de um torneio durante o fim de semana, acordando às 6h30 todas as manhãs (se o senhor quiser confirmar, pode ver o site), e pensei que poderia estudar à noite, mas meus pais apareceram com minha irmã e eu saí para comer com eles, e hoje teve uma confraternização com a equipe. De qualquer forma, posso começar a estudar agora, mas estou *cansada e estressada pra caramba* e gostaria de dormir, mas tenho sua prova amanhã. Entendo se o senhor disser que não, mas me avise o mais rápido possível pra que eu saiba se posso dormir agora ou não."

Arrogância e desrespeito são gatilhos para mim. Fiz então o que qualquer bom professor faria: não respondi. Melhor isso do que escrever algo de que me arrependeria posteriormente. A verdade é que eu responderia, mas só depois da prova, no dia seguinte.

Ela não apareceu para a prova.

Quando voltou à aula, eu me aproximei dela e disse: "Não sei se entendi bem aquele seu e-mail..."

Ela respondeu: "Mas você é um professor tão divertido!"

"Diversão é uma coisa, mas seu e-mail estava realmente *fora do tom*."

Uma semana depois, ela veio até mim e disse: "Eu pensei muito sobre o que aconteceu e gostaria de me desculpar."

Eu agradeci.

"E eu realmente gostaria de trabalhar com o senhor", completou ela.

Surpreso, perguntei: "No que você está interessada?"

"Não tenho muita certeza, mas quando eu decidir o que gostaria de fazer, aviso."

Novamente, meu gatilho foi acionado. Quem pode ser *tão* arrogante?

Naquele momento, decidi transformá-la num projeto de inteligência emocional. Pedi que viesse me ver no horário de expediente.

Uma vez lá, falei: "Primeiro você enviou aquele e-mail sobre não fazer a prova. Depois foi atrevida na aula. Aí você disse que me *avisaria* de seus interesses quando os descobrisse. Diga-me uma coisa: o que está acontecendo?"

Ela me disse que estava sob "tremendo estresse". Como qualquer outro estudante universitário, pensei.

"O que *realmente* está acontecendo?", insisti.

Ela me contou que a avó tinha acabado de falecer, que a mãe tinha medo de morrer, que mandava mensagens de texto para ela dez vezes por dia e queria que ela fosse para casa todo fim de semana, ou então queria ir ao campus visitá-la.

Isso soou como algo mais do que o estresse típico de um estudante universitário.

O estresse é uma resposta a muitas demandas – gerenciar responsabilidades familiares/profissionais e encargos financeiros – e recursos insuficientes para atendê-las. Pressão é uma situação na qual você percebe que algo que está em jogo depende do resultado de seu desempenho, como liderar um grupo ou ir bem numa entrevista de emprego.

No fim das contas, minha aluna realmente precisava de apoio para lidar com a *pressão* que sua mãe colocava sobre ela. Erroneamente, ela identificava essa pressão como estresse em relação a outras coisas, como esportes, faculdade, minha prova e assim por diante. Era mais fácil culpar tudo isso do que lidar com a verdadeira fonte de tensão emocional em sua vida: a mãe.

Mas eu não teria descoberto nada disso se tivesse me afastado por causa de sua atitude, que me parecia pura arrogância. Tive que sondar e continuar sondando. As perguntas que fazemos para entender os sentimentos de alguém são necessárias para encorajar respostas que vão além de um simples sim ou não, ou "Estou com raiva" ou "Estou triste". Somos cientistas da emoção, lembrem-se. Estamos tentando revelar o mais profundo dos sentimentos.

Mas não estamos apenas verbalizando perguntas, estamos também enviando mensagens silenciosas enquanto fazemos nossas perguntas. Refiro-me às pistas não verbais que exibimos, as expressões faciais, a linguagem corporal e o tom de voz, que dizem que estamos genuinamente interessados nas respostas, que nos importamos com os sentimentos da pessoa com quem estamos falando e dispostos a dar a essa conversa o tempo e a atenção que ela merece. Se eu perguntar sobre seus sentimentos, mas ficar olhando para o celular ou para o relógio na parede, ou se me afasto de você com os braços cruzados e olhos franzidos, a mensagem é clara: eu realmente não quero saber. Estou apenas esperando que você diga alguma coisa – *qualquer coisa* – para que possa interromper a conversa e cuidar de outro assunto.

Posso até enviar *a seguinte* mensagem destrutiva: já sei o que você vai dizer, e definitivamente vou contra-atacar. Essa não é a atitude de um cientista da emoção. É assim que um juiz de emoção aborda a situação: esperando apenas ouvir o suficiente para culpá-lo por seus sentimentos e encerrar a conversa.

Você deve se lembrar da história que contei sobre meu tio Marvin e como ele fez com que eu me abrisse. Meu tio não fazia perguntas capciosas ou técnicas. Seu interesse sincero por mim e por meus sentimentos assim como seu desejo óbvio de me ajudar bastaram. É impossível fingir.

A Compreensão é onde a ciência da emoção realmente se torna uma busca, quase uma história de detetive. Se minha mãe ou meu pai tivesse me perguntado, naquele dia do meu exame de Hapkido, "Marc, o que há de errado?", garanto que minha resposta teria sido algo como: "Me deixe em paz!"

Uma expressão inconfundível de raiva, mas não muito útil naquela situação. Com clareza, eu estava expressando uma incapacidade ou falta de disposição de discutir naquele momento o que realmente se passava. Por que isso acontecia, ninguém sabe. Até eu teria grande dificuldade de explicar meus sentimentos. Então como meus pais poderiam saber?

É geralmente assim que ocorre a investigação por trás da Compreensão. Não estamos lidando com alguém em seu melhor momento. Pode ser uma época de terrível sofrimento e vergonha. Seria difícil esperar uma análise lúcida e fria de qualquer um, muito menos de uma criança que ainda não tem um vocabulário emocional desenvolvido ou a capacidade de articular sentimentos complexos enquanto os experimenta. Todo pai ou mãe já passou por isso e sabe exatamente do que estou falando.

A situação piora quando os adultos interpretam de forma equivocada as informações emocionais – digamos, humilhação em vez de malícia – e agem apenas com base no que parece mais evidente. Reconhecer que algo está errado é apenas o primeiro passo. A habilidade de Reconhecimento é mais valiosa pelas informações que fornece para nos ajudar a começar a entender o que está de fato acontecendo.

Uma explosão emocional sinaliza algo, mas não diz *o quê*. Precisamos conceder a permissão para sentir e, em seguida, fazer as perguntas certas, se quisermos compreender o que está por trás dessa explosão.

Coloque-se no lugar de uma professora de segundo ano. Dois de seus alunos, Ian e Leila, estão trabalhando juntos num projeto de ciências. Está quase pronto na mesa de Leila.

De repente, Ian salta da cadeira, sacode a mesa de Leila e grita na cara dela: "Eu odeio você!" Então sai da sala de aula. O projeto deles voa pelos ares.

Leila pega o projeto arruinado e começa a chorar.

Não será fácil acalmar nenhuma das crianças e fazer as perguntas necessárias para descobrir o que aconteceu e por quê. Então, tudo que você pode fazer é supor. Como deve estar se sentindo a pobre Leila? Ian estava beligerante, até violento. O que causou isso? Parece claro quem foi o agressor e quem foi a vítima.

Se você fosse a professora, a primeira coisa que poderia fazer seria ajudar Ian a se acalmar e depois pedir desculpas. Nada que Leila fizesse poderia justificar tamanha explosão. E você estaria certo, se seu objetivo principal fosse ensinar a eles uma lição de habilidades sociais e o que é um comportamento aceitável ou inaceitável em sala de aula. Esse é o tipo de explosão repentina que acontece o tempo todo nas escolas, assim como em casa, entre irmãos. Nosso primeiro impulso é restaurar a ordem para que possamos continuar com nossa vida.

Mas esse é um momento crítico em nossa tentativa de compreender as emoções. É fácil errar. Nós nos concentramos no comportamento, e não no que pode tê-lo causado. É como tratar o sintoma e não a doença. Como resultado, o melhor que conseguimos é modificar o comportamento – pela força. E isso nos distrai das causas mais profundas.

Se fôssemos capazes de conter o impulso de controlar e punir, o que poderíamos ter feito de diferente naquela sala de aula? Com certeza, um comportamento como o de Ian não deve ser ignorado. Contudo, em vez de colocar uma criança como o transgressor e a outra como vítima inocente, poderíamos ter evitado o julgamento e falado com eles separadamente, fazendo algumas perguntas: "O que aconteceu?", "Como você está se sentindo?" E mais: "Por que você se sente assim?"

Se a professora tivesse feito isso e depois buscado as respostas por meio de quantas perguntas de acompanhamento fossem necessárias, poderia ter descoberto algo interessante.

Dez minutos antes da explosão de Ian, as crianças estavam brincando no recreio. Na frente de todas as outras crianças, Leila anunciou que Ian fazia xixi na cama. Pior ainda, revelou que a fonte de suas informações era a irmã mais nova do menino.

Para alguns, isso ainda pode não fazer diferença – Ian estava errado, não importa quanto se sentia humilhado. Mas puni-lo ou fazê-lo se desculpar não teve nenhum efeito sobre o que causou o incidente.

Se tivéssemos chegado à raiz da raiva de Ian, poderíamos tê-lo ajudado a encontrar outra maneira de responder a provocações semelhantes no futuro. E se houvesse uma razão para Leila fazer o que fez, tentaríamos lidar com isso também.

A Compreensão requer o uso de nossa habilidade de contar histórias, a capacidade de olhar por outra perspectiva e de buscar padrões para fazer a concatenação de sentimentos e de eventos que levaram à situação atual. Começa sendo um cientista da emoção, e não um juiz. Se você não está fazendo perguntas, ainda não adquiriu a habilidade. Se você não está ouvindo as respostas, não está *usando* a habilidade. O cientista da emoção tem um desejo genuíno de compreender e reconhece que todas as emoções são informações. Até que entendamos as *causas* da emoção, nunca seremos realmente capazes de ajudar a nós mesmos, nossos filhos ou nossos colegas.

Se minha mãe ou meu pai tivesse conseguido lidar com meus acessos de raiva e estender a mão para mim, talvez com um abraço ou com alguma demonstração de afeto e aceitação, quem sabe como aquelas cenas poderiam ter terminado? Se minha mãe tivesse dito algo como "Tudo bem, Marc, percebo que você não quer falar sobre Hapkido agora. Que tal pararmos para tomar um sorvete no caminho para casa e depois assistirmos a um filme na TV?", talvez tivéssemos encontrado espaço para explorar o que havia acontecido. Talvez na hora de dormir, algumas perguntas suavemente investigativas pudessem ter gerado algumas respostas sinceras, o suficiente para começar a entender o que deu errado e por quê. Mas, como eu disse, não tinha como ser assim.

Agora, pela perspectiva do cientista da emoção, vamos voltar ao exame de artes marciais e suas consequências. Na ausência de qualquer explicação daquela criança furiosa, vamos imaginar quatro versões possíveis para o que aconteceu.

No cenário um, o exame em si era legítimo e não havia o que culpar. Todos os bloqueios, socos e assim por diante que eu era obrigado a executar foram compreendidos. Mas meus bloqueios não eram fortes o suficiente. O sensei disse: "Desculpe, Marc, está claro que você se esforçou muito, mas seus bloqueios precisam ser corrigidos. Mais algumas semanas e acho que você vai conseguir a faixa amarela."

Parece possível. Minha emoção: provável decepção, algo completamente compreensível.

No cenário dois, o sensei vem até mim um pouco antes do exame e diz: "Marc, você tem praticado todo esse tempo com seu amigo Mike, então não posso deixar que você faça o exame com ele. Em vez disso, vai fazer com um aluno do último ano, um dos mais fortes da turma."

Também plausível. Para mim, teria sido completamente injusto – ele deveria ter me contado antes para que eu pudesse ter me preparado. Não surpreende que eu esteja com raiva. Também estou preocupado com o que o sensei pode fazer se eu decidir voltar para um novo esame.

No cenário três, o sensei lança algumas surpresas no exame de faixa, todas além das minhas habilidades, e eu fracasso. Também poderia acontecer. Mais uma vez, estou com raiva da injustiça de sua decisão.

No cenário quatro, eu simplesmente não passei no exame sem a menor sombra de dúvida, mas é aí que o problema começa. Depois, no vestiário, enquanto troco de roupa, um dos meus algozes da escola vem até mim e diz: "Seu perdedor, sabíamos que você iria fracassar! Espere até amanhã de manhã no ônibus, vamos ver como os movimentos da sua faixa amarela irão ajudá-lo."

Como minha mãe poderia saber se alguma dessas situações tinha ocorrido? Ela não poderia, a menos que começasse o árduo processo de fazer as perguntas certas, ouvindo as respostas sem julgá-las, sem desafiá-las e, em vez disso, deixando que calassem fundo. E então fazer mais perguntas.

Meu chilique tornou isso improvável.

Você percebe o valor de ser um cientista da emoção numa situação como essa? Cada emoção tem o que o psicólogo Richard Lazarus chamou de "tema relacional central", isto é, um significado. A única maneira de chegar ao significado de uma emoção é aprender o *porquê*, como alguém percebeu os fatores situacionais que a produziram. O comportamento por si só é uma pista para o enigma, não uma resposta.

Vamos observar mais uma vez os quatro cenários do meu desastre nas artes marciais e pesquisar os temas subjacentes.

No cenário um, o significado central da experiência foi "expectativas não atendidas". O resultado foi decepção.

O significado central do cenário dois foi "incerteza", daí a ansiedade.

O significado central do cenário três foi "injustiça", daí a raiva.

O significado central do cenário quatro foi "perigo iminente", daí o medo, e também "autoestima diminuída", daí a vergonha.

Conhecer os temas relacionais centrais fornece informações críticas para entender a emoção. Também nos ajuda a descobrir como rotular, expressar e gerenciar o que sentimos. Pense nisto: as estratégias que você usaria para apoiar seu filho variariam de acordo com a emoção que ele estivesse sentindo? É bem provável que sim.

Se soubesse que seu filho estava desapontado, você poderia tê-lo ajudado a treinar os movimentos que precisavam ser praticados para o próximo exame de faixa.

Se detectasse ansiedade, você poderia ter sugerido estratégias para acalmar seu filho, como um exercício de respiração ou de visualização.

Se seu filho estava com raiva por causa do tratamento injusto, você poderia ter abordado o professor para ver se algo poderia ser feito de forma diferente.

Se seu filho estava com medo de levar uma surra no dia seguinte, uma ação imediata era necessária, uma conversa com o diretor da escola ou com o monitor do ônibus.

Se seu filho sentia vergonha, um aconselhamento profissional talvez fosse necessário.

Minha verdade naquele dia foi o cenário quatro. Saber disso muda alguma coisa? Talvez você diga que não. Era inaceitável que eu me comportasse como me comportei. Não vou discordar. No entanto, não era capaz de regular minhas reações antes de saber o que sentia. E seria difícil fazer isso se os adultos que cuidavam de mim não fornecessem o modelo dessas habilidades nem fizessem as perguntas certas.

Você consegue imaginar quanta comunicação equivocada decorre da incapacidade de ver o comportamento apenas como um sinal das emoções? É por isso que temos que ser cientistas da emoção e não juízes dela.

Como comecei a dizer, a Compreensão é, de certa forma, a habilidade mais desafiadora de se adquirir. Todos os nossos poderes de análise são exigidos para responder com sinceridade e correção a essa poderosa pergunta de duas palavras: *Por quê?* Assim que a formulamos, seja sobre nossas razões para sentir algo, seja sobre as razões de outra pessoa, iniciamos uma linha de investigação que pode prosseguir por algum tempo. O que causou essa emoção? Uma vez que encontramos uma resposta, a próxima pergunta desponta imediatamente: por que, de todas as reações possíveis, *aquela* em particular? Em algum ponto, precisamos sentir como se tivéssemos respondido ao *"por quê?"* original. Entretanto, se pararmos, talvez nunca consigamos compreender nossas emoções. Às vezes, é preciso muita coragem para acompanhar a investigação até o fim. É quando nossas habilidades nos tornam cientistas. E junto com a motivação genuína, essa habilidade nos capacita a ser melhores amigos, parentes, alunos, colegas e parceiros.
Agora que aprendemos como compreender uma emoção, estamos prontos para passar para a próxima etapa: rotulá-la.

6 Rotular a emoção

"Como você está se sentindo hoje?"

Foi assim que comecei uma palestra recente para um grupo de empresários numa vinícola em Napa Valley.

Como a maioria do meu público, quase todos os participantes tiveram problemas para encontrar mais do que uma ou duas palavras para descrever as emoções. Como de costume, "bem" e "bom" foram as respostas mais populares. Tentei ir mais fundo. Não havia mais fundo. Alguns chegaram a "curioso" e "intrigado".

Em vez de insistir nos motivos para tanta dificuldade em descrever os sentimentos, levei esse grupo a uma direção diferente.

"Dada a sua experiência, estou curioso: como vocês descrevem os vinhos tintos que estão representando?"

De repente, esses analfabetos emocionais soaram como poetas.

"Rico em especiarias e toques minerais."

"Profundo, com aromas florais de amora."

"Sabores surpreendentes e suaves de damasco e alcaçuz."

"Notas de pimenta e de caixa de charuto".

"Taninos grandes, mas refinados."

"Um final bem estruturado e vigoroso."

"Equilibrado e delicado, com um final que deixa a fruta ecoar."

"Taninos densos, dando impressão de revestimento na boca."
"Acessível mas ideal para a adega."

Dá para imaginar tanta eloquência sobre suco de uva fermentado, mas tanta limitação para descrever a própria vida interior?

Nos últimos anos, tem havido uma discussão sobre uma "lacuna de vocabulário" entre famílias ricas e pobres. Crianças que crescem em ambientes de renda mais alta são expostas a mais palavras do que as mais pobres, e essa lacuna pode ajudar a explicar o desempenho educacional, potencial para ganhar dinheiro e até inteligência no futuro.

Essa lacuna desaparece quando se trata das palavras que usamos para descrever os sentimentos. Lá, a ignorância é igualitária. Existem centenas de palavras que podemos usar para descrever nossos sentimentos, mas a maioria usa uma ou duas: "bem" ou "ocupado".

A pergunta central deste livro – "Como você está se sentindo?" – não vai muito longe se não tivermos respostas úteis. Sem um vocabulário adequado, não podemos rotular nossas emoções e, se não podemos rotulá-las, não podemos considerá-las adequadamente nem colocá-las em perspectiva. Isso não é apenas retórica. Sabemos pela neurociência e pela pesquisa de imagens cerebrais que há uma verdade real e tangível na proposição de que "se você pode nomeá-la, você pode domesticá-la". Rotular uma emoção é uma forma de regulação. Vamos mergulhar nessa ciência mais tarde.

O capítulo acerca do Reconhecimento tratava de determinar nosso estado emocional geral e localizá-lo em um dos quatro quadrantes coloridos – vermelho, azul, amarelo ou verde. O capítulo sobre Compreensão foi dedicado a duas palavras: *por quê?* Conversamos sobre a habilidade de descobrir o que causa os sentimentos. A Rotulagem é o modo de levar essas duas habilidades a outro patamar. É nesse ponto em que nos concentramos nas emoções que estamos vivenciando, até podermos nomeá-las com precisão.

Você está no quadrante vermelho? Lamento ouvir isso, mas agora podemos determinar exatamente em que parte do vermelho você está. Está com raiva ou apenas frustrado? Assustado ou preocupado? Ou, se está no verde, está seguro ou complacente? Acolhido ou contente?

Há uma grande diferença entre essas emoções, cada uma com sua causa e exigindo o próprio curso de ação. É por isso que o Gráfico das Emoções é uma ferramenta tão importante: começamos com um quadrante, visualizado como uma cor básica, e depois restringimos a busca por um quadradinho. Esse não é apenas um recurso para nos ajudar a visualizar as emoções, é como descobrimos e rotulamos quais são as emoções que estamos de fato experimentando.

No arco formado pelo método RULER, a Rotulagem é o ponto de virada, a articulação. Ela conecta Reconhecimento e Compreensão com Expressão e Regulação, que é onde tomamos as ações necessárias para extrair força de nossa vida emocional. Sem a Rotulagem, nossos sentimentos permanecem rudimentares. Assim que os nomeamos, começamos a ter posse de seu poder.

A habilidade de Rotulagem existe naquele espaço entre a compreensão do que sentimos e nossa capacidade de descrevê-lo com precisão para nós mesmos e para os outros. Quando usamos as mesmas poucas palavras para as emoções repetidamente, voltamos a um estado adolescente de ser, quase mudos. Não queremos *realmente* saber nossos verdadeiros sentimentos? Não queremos *realmente* que outras pessoas entendam como nos sentimos? É assim que o medo da vulnerabilidade se manifesta? Se você me perguntar como me sinto e eu disser "Tudo bem", isso me poupa de ter que contar minha história de fraqueza e sofrimento. "Bem" torna-se, então, nossa maneira educada de dizer: "Por favor, não me pergunte como me sinto." Se eu disser "Ótimo" com bastante frequência, e se você fizer o mesmo, qualquer coisa mais descritiva parecerá antinatural, até alarmante. Porém nossos sentimentos não devem nos alarmar.

Em muitas ocasiões, em vez de nomear com precisão as emoções, usamos figuras de linguagem. Estou no topo do mundo. Você está queimado. Ele está feliz como pinto no lixo. Estou no fundo do poço. Ela está caída. Tudo muito evocativo, é claro. Mas, ainda assim, são artifícios que nos permitem evitar o confronto, de forma clara e exata, com o que sentimos. Essas figuras de linguagem inventivas podem ser úteis quando escritas, mas muitas vezes criam distância entre nossos sentimentos e nossas palavras.

Rotular as emoções com palavras precisas resulta em quatro condições principais:

- Legitima e organiza nossas experiências. Quando associamos uma palavra a um sentimento, isso dá substância à emoção e cria um modelo mental da palavra, o que significa que pode ser comparada com outros sentimentos que temos e também com os sentimentos de outras pessoas.
- Ajuda outras pessoas a atenderem nossas necessidades. Assim que somos capazes de comunicar, com especificidade, o que estamos sentindo, as pessoas em nossa vida podem olhar além dos comportamentos para entender suas causas. A empatia fica mais disponível.
- Da mesma forma, ajuda-nos a atender as necessidades de outras pessoas. Depois de sabermos como alguém está se sentindo, é mais fácil dar-lhe apoio.
- Finalmente, nos conecta ao resto do mundo. Nossas emoções se tornam uma forma de comunicação, uma forma de compartilhar a experiência de estar vivo. Há um conjunto de pesquisas que evidenciam os benefícios da conectividade social para a saúde, e é aqui que ela começa: na capacidade de nos identificarmos mutuamente. A terminologia da emoção nos permite ler a vida uns dos outros, quase como faríamos com um livro. As palavras dão a cada um de nós uma história para contar.

Esse é o poder da Rotulagem.

Diz-se que existem cerca de 2 mil palavras na língua inglesa que se referem de algum modo à emoção. São muitas possibilidades, o que faz sentido considerando a variedade de emoções e sentimentos que todos nós experimentamos ao longo de um dia.

Mas há a questão de quantas dessas palavras realmente usamos. E é aí que nossas atitudes em relação às emoções começam a aparecer por meio da linguagem. Para ser franco, nosso vocabulário emocional é lamentavelmente insuficiente.

Na maioria das vezes, as emoções que exigem mais atenção, aquelas que tendem a nos preocupar, são as negativas – as variações em torno de raiva, medo, tristeza e vergonha. Estudos demonstram que cerca de 50% das palavras relacionadas a sentimento são negativas, 30% são positivas e 20% neutras. No entanto, isso não quer dizer que sejamos bons em descrever emoções negativas. Não gostamos de nos demorar em sentimentos desagradáveis. Queremos que simplesmente desapareçam, de preferência por conta própria, sem qualquer envolvimento de nossa parte. Sejam nossas emoções negativas ou as de outra pessoa, elas são dolorosas de lidar.

Uma explicação possível para a preponderância de palavras que definem emoções negativas é que nosso cérebro processa sentimentos positivos e negativos de forma diferente. Tendemos a dar uma atenção apenas superficial a emoções positivas. Não vemos necessidade de modulá-las, apenas cruzamos os dedos e esperamos que durem. Não gastamos muita energia mental analisando por que nos sentimos tão bem.

Entretanto, experimentamos emoções negativas com mais profundidade. Elas tornam nosso processamento mais lento, porque indicam um problema. Por necessidade, dedicamos mais palavras à sua descrição. Na época em que meu tio Marvin estava construindo o que chamava de "currículo das palavras de sentimentos", ele falava sobre coisas como alienação, privação e outros sentimentos sombrios, e os educadores enlouqueciam, ficavam assustados diante da ideia de que as crianças realmente vivenciavam tais coisas. Mas as crianças *têm* sentimentos negativos com frequência, insistia ele, e podemos discuti-los ou ignorá-los. Tio Marvin não foi muito longe com essa argumentação nas décadas de 1970 e 1980, porém estava certo naquela época assim como está agora.

É instrutivo testemunhar como nossa compreensão das emoções progride à medida que o cérebro se desenvolve, começando logo após o nascimento. Os pesquisadores descobriram que bebês são incapazes de perceber emoções distintas por meio de expressões faciais, mas conseguem *diferenciar* expressões agradáveis, desagradáveis e neutras. Crianças de 2 anos que conhecem apenas as palavras emocionais mais básicas, isto é, *triste* e *feliz*, não conseguem diferenciar as expressões faciais negativas; elas percebem todos os rostos desagradáveis como "tristes". Crianças de 3 e 4 anos começam a compreender os termos *raiva* e *medo* e aprendem a distinguir uma expressão negativa da outra. Há uma ampla pesquisa mostrando que as crianças que conseguem rotular com precisão seus sentimentos desfrutam de interações sociais mais positivas do que aquelas que não conseguem, e estas últimas apresentam mais problemas de aprendizagem e de comportamento.

Não se trata simplesmente de teorizar ou conjeturar. Matthew Lieberman e seus colegas da UCLA conduziram experimentos para verificar se o uso de palavras para descrever sentimentos (o que chamam de "rotulagem afetiva") atenuaria experiências emocionais angustiantes – na verdade, se aliviaria a dor.

Num estudo, os participantes observaram fotos que exibiam emoções negativas. Os participantes que foram solicitados a rotular as expressões faciais relataram menos angústia do que os indivíduos que simplesmente viram as fotos, mas não foram convidados a comentá-las. Em outro, os participantes identificados como tendo medo extremo de aranhas – aracnofobia – foram colocados numa sala com uma aranha à vista em um recipiente. Alguns deles usaram palavras emocionais para descrever seus sentimentos naquela situação, enquanto outros usaram palavras neutras para emoções, na tentativa de simplesmente expor os fatos.

O resultado? Os membros do primeiro grupo foram capazes de dar mais passos em direção ao recipiente do que os outros participantes. Além disso, o maior uso de palavras como "ansiedade" e "medo" durante a exposição à aranha foi associado a reduções dessas emoções. Antes do início dos experimentos, os participantes afirmaram que não acreditavam que a Rotulagem seria uma estratégia eficaz de regulação da emoção. Mas estavam errados. Lieberman se referiu a isso como "regulação emocional incidental", porque os sujeitos não estavam cientes de que a Rotulagem havia reduzido seu desagrado.

Outra pesquisa mostrou que a rotulagem afetiva está ligada à menor ativação da amígdala, a região do cérebro que é ativada quando sentimos emoções negativas, e maior ativação no córtex pré-frontal ventrolateral direito (CPFVLd), que suporta a regulação emocional. E assim como o cérebro usa caminhos neurais para conectar uma região à outra, nossas emoções também viajam por certos caminhos. Se estamos propensos à raiva, então determinados tipos de estímulos irão desencadeá-la rotineiramente, e a raiva se torna a resposta imediata. Contudo, se formos capazes de definir vários tons dessa emoção pouco agradável e de alta energia – como aborrecido, desgostoso, irritado, frustrado e assim por diante –, então poderemos modular nossas respostas e, ao fazê-lo, nos determos antes de atingirmos a fúria total a cada provocação. Cada termo possível torna-se um momento de pausa para autorreflexão: estou sentindo *isso* ou talvez seja algo não tão extremo?

O termo *granularidade* fornece uma maneira útil de pensar em como rotulamos as emoções. Significa que definimos o que sentimos de uma forma tão precisa e tão estreita quanto as palavras permitem em vez de nos contentarmos com os termos genéricos nos quais tendemos a nos apoiar. A psicóloga Lisa Feldman Barrett escreveu, no *The New York Times*, que o que ela chama de granularidade emocional é o "valor adaptativo de colocar sentimentos em palavras com um alto grau de complexidade" – complexidade que espelha nossa vida interior. Em seus experimentos, os participantes que foram considerados *granulares* se mostraram mais capazes de diferenciar suas experiências emocionais. Indivíduos com baixa granularidade – chamados de *aglomeradores* – eram menos habilidosos em diferenciar emoções (por exemplo, zangado, preocupado, frustrado). Quando os dois grupos foram comparados, segundo ela, os indivíduos granulares eram menos propensos a surtar ou abusar do álcool sob estresse e mais propensos a encontrar um significado positivo em experiências negativas. Eles também eram melhores na regulação da emoção – moderando suas respostas a fim de alcançar o resultado desejado. Os aglomeradores, por sua vez, tinham resultados piores nesses aspectos, tendendo a ficar mal do ponto de vista físico e psicológico numa proporção maior do que o grupo granular.

Existe até um termo para pessoas que têm o mais restrito dos vocabulários para descrever emoções: *alexitimia* (o termo também se refere à dificuldade em reconhecer e expressar emoções). Um estudo que examinou o cérebro de pessoas alexitímicas descobriu que elas tinham menos massa cinzenta do que as não alexitímicas em áreas do córtex cingulado anterior associadas ao processamento da linguagem.

É difícil exagerar a conexão entre as emoções que sentimos e as palavras que usamos para descrevê-las. A hipótese Sapir-Whorf, batizada em homenagem a uma dupla de linguistas, afirma que a língua que falamos determina nossa visão de mundo e até mesmo o modo como nossa mente funciona. Isso remete a uma ideia do século XIX de que a linguagem expressa o espírito de uma cultura. Essas crenças caíram um pouco em desuso, mas os acadêmicos ainda estudam as maneiras pelas quais a linguagem influencia o pensamento e a maneira como experimentamos o mundo.

Os inuítes do Alasca e do Canadá têm dezenas de palavras para neve, ou pelo menos é o que a crença popular sustenta. O restante de nós se contenta com apenas algumas. A implicação parece clara: a importância de um assunto é demonstrada pelo número de palavras disponíveis para descrevê-lo.

Há palavras que exprimem determinada emoção em outros idiomas que não existem em inglês. Isso significa que os sentimentos não surgem na população de língua inglesa? Significa que outros povos não sentem *saudade*, palavra que só existe na língua portuguesa? Possivelmente não. Parece improvável que as pessoas sejam incapazes de sentir certas emoções apenas por não ter uma palavra específica para elas. No entanto, o fato de esses termos não aparecerem no vocabulário deve ser indicativo de algo.

Uma palavra que chama muita atenção nos livros didáticos de psicologia descreve o sentimento de felicidade ou satisfação provocado pelo infortúnio de outra pessoa, ou o que é conhecido em alemão como *Schadenfreude*. Supostamente, há palavras com significado semelhante em holandês, árabe, hebraico, tcheco e finlandês, mas nenhum termo em inglês ou português. Isso significa que temos menos probabilidade de gostar de ver alguém sofrer ou que essas outras nacionalidades são mais maliciosas do que nós? Talvez signifique apenas que eles se sentem mais confortáveis em admitir uma sensação tão desagradável.

Essa não é a única palavra de emoção que aparece especificamente em alguns idiomas. Aqui estão mais alguns exemplos:

Litost é uma palavra tcheca que significa, de acordo com o romancista Milan Kundera, "um estado de tormento criado pela percepção repentina da própria lástima".

Iktsuarpok é a palavra inuíte que descreve a intensa ansiedade sentida quando se está à espera de um convidado, a ponto de sair constantemente para verificar sua aproximação.

Hygge é a lendária sensação dinamarquesa experimentada ao sentar-se ao redor de uma fogueira no inverno, cercado por amigos.

Kvell é a palavra iídiche que descreve o sentimento de amor e orgulho avassaladores que você sente quando constata o que seu filho pode fazer.

E *ya'arburnee* significa "que você me enterre" em árabe – o que demonstra a esperança de morrer antes de um ente querido, porque não suportaria viver sem ele.

Existe alguma significância nessas diferenças? Muito provavelmente, a existência desses termos é, de alguma forma, um reflexo do patrimônio cultural. As palavras que usamos dependem de nossos valores.

Por outro lado, não existe uma palavra para designar *emoção* em tibetano, taitiano, bimin-kuskusmin, chewong ou samoano. Presumivelmente, as pessoas que falam essas línguas ainda têm sentimentos.

Mas existe realmente uma conexão entre o que somos capazes de sentir e o que somos capazes de expressar? Você talvez ache que não há. Mesmo que nunca tenhamos mencionado um de nossos sentimentos, todos nós experimentamos o mesmo conjunto de emoções, não é? Nossa capacidade de sentir pode ser influenciada por nosso vocabulário?

Até certo ponto, pode. Se pudermos reconhecer apenas o básico que toda criança conhece – *estou bravo, estou feliz, estou com medo, estou triste* –, estamos perdendo muitas informações.

O número de palavras e associações em inglês para "vergonha" não é igual quando comparado ao chinês. Em mandarim, há mais de uma centena de termos e expressões diferentes relacionados à vergonha, de acordo com um artigo de pesquisa.

Nesse mesmo espírito, precisamos presumir que existe uma conexão entre a extensão do vocabulário emocional e a importância das emoções em nossa vida. Quanto mais palavras pudermos usar para descrever o que sentimos, mais capazes seremos de nos compreender e de nos fazer compreender. E se nossos colegas também tiverem vocabulários emocionais robustos, será muito mais fácil compreendê-los – não apenas para ter empatia, mas também para ajudá-los, quando necessário, a regular e modular os sentimentos que vivenciam.

Como você pode imaginar, isso é de grande importância quando se trata de crianças. Sua vida emocional é muitas vezes um mistério para nós precisamente porque ainda não aprenderam a processar e expressar o que sentem. Quanto mais palavras as crianças puderem usar, mais capazes seremos de apoiá-las. Quando usamos uma grande variedade de termos para descrever emoções, nossos filhos aprendem essas palavras, mas também absorvem a lição de que descrever sentimentos é uma coisa natural e positiva de se fazer.

Atribuir o rótulo correto à emoção é fundamental porque, uma vez que rotulamos um sentimento, também começamos a descobrir o que fazer a respeito. Se presumirmos incorretamente que nosso filho está se sentindo ansioso, não conseguiremos lidar com a emoção real – talvez constrangimento, talvez medo, que à primeira vista podem se parecer com ansiedade. A Rotulagem imprecisa pode nos levar ao erro enquanto buscamos maneiras de resolver as emoções negativas.

É por isso que ter um bom vocabulário emocional, isto é, rotular, é tão importante.

É fácil, portanto, ver as vantagens de adquirir (e de usar) um vocabulário de emoção robusto. Mas ainda não discutimos como adquirimos essa habilidade.

Uma maneira é simplesmente usar o Gráfico das Emoções, que é como um mapa. Se o usarmos com bastante frequência, podemos começar a adotar alguns dos termos em nosso vocabulário emocional. O gráfico tenta cobrir todas as bases de cada categoria de emoção: no quadrante vermelho superior à esquerda, ele vai de *invocado* a *enfurecido*, de *repugnado* a *em choque*. O verde vai do *sereno* até *à vontade*, de *realizado* a *sonolento*. O azul vai de *apático* para *desesperado* e de *enjoado* para *esgotado*. E o amarelo passa de *agradável* para *extasiado* e de *surpreso* para *bem-aventurado*. O Gráfico das Emoções completo com cem palavras aparece no verso da capa do livro. Em colaboração com o Hopelab, também desenvolvemos um aplicativo que pode ser encontrado, em inglês, no site www.moodmeterapp.com, no qual você pode acompanhar suas emoções ao longo do tempo.

No método RULER, ensinamos às crianças conceitos de emoções usando nosso "currículo das palavras de sentimentos", com o objetivo de que no ensino fundamental II todas elas aprendam um mínimo de 84 termos que descrevem especificamente o que sentem. Ensina-lhes as palavras e, ao fazê-lo, também enfatiza o valor de reconhecer e aceitar toda a gama de emoções. Essa lição é tão importante quanto o próprio vocabulário.

Quando usamos um termo geral indefinido para descrever como nos sentimos – "péssimo", "bom", "bravo" –, tornamos difícil para qualquer um nos ajudar. Pode exigir muita investigação para descobrir que "péssimo" na verdade significa "Estou *decepcionado* porque minha apresentação não foi bem recebida e eu achei que tinha ido muito bem" ou "Tenho *medo* de dizer aos meus colegas que minha apresentação não foi bem recebida porque eles vão me culpar por não estar preparado". Quanto mais hábeis nos tornamos para rotular o que sentimos e descrever por quê, mais chances temos de obter a empatia ou a ajuda de que precisamos. A capacidade de rotular com precisão nossos sentimentos ajuda a todos.

No que diz respeito à Rotulagem, o truque é garantir que acertamos a palavra. Se formos longe demais, afastando-nos da palavra correta, podemos nos ver abordando um problema que não existe e ignorando outro que existe. Quando nos tornamos cientistas da emoção, encontramos alguns desses quase acidentes potenciais, que podem nos desviar do caminho, se não estivermos atentos.

Um desafio comum de rotular emoções hoje em dia, tanto nas salas de aula como nos ambientes de trabalho, é aquele centrado no que todos chamam simplesmente de "estresse". Quando investigamos com perguntas, em geral descobrimos pelo menos quatro emoções – separadas – possíveis: ansiedade, medo, pressão e estresse. A princípio, parecem quase intercambiáveis, mas, na verdade, são sentimentos distintos, cada um com uma origem.

A ansiedade, como já aprendemos, é a preocupação com a incerteza futura e a nossa incapacidade de controlar o que vai acontecer.

O medo é a sensação palpável de um perigo iminente que acabará por nos atingir.

A pressão é a força externa que nos diz que algo importante está em jogo, e que o sucesso ou o fracasso dependerá de nosso desempenho.

E, finalmente, o estresse é o que sentimos quando enfrentamos muitas demandas de todos os itens acima e tememos não estar à altura.

São sentimentos interligados, com certeza, mas distintos. Cada um tem seu tema e sua causa subjacentes, e devemos primeiro desembaralhá-los se quisermos entendê-los e, então, descobrir o que fazer em relação a eles. Algumas das causas são internas, outras são intrusões do mundo externo.

Também é possível que o estresse esteja mascarando uma emoção completamente diferente. Perguntei a algumas centenas de alunos de Yale sobre seu "estresse" e descobri que estava relacionado sobretudo à inveja. Inveja? Sim: eles viam colegas obtendo uma nota alta sem estudar, garantindo ótimas ofertas de emprego por causa dos relacionamentos de seus pais, e assim por diante. Eu me pergunto, então, quantos escritórios de aconselhamento na universidade estão ajudando os jovens a administrar a inveja em vez de oferecer "redução do estresse".

Há cerca de dez anos, sofri refluxo ácido e ansiedade, e culpei minhas neuroses. Eu vivia num medo constante, mesmo que fraco, do futuro imediato. Quando fui ao médico, ele disse: "Bem-vindo a Yale." E, em seguida: "Tome Omeprazol, e vou prescrever um pouco de Lorazepam para aliviar o estresse." Eu não esperava por isso e saí de lá determinado a resolver o problema sozinho. Estaria eu realmente estressado ou ansioso, ou talvez sentindo outra coisa?

Por fim, percebi que me sentia "estressado" porque estava assumindo tarefas demais – mais do que qualquer um poderia concluir com facilidade. O estresse não era a raiz do problema; eu estava *sobrecarregado*. Tinha coisas demais nos meus ombros. Quando reduzi um pouco as obrigações de trabalho e os compromissos sociais, meus níveis de estresse diminuíram consideravelmente. Eu não poderia ter encontrado essa solução se não tivesse sido capaz de analisar com exatidão o que estava sentindo – e isso começou com uma palavra.

No Capítulo 5, discutimos o ciúme e a inveja, que costumam ser confundidos. Não são termos intercambiáveis e, se os tratarmos da mesma forma, vamos nos perder. Lembre-se de que o ciúme é uma emoção provocada pelo relacionamento. Tem a ver com sentir-se ameaçado de perder a atenção de alguém importante para você. Pode ser qualquer relacionamento – uma criança sente que a mãe ou o pai estão passando mais tempo com um irmão, ou dois colegas de trabalho estão em conflito porque o chefe prefere um em detrimento do outro, ou pode ser o típico triângulo amoroso. A inveja, por outro lado, tem relação com a cobiça por algo que outra pessoa possui. Pode ser um objeto, mas também um relacionamento, uma atitude, uma habilidade ou talento, um estado de espírito. Se não podemos distinguir duas emoções, como vamos abordá-las e resolvê-las?

Com frequência, peço ao público que defina a diferença entre raiva e decepção. Sempre me surpreendo ao perceber que as pessoas têm enorme dificuldade com essa tarefa. A maioria delas diz que realmente não consegue colocar a diferença em palavras, o que revela muito sobre nossa dificuldade com o vocabulário das emoções. Mas, como já dissemos, a raiva é, em geral, uma resposta a um tratamento injusto ou a uma injustiça. A decepção tem a ver com uma expectativa não atendida. As estratégias que podemos usar para lidar com nossa decepção ou com a decepção de terceiros provavelmente seriam diferentes daquelas que usaríamos para a ira, por exemplo.

Um dos treinadores do método RULER jantava em casa com a família quando um de seus filhos começou a fazer cena. A mãe do menino perguntou à criança: "Por que você está tão bravo?" O irmão mais velho, que estudava numa turma em que o método RULER era aplicado, disse: "Mãe, não acho que o Jeremy esteja com raiva, acho que está desapontado. Ele esperava sair para brincar, mas agora que está chovendo, não pode." A mãe e o pai ficaram de queixo caído. Os dois estavam bem familiarizados com o método RULER, mas ficaram surpresos – agradavelmente surpresos, é claro – ao vê-lo em ação na mesa de jantar.

Outro erro comum é esperar tanto para identificar os sentimentos que eles se tornam assustadores. Pulamos *irritado*, *nervoso* ou *apreensivo* e, sem receber atenção, eles se transformam em *exasperado* ou *em pânico*. Ignoramos *apático* ou *cansado* até que entrem em metástase como *deprimido* e sejamos forçados a lidar com ele. Também tendemos a falar exclusivamente sobre as emoções negativas, mas por que não explorar os sentimentos de serenidade ou de alegria? Se nunca reconhecermos essas emoções, poderemos passar pela vida com a sensação de que nunca realmente as experimentamos. Além disso, se dedicarmos tempo e reflexão a nossos momentos positivos, poderemos descobrir maneiras de estendê-los.

Dar às crianças consciência de como é se sentir *invocado* ou *irritado* e quais pensamentos estão tendo em torno desses sentimentos já é uma estratégia para prevenir explosões e surtos de violência. Se conseguirem reconhecer um estado interno difícil enquanto ainda é administrável, as crianças poderão obter apoio antes que fiquem sobrecarregadas e incapazes de regular as emoções. Rotular interrompe o curto-circuito de situações que terminam em lágrimas ou em ataques de fúria.

Uma professora que orientávamos na cidade de Nova York, que trabalhava em uma escola para crianças com desafios emocionais, demonstrou esse problema. Quando a entrevistamos pela primeira vez, ela relatou que as emoções de seus alunos vinham principalmente dos extremos – como crianças enfurecidas que derrubavam uma carteira ou que batiam no colega, ou desatavam a chorar histericamente na aula;

ou as crianças que faziam silêncio, mas eram desanimadas e seriamente deprimidas. A estratégia dela para lidar com todas essas situações foi chamar a equipe de intervenção. Mas ela se sentia incapaz de fazer algo antes que as coisas chegassem ao ponto de ruptura. Como resultado, ela era rotineiramente o objeto das explosões, até mesmo de violência. A professora passou anos sem relatar os machucados e hematomas que sofria com os golpes quase diários, porque não queria que os alunos fossem expulsos ou transferidos para instituições socioeducativas.

Então introduzimos o Gráfico das Emoções na escola dela. Pela primeira vez, esses jovens tiveram uma forma de se conscientizar do que sentiam antes de explodir em violência e outros comportamentos extremos. Assim que ficavam *irritados*, *frustrados* e *aflitos*, eles eram capazes de reconhecer o que estava acontecendo antes de chegar a *enfurecidos*. Conseguiam explicar à professora o que sentiam e pedir ajuda enquanto isso ainda era uma possibilidade.

"Depois de um ano usando o Gráfico das Emoções, fiquei sem machucados", contou ela. "A necessidade de intervenção diminuiu. As crianças percebiam a diferença entre um pouco de raiva e muita raiva. Quando sentiam um pouco de raiva, podiam levantar a mão e eu ou a professora assistente as apoiávamos com uma estratégia para desviá-la antes que ficasse fora de controle. Com a prática, muitos alunos internalizaram as estratégias e as usaram de forma independente, tanto na sala de aula como fora da escola."

Aos poucos, as crianças assumiram o controle de seus destinos emocionais, sem ignorar nem silenciar o que se passava em seu interior. Pesquisas mostram que uma grande porcentagem de crianças com deficiência de linguagem apresenta problemas emocionais e comportamentais. No entanto, como já mencionamos, quando você pode nomear e compreender uma emoção específica, os circuitos cerebrais e o sistema nervoso o acalmam. As habilidades de linguagem facilitam o controle executivo e o processamento metacognitivo. Assim, o simples ato de reconhecimento cria uma alteração e a mudança se torna possível.

Testemunhei o imenso poder da Rotulagem em primeira mão, na

minha família, não com uma criança, mas com meu pai. Quando ele tinha 78 anos, recebi um e-mail de sua esposa, Jane:

"Oi, Marc, queria avisar que estou tendo problemas com seu pai. A raiva dele parece mais frequente, assim como seu abuso verbal. Estou no fim das minhas forças. Acho que ele precisa de medicação ou talvez de um terapeuta. Ele, é claro, pensa que seus acessos de fúria são justificados e tenho certeza de que ficará extremamente zangado se souber que lhe contei. Nesse momento, ele tem ficado muito bravo quando eu cuido do meu neto. Não faço isso com frequência, mas adoro ficar com ele. Sou grata por ter saúde suficiente para cuidar dele de vez em quando. Não sei qual é o problema do seu pai, mas nunca sei quando ele vai explodir. Estou exausta de viver assim. Achei que talvez você pudesse ajudar. Obrigada."

Liguei imediatamente para meus irmãos. Claro, nossa conversa inicial nos trouxe de volta à infância tempestuosa.

Decidimos fazer uma viagem para conversar com nosso pai. Tínhamos que fazer isso com cuidado, porque Jane tinha medo da reação dele. Não queríamos que a visita tivesse consequências ruins para ela. Nós o levamos para tomar um café e mencionamos o e-mail de Jane. Como bons cientistas da emoção, investigamos e procuramos pistas. Eu disse: "Pai, o que está acontecendo com você e Jane? Ela está realmente chateada com a forma como você a vem tratando."

"Não aguento mais", respondeu ele.

"O que você não aguenta mais?", quis saber. E então passei para todas as perguntas dos cientistas da emoção, elaborando-as cuidadosamente para não ofendê-lo.

"O que está acontecendo?"

"Conte-me mais."

"O que está deixando você com raiva?"

"O que Jane está fazendo?"

"Quando você tem esses sentimentos?"

E aqui está o que ele disse:

"A filha dela a está explorando, deixando o neto com Jane por horas a fio. Ela está gastando *muito* tempo cuidando do neto. Eu não esperava passar minha aposentadoria assim."

Tive um palpite, com base nos temas emocionais que saíam da boca do meu pai, de que ele não estava com tanta raiva, mas sim com ciúme do neto que recebia toda a atenção de sua esposa.

Com certeza, ele também se ressentia dos filhos dela, pelo tanto que dependiam de Jane. Mas o tema central era que ele se sentia ameaçado pelo neto, porque Jane parecia preferir ficar com ele, deixando meu pai sozinho.

Por isso, falei: "Pai, parece que você está com ciúme do neto de Jane."

Ele me olhou como se eu fosse maluco.

"Bem, parece que você quer passar mais tempo com Jane, e você não fica feliz por ela passar tanto tempo com o neto", continuei. "Isso é ciúme."

"Está me dizendo que sinto ciúme?", questionou ele.

"Não. *Você* está me dizendo que está com ciúme."

Nesse ponto, meu pai começou a chorar. De repente, ele percebeu o que realmente estava sentindo. Sentia-se ameaçado por uma criancinha.

Tínhamos então uma oportunidade para fazer uma mudança. Havíamos criado um espaço para ajudar meu pai a controlar seus sentimentos.

Aquele dia transformou a vida de meu pai e de sua esposa. Mais ou menos um mês depois, Jane me ligou e disse: "Marc, não tenho ideia do que você fez, mas seja o que for, funcionou. Obrigada. Ele está muito *diferente!*"

Quando você consegue entender e nomear suas emoções, algo mágico acontece. O simples reconhecimento cria a capacidade de mudança. Quando não temos as palavras certas para nossos sentimentos, não estamos apenas carecendo de floreio descritivo. Estamos abrindo mão da *autoria* de nossa vida.

Depois do desafio de compreender as emoções, a Rotulagem deve parecer uma pausa. Todos nós conhecemos muitas palavras que descrevem emoções, sentimentos e estados de espírito. Mesmo que normalmente não as usemos em nosso dia a dia, nós as lemos e ouvimos à nossa volta. Grande parte da vida é definida por palavras como *exultante, ansioso, furioso, contente, indeciso, esperançoso, receptivo*. Nosso trabalho é começar a correlacionar esses termos ao que estamos sentindo em nosso interior. Quando nos contentamos em recorrer a apenas seis ou sete palavras, estamos nos enganando. É como fazer um voto de pobreza emocional, quando, na verdade, a riqueza nos espera.

Pergunte a si mesmo neste momento: como estou me sentindo? Tente responder com várias palavras – mais bem pensadas e precisas do que as que você normalmente emprega. É assim que se aprimora essa habilidade. Sem ela, permanecemos desconhecidos de nós mesmos ou de qualquer outra pessoa – o que nos leva ao próximo passo: expressar a emoção.

7 Expressar a emoção

EM VEZ DE PERGUNTAR (DE NOVO!) como você está se sentindo, direi apenas que espero que esteja se sentindo valente.

Os três capítulos anteriores exigiram que aprendêssemos habilidades emocionais valiosas. Reconhecer os próprios sentimentos e os de outras pessoas. Compreender suas causas e consequências. Rotular essas emoções com precisão.

Essas etapas têm algo importante em comum: são sobre a experiência interior das emoções. Ir mais fundo nos sentimentos nem sempre é fácil, mas não há muito risco externo envolvido.

Com este capítulo, isso muda. Com a Expressão, nos revelamos. Agora teremos que decidir: *Posso compartilhar isso?*

E se a resposta for positiva, então quanto exatamente compartilhamos, quando, onde e com quem? Devo deixar minha mãe, meu pai, um colega, um amigo, o parceiro ou a parceira, os filhos saberem o que estou sentindo e por quê? Pode ser algo assustador, como foi para mim compartilhar o que acontecia na minha infância. O abuso, o bullying. Antes de expressarmos as emoções, não podemos deixar de nos perguntar: serei ouvido? Aceito? Julgado? Obterei o apoio de que necessito? Serei renegado? Estou *mesmo* pronto para assumir tais sentimentos?

A Expressão pode ser o passo mais assustador de todos no método RULER, pois é aqui que pegamos as coisas íntimas que descobrimos sobre nós, nas etapas anteriores, e começamos a fazer alguma coisa em relação a elas.

Pode ser um momento sensível, dependendo do que temos que expressar e para quem vamos fazê-lo. Por um lado, é importante ser sincero e acessível. Por outro, precisamos levar em conta as possíveis consequências da sinceridade de nosso relato. Num sentido, expressar emoções é como uma transação entre pessoas. Você expressa e eu reajo. Nessas idas e vindas, podemos chegar a nos entender melhor e ficar em melhores termos por causa disso. Mas o oposto também poderia ocorrer – suas emoções talvez provoquem algo negativo em mim, algo com o qual não estou preparado para lidar ou que não consigo controlar. Nesse caso, a expressão sincera tem o potencial de nos distanciar ou de tornar a vida significativamente pior, pelo menos a curto prazo. Precisamos da sensibilidade de equilibrar uma coisa e outra.

Olhando em retrospecto, percebo que a incapacidade de expressar emoções estava no centro de todos os traumas da minha infância. Se eu tivesse sido capaz de contar a meus pais as coisas horríveis que sentia – medo, ansiedade, vergonha –, eles teriam descoberto a fonte de todas essas emoções destrutivas. Teriam ouvido sobre o abuso sexual que suportei em segredo e do bullying do qual era vítima todos os dias na escola. Não são apenas os sentimentos que escondemos – são também suas causas.

Hoje, isso ocorre com frequência com mulheres, homens e crianças que sofreram assédio ou abuso sexual e que nunca proferiram sequer uma palavra nem denunciaram seus agressores. O motivo não é segredo; muitos acreditavam que seus sentimentos de vergonha e culpa seriam ainda mais insuportáveis quando estivessem expostos. Outros talvez não compartilhem porque acham que ninguém acreditaria neles ou por medo de retaliação. A incapacidade de expressar essas emoções é como uma dor contínua que perdura. De certa forma, o silêncio é tão prejudicial quanto a própria agressão.

Na infância, as causas da minha dor emocional eram avassaladoras para mim, mas meus pais ou professores poderiam ter me ajudado a administrá-las. Eu poderia ter sido poupado de um mundo de tormento – se ao menos me sentisse livre para dizer o que sentia.

Em vez disso, eu me torturava com perguntas: como eles reagirão se eu contar? O que vão pensar de mim? Ficarão com raiva ou decepcionados comigo? O que farão em resposta: me culpar, me ignorar, me envergonhar? Por algum motivo, eu não tinha permissão para sentir em casa ou na escola, e por isso minhas emoções permaneciam confinadas dentro de mim, levando a dúvida, baixa autoestima e extrema solidão.

E quando meus sentimentos transbordavam – como sempre acontece –, com frequência saíam como fúria, algo que eu era incapaz de articular. Meu comportamento só piorava as coisas. Mas não conhecia outra maneira de me expressar.

Nos primeiros anos escolares, esses sentimentos reprimidos se transformaram em dor física – comecei a sofrer de uma doença gastrointestinal misteriosa que desafiava todas as tentativas de diagnosticá-la. Isso porque provavelmente *não havia* causa fisiológica para esse mal. Era o resultado de um sofrimento emocional que não tinha outra saída. A dor *era* minha forma de expressão. Anos depois na minha vida escolar, as emoções não expressas se transformaram em ódio a mim mesmo e em distúrbio alimentar.

Eu tenho descrito as emoções negativas que me atormentavam quando criança. E é verdade que sentimentos como vergonha, ciúme, ansiedade e assim por diante são os mais difíceis de expressar. No entanto, também temos dificuldade em transmitir os sentimentos positivos a outras pessoas. Talvez não queiramos soar como se estivéssemos nos gabando ou sendo presunçosos. Talvez seja porque a felicidade não requer empatia dos outros – ela é a própria recompensa. Mas é igualmente importante saber como rotular todas as emoções positivas e torná-las conhecidas para aqueles que estão mais próximos de nós. É parte do que mantém essa proximidade.

Durante os momentos em que sofremos em silêncio, tornamos impossível que alguém realmente nos conheça, nos compreenda, tenha empatia ou – o mais importante – nos ajude. Quando suprimimos esses sentimentos, enviamos uma mensagem a todos em nosso caminho: estou bem mesmo quando não estou. Fique longe. Mantenha distância. Não pergunte o porquê, pois não quero contar a você o que está acontecendo.

Contudo, quando expressamos as emoções, estamos dizendo:

Aqui está o que eu sinto e por quê.
Aqui está o que eu quero que aconteça a seguir.
Aqui está o que preciso de você agora.
Esse provavelmente é o maior grau de intimidade que consigo manter.

Em palestras e cursos, frequentemente pergunto aos educadores: "Quantos de vocês estão no quadrante amarelo ou verde?" Quase todos levantam a mão. Em seguida, digo a eles que, em nossas pesquisas confidenciais, as pessoas relatam estar no quadrante vermelho ou azul em cerca de 60% a 70% das vezes. Acontece um predomínio de sentimentos positivos quando a pergunta é feita em público, e um predomínio de sentimentos negativos quando fazemos a pergunta em particular.

Não é possível culpar as pessoas por agirem assim. Todos nós fazemos o mesmo. É da natureza humana. Quem quer parecer um excêntrico emocional – o triste, ansioso, deprimido, raivoso numa multidão de pessoas que afirmam ser animadas e otimistas? Temos um viés natural a favor da exibição das emoções positivas, especialmente nos Estados Unidos, o que se traduz numa pressão para parecermos felizes, não importa o que aconteça. Ao que parece, muitas vezes esse tiro sai pela culatra e nos deixa *menos* felizes.

Essa é a mentira que todos contamos, o que significa que não pode ser uma mentira tão grande, pois não estamos enganando ninguém. Mas isso não nos impede de continuar mentindo.

Numa palestra recente, com a presença de mais de quinhentos gestores de negócios e líderes comunitários, após perguntar como eles se sentiam, eu disse: "Quem está disposto a compartilhar a resposta?"

Apenas duas pessoas levantaram a mão. Em vez de tentar persuadir mais espectadores, pedi a todos que escolhessem um parceiro e discutissem *por que* achavam que ninguém queria se abrir.

"Será que alguém *realmente* quer saber como nos sentimos?", perguntou uma pessoa.

"Por que conversaríamos sobre isso?", argumentou outra. "Quando você é mulher, falar sobre sentimentos só a faz parecer fraca."

Eu faço esse mesmo exercício com praticamente todos os grupos que encontro. Estou sempre tentando descobrir os motivos pelos quais relutamos tanto em compartilhar como nos sentimos. Estou sempre aprendendo algo novo.

Um aluno me disse: "Minha escola é como uma prisão. Nossas regras escolares ditam como *devemos* nos sentir, então por que eu me importaria em expressar como realmente me sinto?"

Um aluno que foi testemunha de um tiroteio em uma escola em Parkland, na Flórida, falou: "Quero compartilhar como me sinto com minha mãe, mas ela está sob tanto estresse que não quero incomodá-la."

Um pai comentou: "Eu nunca diria a meu filho que sofri bullying; ele vai pensar que não sou forte o bastante para criá-lo."

Alguém que entrevistei que trabalha numa empresa de tecnologia afirmou: "No meu escritório, não é seguro compartilhar, as pessoas vão fazer fofoca."

Uma aluna do ensino médio disse: "Depois que perdemos meu irmão, meu pai se trancou, e nunca mencionamos o suicídio de minha irmã. Simplesmente não era uma opção."

Certa vez, um professor me confessou: "Não compartilho meus sentimentos porque temo que, depois de me abrir, nunca mais serei capaz de fechar a comporta."

Um aluno do ensino médio explicou: "Toda vez que tento ter uma conversa, ela é ignorada. Meu pai diz coisas como 'Não se preocupe com isso. Vai ficar tudo bem'. O que ele não sabe é que não estou *nada* bem."

Um professor tomado pelo *burnout* declarou recentemente para mim: "Se eu contasse como me sinto aos meus alunos, nenhum deles gostaria de ir para a aula. Eles não teriam nenhum respeito por mim."

Uma advogada na casa dos 50 anos me disse: "Já vivi o suficiente com meu marido sem compartilhar minhas emoções. Quem sabe o que aconteceria com nosso relacionamento se eu começasse agora?"

Uma jovem lésbica, estudante do ensino médio, afirmou: "A formação de meus pais torna muito difícil para mim ser aberta. Eles simplesmente não entendem. Não posso falar das garotas que gostaria de namorar. Vão me rejeitar."

Provavelmente, se eu fizesse a mesma pergunta a você, a resposta seria bem parecida com essas. Todos nós experimentamos as mesmas emoções, mas as escondemos uns dos outros. É estranho.

A supressão emocional é uma grande força nas escolas, e não são apenas os alunos que são desencorajados de mostrar sentimentos. Existe um velho provérbio no meio docente americano que diz: "Não sorria até o Natal." Isso significa que os educadores devem começar o ano letivo como capatazes excessivamente severos, com um forte comando sobre suas turmas.

Mas é assim que os professores devem de fato estabelecer as normas e expectativas da sala de aula? Criar uma conexão autêntica com os alunos – exibindo uma gama completa de emoções positivas e negativas – destrói a autoridade de um professor? É função do professor gerenciar com eficácia sua turma, mas as salas de aula não foram feitas para serem *governadas*. Professores são guias, não ditadores. As pesquisas são claras: a melhor maneira de envolver os alunos no processo de aprendizagem é construir relacionamentos positivos com eles, não evitá-los, e a moeda de troca dos relacionamentos é a expressão emocional.

Todos já ouvimos a frase "As crianças devem ser vistas, não ouvidas". Isso remete a uma época em que as pessoas realmente acreditavam em tamanho absurdo. Como sociedade, conseguimos avançar, felizmente. Mas é fácil detectar os vestígios dessa perspectiva. Tendemos a não apreciar a expressão emocional excessiva, mesmo de crianças.

"Minha professora disse que eu não tenho permissão para chorar na aula", contou certo dia o filho de 6 anos de uma colega. "Ela disse que eu tenho que ser um menino grande e me sentir feliz na escola." Isso é resultado da ideia de que a felicidade é o único sentimento aceitável em público e, se não estamos felizes o tempo todo, fracassamos. Estamos enviando essa mensagem a nossos filhos quando eles são mais impressionáveis. E quanto à criança que tem um temperamento melancólico? Ou aquela que está passando por tristeza ou por dificuldades em casa? Esse pobre garoto talvez não tenha outro lugar para ser emocionalmente sincero.

Por causa de seu vocabulário e das faculdades de comunicação ainda em desenvolvimento, precisamos ouvir as crianças com mais atenção se estivermos interessados em saber o que sentem e por quê. Precisamos ter certeza de que sabem que gostamos de ouvir o que acontece na vida delas – o que é bom e o que é mau, o que é feliz e o que é triste, os sucessos e os fracassos.

Quando bebês, antes de adquirirmos a linguagem para expressar emoções, somos incapazes de escondê-las. Somos pura emoção, embora nossos sentimentos possam ser elementares e nossas necessidades sejam limitadas a algumas poucas medidas práticas. Os pesquisadores identificaram o seguinte no suprimento de expressões emocionais do recém-nascido:

- Interesse
- Prazer
- Surpresa
- Tristeza/angústia
- Raiva
- Desconforto/dor
- Medo
- Repulsa

Sem palavras, os bebês transmitem suas mensagens a plenos pulmões, como qualquer pai ou mãe pode atestar. As emoções do bebê se concentram nos fundamentos da sobrevivência: a necessidade de comida, sono, conforto físico e segurança. Isso ressalta o propósito principal da expressão emocional: ela nos mantém vivos. De uma perspectiva darwiniana, exigir atenção aos nossos sentimentos é uma necessidade, não uma escolha.

À medida que desenvolvemos e adquirimos a linguagem, nossas necessidades emocionais se tornam mais complexas, assim como a maneira como as tornamos conhecidas. Paradoxalmente, contudo, à medida que adquirimos o poder de expressar nossas emoções, também desenvolvemos a capacidade (e o desejo) de escondê-las – obscurecer, enganar, negar. É uma troca: quanto mais sofisticados nos tornamos em nossa capacidade de dizer o que sentimos, mais controle exercemos sobre nós mesmos. Por vergonha? Para autoproteção? Ou sentimos que as pessoas ao nosso redor desejam, por motivos próprios, que guardemos pelo menos alguns de nossos sentimentos para nós mesmos?

Como já afirmamos, é assustador ouvir outras pessoas expressarem seus sentimentos, porque podemos ter que aceitar algumas verdades duras sobre nós mesmos. E, em resposta, podemos nos sentir obrigados a realizar alguma ação – até mesmo mudar, o que geralmente é a última coisa que queremos fazer.

Anos atrás, fiquei entusiasmado quando meus dois irmãos mais velhos foram me ouvir falar. Eles estavam convencidos de que eu ganho a vida sentado em cafeterias pensando (estavam parcialmente certos). Foi uma grande apresentação para milhares de pessoas no auditório de um hotel em Nova York. Eles se sentaram na frente. Fiquei de olho neles e percebi a expressão de prazer e orgulho no rosto deles durante os primeiros quinze minutos da palestra. As expressões faciais diziam: "Uau, é meu irmão ali!"

Então comecei a contar ao público sobre o bullying que suportei quando criança, sobre a raiva e a ansiedade que testemunhei em meus pais, as "estratégias" que usavam para regular suas próprias emoções, como o copo de isopor secreto de minha mãe, cheio de uísque Dewar. Também falei sobre suas ferramentas mais memoráveis para a educação infantil. De repente, meus irmãos não pareciam tão satisfeitos nem tão orgulhosos.

Depois que a palestra terminou, eu os alcancei indo em direção à saída e perguntei: "Ei, o que acharam?"

"Não venha conosco", disse um dos meus irmãos.

"Não posso acreditar quanto você compartilhou sobre você", disse o outro. "As pessoas vão pensar que você é *fraco*."

Fiquei surpreso, mas não chocado. Eles foram criados na mesma casa que eu, sob as mesmas regras. Eu sabia de onde eles vinham. Não disse isso a eles, mas me lembro de ter pensado: faria bem a vocês dois falar um pouco mais sobre suas emoções.

Lembro-me de "Smile", uma antiga canção cuja letra transmite algumas verdades reais sobre a maneira como pensamos nas emoções, especialmente nas infelizes. A música nos diz para sorrir quando estamos com o coração partido e doendo. A mensagem clara é que devemos esconder os sentimentos negativos – não apenas escondê-los, mas usar uma máscara para dizer ao mundo o oposto da verdade. Por mais estranho que pareça, há algo profundamente comovente nesse sentimento. Ficamos comovidos com a ideia de mascarar emoções negativas por trás de uma manifestação de alegria. Em algum nível, achamos estranhamente enobrecedor quando alguém esconde sua infelicidade.

Mas por quê?

É um reconhecimento implícito de que, como seres humanos, nosso impulso é às vezes fazer o que a música diz e esconder *todos os vestígios de tristeza* – para encobrir as emoções que associamos com vulnerabilidade e perda e mostrar ao mundo que não somos afetados, pelo menos na superfície.

Então, como encaixamos esses dois lados de nós mesmos? É possível buscarmos saúde emocional expressando o que sentimos – *todas* as coisas que sentimos – e manter o conforto de não nos sentirmos expostos demais?

Imagine: hoje é o dia em que você finalmente criou coragem para expressar o que sente, sem medo e sem nenhuma tentativa de esconder, negar ou empregar termos destinados a confortar os outros. Talvez pela primeira vez em sua vida adulta, você falou o que sentia com sinceridade absoluta.

E foi fantástico – como uma limpeza, como uma purgação. No começo, foi assustador desabafar com tanta entrega, sem se importar em como aquilo seria recebido, mas você conseguiu. Parabéns!

Ao terminar, você olhou em volta e encontrou seu cônjuge fazendo as malas, seus filhos encolhidos no canto e o cachorro escondido debaixo da cama – e aí seu chefe liga para dizer que você foi demitido.

Então você se pergunta: havia uma maneira melhor de lidar com isso?

Precisamos esclarecer um mal-entendido que pode estar se formando em sua mente: que permissão para sentir significa licença para despejar tudo, lamentar, gritar, agir diante de todos os impulsos emocionais e se comportar como se não tivéssemos controle sobre o que sentimos e por isso devemos ir em frente e surtar. Algumas pessoas acham que esse tipo de desabafo é autêntico. Porém os métodos de expressão habituais, nada saudáveis – gritos, fofocas, agressão verbal ou física, entre muitos outros –, quase sempre criam confusão.

Psicólogos e assistentes sociais usam o termo *trabalho emocional* para descrever o esforço necessário para administrar a maneira como expressamos os sentimentos. A socióloga Arlie Hochschild foi a primeira a definir isso como a criação de "uma demonstração facial e corporal publicamente visível no local de trabalho" e estudou como se exige que indivíduos em determinadas profissões – enfermeiros, professores de jardim de infância, policiais, comissários de bordo e quaisquer empregos que envolvam contato com o cliente – frequentemente expressem emoções de fachada. É claro que uma desconexão semelhante ocorre em ambientes não relacionados ao trabalho também – em casa, com a família e amigos, até mesmo entre as pessoas com quem temos mais intimidade.

Pode não soar como trabalho no sentido usual, mas administrar como e quando expressamos emoções exige um esforço contínuo e nos desgasta, especialmente quando há um grande contraste entre o que expressamos e o que realmente sentimos. Depois de um tempo, começa a parecer natural suprimir nossos verdadeiros sentimentos e um pouco assustador deixá-los transparecer. A pesquisa mostra que essa chamada representação superficial leva ao esgotamento, menor satisfação no trabalho e até mesmo aumento da ansiedade e da depressão.

Não deveria ser surpresa que algo tão indomável e imprevisível como nosso eu emocional exija um conjunto complexo de regulamentos que governam a expressão. Portanto, temos o que é conhecido como "regras de exibição" – as diretrizes não escritas, mas amplamente aceitas, sobre como, onde, quando e na presença de quem podemos expressar os sentimentos. Como acontece com qualquer regra não escrita, há muitas nuances e variações, dependendo neste caso de muitos fatores, incluindo cultura, gênero, etnia, idade, status social e poder – especificamente, o diferencial de poder.

Todos temos expectativas e regras pessoais diferentes sobre como expressar as emoções. Muitas dessas regras funcionam, desde que não interfiram em nossa capacidade de levar uma vida saudável. Porém muitas delas estão relacionadas ao estigma, que apenas nos detém ou pode até atrapalhar tudo. A regra de meu pai que o impedia de falar comigo sobre a própria vitimização na infância talvez tivesse uma lógica interna, mas na vida real aquilo se manifestava como vergonha e agressão.

Com o passar dos anos, percebi que as pessoas têm níveis variados de conforto ao expressar as emoções, dependendo de onde estão e de quem está por perto. Alguns de nós também não percebem quando estão realmente expressando certas emoções – pensamos que estamos mascarando nossos verdadeiros sentimentos ou mostrando uma cara impassível, mas as microexpressões, que podem incluir aquele sorriso falso sutil, um rápido revirar de olhos ou olhar sedutoramente nos olhos do outro, revelam que algo muito diferente poderia estar acontecendo.

A Expressão é geralmente uma habilidade compartilhada. É como o tênis, não dá para jogar sozinho. Se o ouvinte não fizer sua parte, é improvável que algo útil resulte disso. Quantos de nós já estiveram à beira de um desabafo emocional, quando levantaram os olhos e perceberam que pessoa à sua frente checava seus e-mails, postava algo no Instagram ou olhava pela janela, talvez sonhando com uma fuga. Provavelmente, é alguém que não se importa, que é viciado em tecnologia ou que tem medo de que você diga algo que prefere não ouvir.

Somos todos especialistas em enviar sinais inconfundíveis de indiferença. Está na nossa linguagem corporal defensiva, na falta de contato visual, nas inflexões vocais sutis, nos silêncios que se estendem um pouco demais. Ao mesmo tempo, todos nós sabemos quanto dói quando alguém se recusa a prestar atenção.

E, portanto, uma habilidade fundamental do ato de expressar é escutar. Não apenas ouvir. Precisamos estar visivelmente abertos, pacientes e empáticos a tudo o que está sendo dito. Sem braços cruzados. Nenhum movimento inquieto. Sem desviar o olhar. É aqui também que entra em jogo a diferença entre o cientista da emoção e o juiz da emoção. Pelas reações ao que estamos ouvindo – por meio de palavras, linguagem corporal, expressões faciais e contato visual –, enviamos a mensagem de que *você pode contar comigo. Não estou julgando. Quero compreendê-lo e ajudá-lo*.

Além de todas as restrições pessoais que impomos a nós mesmos e aos outros, existem muitas regras sociais sobre quem pode ou não expressar essa ou aquela emoção. Essas regulamentações estão longe de ser simples e muitas vezes derivam de estereótipos que são prejudiciais. Em tempos de turbulência social como vivemos hoje, as normas estão mudando e evoluindo. Como vimos, a desigualdade e a injustiça são em geral enfrentadas com raiva – é assim que nós, humanos, somos construídos. E a raiva é, por sua vez, frequentemente recebida com medo. Juntos, raiva e medo criam uma mistura potente de descontentamento e discórdia, muito parecida com o que se vê no mundo atual.

Na verdade, muitas das polêmicas que dominam os noticiários hoje têm suas raízes nas diferenças no modo como experimentamos e expressamos os sentimentos.

Por exemplo, o gênero é uma força importante na determinação da expressão emocional. De acordo com pesquisas, as mulheres tendem a se expressar mais de maneira geral, principalmente quanto às emoções positivas, e também internalizam as negativas, como tristeza e ansiedade, mais do que os homens. Os homens, por outro lado, tendem a expressar níveis mais elevados de agressividade e de raiva do que as mulheres. Mas quando os sinais fisiológicos de agitação emocional das pessoas, como pressão sanguínea e liberação de cortisol, são medidos, os homens têm uma pontuação mais alta – indicando que eles provavelmente sentem tanto quanto as mulheres, mas se mantêm mais contidos.

As mulheres encontram mais facilidade para dizer o que estão sentindo porque são mais livres nas expressões faciais, gestos e tons vocais. Os pesquisadores dizem que, embora as mulheres sorriam com mais frequência do que os homens, essa diferença de gênero não começa a aparecer até que as crianças estejam no ensino fundamental. Sempre se esperou que as mulheres sorrissem, e isso agora faz parte do realinhamento das relações entre os sexos – as mulheres começaram a rejeitar as exortações de estranhos para que sorrissem e, em vez disso, passaram a encarar esses incidentes como uma forma de assédio. A raiva delas é compreensível – a pressão constante para sempre parecer feliz e agradável não é uma exigência destinada aos homens, os quais fazem tantas solicitações.

Os dois sexos choram, mas as mulheres tendem a fazê-lo na companhia de familiares ou de amigos, enquanto os homens tendem a fazê-lo a sós. As mulheres também relatam maior empatia do que os homens, o que pode explicar, em parte, essas lágrimas.

A etnia é outra forte influência.

As minorias relatam temores de que as demonstrações emocionais caiam em armadilhas estabelecidas por velhos estereótipos e desencadeiem uma reação adversa. Assim, numa pesquisa, mães afro-americanas afirmaram que aconselham os filhos e as filhas a moderar as expressões de raiva, para que não sejam julgados com mais severidade do que os brancos. A raiva é a resposta habitual aos sentimentos de injustiça e desigualdade, enquanto o medo é a reação à possibilidade iminente de dano. Essa dinâmica pode ser vista como um reconhecimento tácito pelos brancos do tratamento injusto recebido pelos afro-americanos. Mas no plano emocional, o grupo com maior direito à raiva se sente menos capaz de expressá-la, enquanto os brancos desfrutam do que é conhecido como "privilégio da raiva" – o direito de exibir raiva sem a preocupação de ser penalizado por isso.

Outro fator na supressão de emoções: as crianças que crescem em bairros de alta criminalidade são ensinadas a exibir dureza e impassividade, independentemente do que estejam sentindo. Talvez sirva a um propósito de curto prazo – é uma forma de autopreservação –, mas, a longo prazo, pode criar fortes barreiras para o autoconhecimento.

Gênero, etnia, cultura e classe, juntos, formam uma combinação poderosa para suprimir a expressão de certas emoções.

Durante a final do Aberto dos Estados Unidos de 2018, a tenista Serena Williams foi penalizada por chamar o árbitro de "ladrão" quando ele lhe tirou um ponto por quebrar sua raquete. No passado, os jogadores do sexo masculino berravam, urravam e xingavam os árbitros e não eram penalizados num jogo. Esse foi apenas um exemplo recente de como a raiva masculina e feminina são percebidas de maneira diferente. Essa lacuna de gênero surge sob muitas formas, e temos ouvido todas elas serem debatidas nos últimos anos. Quando os homens são enérgicos, eles são fortes e assertivos; quando as mulheres agem do mesmo modo, são chamadas de mandonas e controladoras. Quando um homem levanta a voz, todos prestam atenção; quando uma mulher o faz, ela é considerada estridente ou histérica.

A sociedade nos diz que quando uma mulher expressa emoções negativas intensas em público, ela perdeu o controle e deve ser penalizada. Quando um homem faz o mesmo, é um comportamento masculino normal e não merece punição. Crenças amplamente sustentadas, às vezes fora de nossa consciência, alinham-se com estereótipos de gênero e influenciam como expressamos nossas emoções, bem como a forma que percebemos as dos outros.

Se notarmos uma raiva cada vez mais intensa expressa por mulheres, afro-americanos e outros grupos historicamente desfavorecidos, podemos interpretá-la como um sinal positivo – uma indicação de que vivemos numa sociedade mais justa. Mesmo que o preço da justiça social seja mais raiva do que nunca – pelo menos por algum tempo.

A desigualdade de poder também é uma forte influência.

O local de trabalho é uma arena perfeita para estudar como o diferencial de poder decide quem pode ou não expressar emoções livremente. O presidente do conselho e o CEO são invulneráveis, portanto desfrutam de relativa liberdade para expor seus sentimentos sem medo de ultrapassar limites. Podem expressar certas emoções negativas – raiva, frustração, irritação – sem pagar por isso. Na verdade, tornar esses sentimentos conhecidos pode causar medo nos subordinados e provocar os resultados desejados.

Contudo, os funcionários mais abaixo na hierarquia podem rapidamente perder o emprego por exibirem as mesmas emoções. Para eles, expressões de felicidade, otimismo e alta energia são apostas mais seguras. Ao mesmo tempo, o chefe pode ser imprudente ao expressar tristeza, medo ou ansiedade, sentimentos que um funcionário em início de carreira provavelmente pode manifestar impunemente. É uma faca de dois gumes.

Partimos do pressuposto que, num relacionamento, a pessoa com mais poder tem maior espaço para expressar emoções. Os pais saem impunes de manifestações que nunca tolerariam de seus filhos. Na sala de aula, quem manda é o professor, e as crianças obedecem, uma dinâmica que se estende ao ambiente de trabalho, queiramos ou não. Quando somos obrigados a lidar com policiais, reconhecemos a sabedoria da contenção emocional, não importa o que o policial diga ou (dentro dos limites) faça. Alguns chefes de Estado parecem absolutamente destrambelhados no que diz respeito à expressividade emocional, enquanto os que estão ao seu redor pisam em ovos, fazendo o possível para não provocar sua ira. Muitas das piores injustiças da vida contemporânea giram em torno da impossibilidade daqueles sem poder de expressar o medo e a indignação diante do tratamento desumano recebido por parte de abusadores. Assim, discutir se as emoções devem ou não ser expressas não é uma questão trivial. Às vezes, é literalmente uma questão de vida ou morte.

A cultura é outra forte influência.

Num nível global, as regras de exibição se tornam ainda mais problemáticas do que em casa. Elas ditam que expressões emocionais são consideradas apropriadas em determinada cultura, incluindo a forma de interação. Nos Estados Unidos, onde a individualidade é valorizada, o costume é estabelecer contato visual e lidar com as pessoas de uma forma direta, cara a cara. Quando viajei para a Coreia pela primeira vez, para estudar artes marciais, me disseram para nunca olhar o mestre nos olhos e para me curvar em sua presença. Posso ter exagerado – evitava olhar em seu rosto com tanta obstinação que ele acabou me perguntando se havia algum problema.

Wallace Friesen conduziu algumas das pesquisas originais sobre a expressão da emoção entre as culturas. Num estudo, ele mostrou filmes indutores de estresse e filmes neutros para participantes americanos e japoneses e comparou suas expressões faciais enquanto assistiam aos filmes. Quando assistiram aos filmes sozinhos, os participantes de cada cultura mostraram praticamente as mesmas respostas faciais. No entanto, quando um cientista mais velho estava presente enquanto os participantes assistiam ao filme indutor de estresse, os participantes japoneses mascararam mais expressões emocionais negativas com sorrisos do que os participantes americanos.

Uma pesquisa recente de Jeanne Tsai, professora da Universidade Stanford, e seus colegas revelou que as culturas estão mais propensas a expressar as emoções que valorizam. Num estudo, funcionários do governo americano de alto escalão, executivos e líderes universitários usaram mais sorrisos entusiasmados do que os líderes na China. A exibição de emoções positivas, altamente estimulantes, é vista como uma violação das regras sociais na China, onde há uma ênfase na coesão entre os indivíduos e uma priorização do grupo sobre o indivíduo. Outra pesquisa mostrou que concorrentes de culturas mais coletivistas tendem a fazer demonstrações mais intensas de vergonha (cabeça baixa, constrições posturais) ao perder, o que é consistente com a ênfase mais pronunciada na modéstia e em não se destacar.

Considere outra maneira pela qual a expressão emocional varia. Talvez você tenha feito uma viagem e tenha notado diferenças na maneira como estranhos interagem ao passar pela rua, como os amigos expressam afeto ou como as crianças mostram sua deferência para com os adultos. Anos atrás, viajei para a Croácia com Zorana, minha colega de pós-graduação, que nasceu e cresceu por lá. Certa manhã, dei uma caminhada e percebi que meus sorrisos normais e acenos de bom-dia às pessoas na rua não estavam sendo respondidos igualmente. Depois de alguns cumprimentos não respondidos, percebi que as pessoas até paravam para me olhar.

Quando voltei ao hotel, perguntei a Zorana o que estava acontecendo. Ela disse que na Croácia as pessoas geralmente não dizem "oi" para desconhecidos na rua. Quando o fazem, significa que querem conversar com você. E lá estava eu, pensando "Por que as pessoas são tão hostis aqui?", enquanto elas pensavam: "Quem é esse sujeito esquisito que acena e depois continua andando?" Esta foi outra lição sobre os grandes mal-entendidos gerados quando se é um juiz da emoção, e não um cientista da emoção.

As diferenças culturais não existem apenas numa escala global. As regras são diferentes em New Haven, Connecticut e na cidade de Nova York, a apenas 100 quilômetros de distância. Em Wall Street, os sujeitos importantes confraternizam com grandes sorrisos e apertos de mão de esmagar os ossos. Já na distinta Ivy League, muitos mantêm sua frieza emocional – e física – o tempo todo.

Às vezes, a permissão para sentir pode significar expressar uma emoção que *não sentimos* necessariamente – e isso não é ser desonesto, mas sim encontrar uma maneira de comunicar que dê espaço a outras considerações.

Em algumas ocasiões ao longo de minha carreira, subi num palco para fazer uma apresentação diante de milhares de educadores, sentindo-me totalmente desanimado. Numa dessas palestras, eu acabara de receber a notícia da morte de tio Marvin. Eu tinha algumas alternativas: poderia ter cancelado a palestra; poderia ter subido ao palco e compartilhado minhas tristes notícias com o grupo; poderia ter colocado um sorriso no rosto, engolido em seco e fingido que nada havia acontecido. Esses são os tipos de escolhas que todos nós somos obrigados a considerar ao longo do dia, sem pensar muito nelas. Por alguma razão, você se sente péssimo. Vai descarregar sua emoção em todos que encontrar? Ou entrar em negação temporária e seguir em frente? Essas estratégias são óbvias, acessíveis e naturais depois de um tempo.

No caso da minha apresentação após a morte de tio Marvin, eu tive mais uma opção: encontrar uma maneira de ter um bom desempenho, atender às expectativas das pessoas na plateia que haviam comparecido para se inspirar e ainda expressar e honrar as emoções que eu estava sentindo. Sem mencionar que ele havia morrido, comecei dedicando minha palestra a tio Marvin e pensei em como ele ficaria exultante por nosso trabalho estar alcançando um público cada vez maior.

Eu sabia que, depois que a palestra terminasse, teria o apoio da família e a chance de sentir minha dor. E foi exatamente isso que aconteceu.

A Expressão não afeta apenas nossa vida emocional. Há pesquisas abundantes sobre os benefícios físicos e mentais de expressar emoções. E devemos ter em mente que a expressão não precisa ser apenas falada, cara a cara. Às vezes, compartilhar com os outros é muito difícil. Nesses casos, pode ser melhor expressá-lo por escrito. Muitos de nós já tiveram a experiência de escrever num diário ou carta algo que parecia impossível de dizer em uma conversa.

De acordo com o professor James Pennebaker, da Universidade do Texas, em Austin, guardar segredos pode realmente deixar as pessoas doentes. No entanto, quando transformamos os sentimentos e pensamentos em linguagem, como constatou sua pesquisa, nossa saúde geralmente melhora.

Expressar emoções nos beneficia destas maneiras específicas:

- Diminui a frequência a consultas médicas
- Melhora a função imunológica
- Reduz a pressão arterial
- Melhora o estado de ânimo a longo prazo
- Reduz o estresse
- Melhora o desempenho acadêmico
- Diminui as faltas no trabalho

Num estudo, Pennebaker dividiu cinquenta alunos em dois grupos e pediu ao primeiro que escrevesse ensaios sobre questões emocionalmente significativas e ao outro que escrevesse sobre questões superficiais por quatro dias consecutivos. Quando testado meses depois, o primeiro grupo mostrou melhorias na função do sistema imunológico e menos idas ao centro de saúde estudantil da universidade. E, embora os membros desse primeiro grupo tenham dito que sentiram angústia ao escrever sobre assuntos delicados, três meses depois relataram estar mais felizes do que os integrantes que escreveram sobre banalidades. Pennebaker concluiu que suprimir experiências traumáticas é debilitante, ao passo que confidenciá-las a outra pessoa ou anotá-las pode trazer alívio.

Mais bons motivos para expressar o que sentimos.

Agora que aprendemos sobre a Expressão, fico me perguntando: quais são as emoções que você mais demonstra, em casa e no trabalho? São aquelas que você está realmente sentindo ou apenas as que acha que pode exibir? Como seu cônjuge, seu parceiro ou sua parceira, colegas, chefe ou filhos avaliam suas habilidades de expressão?

Você se sente confortável para expressar as emoções em cada um dos quadrantes, amarelo, vermelho, azul e verde? Que regras você criou sobre o que vai expressar para cada pessoa? Quanto trabalho emocional você está alocando em cada dia? Isso está afetando seu desempenho profissional, seus relacionamentos, seu bem-estar geral?

São perguntas difíceis de responder. Porém são questionamentos que precisamos nos fazer regularmente.

O que podemos fazer quando o medo do estigma sufoca nossa capacidade de expressão? Primeiro: dar a nós mesmos e aos outros permissão para sentir. Aceitar e reconhecer que não há vergonha em expressar nossas emoções. Não precisamos consertar ou esconder o que sentimos. A Expressão melhora nossa vida de muitas maneiras, nem todas óbvias. E nos impulsiona adiante, neste caso, para a etapa final: a Regulação.

8 Regular a emoção

Muito bem, aqui está a mesma boa e velha pergunta: como você está se sentindo? Mas agora também gostaria de saber o que você vai fazer em relação a isso (se é que vai fazer alguma coisa).

Imagine que é sexta-feira à tarde e você está longe do escritório numa conferência a que teve que comparecer. Foi uma longa semana e você daria tudo para estar em casa relaxando ou até mesmo de volta ao trabalho. Em vez disso, está preso numa sala de reuniões sem janelas, supostamente prestando atenção, mas eis o que está se passando pela sua cabeça: *Não posso acreditar que tenho que ficar sentado por três horas e ouvir essas pessoas falarem enquanto finjo ouvir.*

Você está irritado. Está distraído. Cansado. E isso é perfeitamente compreensível.

Descrevo esse cenário quando dou palestra para grupos e, em seguida, peço aos participantes que compartilhem as estratégias que usariam para lidar com seus sentimentos. Aqui está o que costumam dizer:

"Vou deixar meus sentimentos lá fora."
"Vou sentar na frente com uma boa postura."
"Vou beber muito café."
"Vou me concentrar e não vou deixar que nada me distraia."

"Vou fazer boas anotações."
"Apenas vou permanecer positivo."
"Vou me levantar e me esticar ou me mover de vez em quando."
"Vou ficar rabiscando."
"Vou apenas empurrar com a barriga."
"Vou fumar um cigarro no estacionamento."
Nos últimos dois anos, as seguintes respostas entraram na moda:
"Vou respirar e ficar presente."
"Vou ficar atento."
"Vou orar pelo melhor."
E aqui estão algumas das minhas favoritas:
"Sempre é possível sair."
"Vou olhar fixamente para o relógio."
"Depende de *você* manter meu interesse!"
"Estou lhe dando cinco minutos para chamar minha atenção, caso contrário, vou voltar ao Facebook."
"Que tipo de pergunta é essa? Vim ouvir uma palestra de um professor de Yale. Tudo o que você está fazendo é nos perguntar como gerenciamos nossos sentimentos. Faça sua palestra e eu ouvirei." (Não dá para inventar algo assim!)

Mas então pergunto ao público: essas estratégias realmente vão ajudá-los? São boas o suficiente para serem ensinadas a seus filhos, para ajudá-los a superar situações semelhantes?

Imagine que, em vez de adultos numa conferência de trabalho, você faz parte de um grupo de alunos do quinto ano, todos cheios dos impulsos e das ansiedades típicos da idade. É sexta-feira à tarde e você está na disciplina de estudos sociais. Talvez você tenha ficado acordado até tarde da noite, debruçado sobre o trabalho de ciências que deveria ser entregue hoje, e está exausto. Talvez tenha ido muito mal no teste de matemática esta manhã e tem medo de ser reprovado e castigado. Talvez no café da manhã de hoje seu pai tenha lhe dito que ele e sua mãe estão se divorciando, acrescentando: "Você provavelmente terá um novo padrasto em breve." (É algo que ouvi na vida real.)

Bem, agora vamos revisitar aquelas estratégias adultas para ver como funcionam aqui.

Você aconselharia as crianças a andar pela sala de aula à vontade? Ignorar o professor e entrar no Instagram? Deixar seus sentimentos do lado de fora? Olhar fixamente para o relógio? Desafiar o professor a justificar a lição do dia?

Você conseguiria imaginar uma menina de 11 anos, exausta e irritada, se arrastando até a cafeteira no fundo da sala de aula? Ou um aluno que diz: "Estou me dando permissão para voltar ao Snapchat porque a lição é *chata*." E como o resto da turma reagiria a uma dezena de alunos se levantando da cadeira aleatoriamente para se esticar e andar pelo espaço?

A regulação da emoção está no topo da hierarquia do método RULER. É provavelmente a mais complexa das cinco habilidades e a mais desafiadora. É quase impossível imaginar como seria a vida sem o poder de regular nossas emoções. Você tem feito isso desde que nasceu – e faz isso, em alguma medida, a cada minuto de sua vida.

No entanto, se você é como a maioria de nós, não tem se mostrado muito bom nisso. Tem feito isso de maneiras aleatórias, automáticas e inconsistentes. Às vezes, suas tentativas de controlar as emoções fizeram até mais mal do que bem. Você já perdeu a paciência e gritou com alguém? Quase certamente você não tem feito isso de forma consciente, da maneira cuidadosa, nos momentos apropriados, com um resultado positivo como meta.

Cada resposta emocional é uma experiência única. O que desencadeia uma emoção desagradável hoje pode nem mesmo ser registrado amanhã. Hoje você está esperando na fila da Starbucks pelo que parece uma eternidade, e tudo o que quer fazer é pular sobre o balcão, arrancar o café das mãos do barista e dar o fora. Amanhã, na mesma loja da Starbucks, mas com o estado emocional sereno, você fica feliz em olhar ao redor e observar as pessoas enquanto espera.

Isso ressalta a importância das três primeiras habilidades emocionais que aprendemos – precisamos saber o que estamos sentindo e por quê, antes de podermos antecipar quais estratégias de regulação emocional poderão ser exigidas nos próximos cinco minutos.

Tudo isso explica por que é tão importante entender e dominar totalmente nossa habilidade final: a Regulação.

Até este ponto, todas as habilidades do método RULER foram essencialmente pensamentos e palavras. Agora vem a parte difícil: colocar em ação toda a sabedoria que você reuniu nas primeiras quatro habilidades. Este é um capítulo prático, em que o verdadeiro trabalho será feito. É também onde se encontram as recompensas.

O professor de psicologia James Gross, da Universidade de Stanford, uma autoridade em regulação emocional, define-o como "o processo pelo qual os indivíduos influenciam quais emoções têm, quando as têm e como experimentam e expressam essas emoções".

Nosso Centro em Yale está especialmente interessado no modo como as pessoas desenvolvem estratégias construtivas que promovem o crescimento pessoal, fomentam e mantêm relacionamentos positivos e levam a um maior bem-estar e à realização de metas.

De todas as habilidades, a Regulação é a que possui mais variáveis. De certa forma, isso faz com que ela seja ao mesmo tempo mais fácil e mais difícil de enfrentar – o número de estratégias específicas para a Regulação é quase ilimitado, dependendo da situação e das emoções envolvidas. As estratégias que funcionam para você hoje podem não funcionar para você amanhã. E as estratégias que funcionam para você podem não funcionar para seu parceiro, sua parceira ou seu filho.

Como mencionei, nossas emoções fluem de modo contínuo, como um rio, e, para acompanhá-las, estamos constantemente regulando-as. É como mantemos o equilíbrio e evitamos ser arrastados pelos sentimentos. Todos nós conhecemos algumas pessoas que parecem particularmente incapazes de controlar as emoções. Elas são tiradas de seus cursos com facilidade por seus sentimentos, e costumam reagir de forma exagerada, de maneiras inúteis. Ou, no outro extremo, suprimem tanto suas respostas emocionais que parecem frias e entorpecidas. Não se permitem sentir de forma alguma, o que é tão prejudicial quanto a reação exagerada.

Começamos a regular desde cedo. Os bebês chupam o dedo porque a ação proporciona conforto emocional. Bebês aflitos desviarão o rosto da fonte de seu desagrado, outra forma rudimentar de Regulação. Consegue perceber como você tem feito isso durante toda a vida? Só não sabia que isso era uma habilidade. Nunca ouvi o termo *regulação da emoção* até a pós-graduação!

O objetivo inicial da Regulação é gerenciar nossas respostas emocionais, mas essa habilidade dá um salto para uma complexidade ainda maior: a corregulação. Cada interação humana que já tivemos, desde a infância, envolveu a corregulação. É impossível estar na companhia de outro ser e não ser influenciado por seu estado emocional e vice-versa.

Originalmente, a corregulação era um termo usado para descrever as idas e vindas entre um cuidador e o bebê para apoiar a regulação do estresse do bebê. Desde os primeiros dias de vida, o circuito socioemocional de uma criança é moldado por adultos. Um cuidador que fornece conforto físico e verbal de forma confiável e tranquiliza o bebê ensina que o sofrimento emocional é administrável. Um cuidador que não oferece esse apoio ensina ao bebê que ele está à mercê de suas emoções. Desse modo, a corregulação é o precursor de uma autorregulação saudável.

Em relacionamentos adultos, a corregulação pode ser intencional, como quando falamos suavemente com alguém que está chateado ou tentamos inspirar uma pessoa a agir. Você está alegre, furioso ou entediado, e eu automaticamente leio os sinais e meu humor muda. Todos constantemente afetamos o estado emocional uns dos outros.

Às vezes, podemos usar essa habilidade para manter os colegas motivados e lutando por um objetivo comum. Em 2015, nosso Centro colaborou com a Fundação Born This Way para sediar o Emotion Revolution Summit [Cúpula da Revolução da Emoção] em Yale. O objetivo era criar consciência sobre o papel crítico que as emoções desempenham na vida dos jovens. Queríamos reunir jovens de todo o país para o encontro, onde eles poderiam compartilhar suas ideias com educadores, acadêmicos e os responsáveis pela elaboração de políticas públicas.

Nossa primeira tarefa era simplesmente descobrir o que queríamos fazer na conferência. Essa foi a parte divertida, e a Regulação desempenhou um papel importante. Durante as primeiras reuniões de brainstorming, tocamos músicas animadas, vibrantes, para inspirar o pensamento dinâmico e ambicioso. Como resultado, a energia fluiu e todos ficaram empolgados e nos divertimos muito criando uma longa lista de possibilidades. Nada foi derrubado, por mais fantasioso ou impraticável que fosse. O céu era o limite.

Depois de termos essas ideias, chegou a hora de sermos práticos. Precisávamos começar a estreitar a lista e concordar em como tudo seria feito e quem faria o quê. Para essas reuniões, usamos novamente a música para regular o humor da equipe, mas agora ela era suave e reflexiva, propícia para a construção de consenso sobre o que havíamos sonhado nas sessões anteriores. Passamos do quadrante amarelo – positivo e energizado – para o verde – ainda positivo, mas agora calmo e racional.

Em seguida, precisamos de uma terceira rodada de reuniões para resolver os aspectos práticos. Nessas sessões, desligamos a música. Nós nos sentamos em silêncio e tratamos de todos os detalhes de forma profissional e propusemos cronogramas, orçamentos, planos de contingência. Decidimos quem administraria a pesquisa, quem supervisionaria a publicidade, quem providenciaria a segurança e o seguro. Passamos do verde para o azul-claro, a fim de estreitar nosso foco e nos engajar no raciocínio dedutivo. Ao final dessas sessões, tínhamos um plano viável e realista para seguir em frente.

Antes do início da grande conferência, tínhamos mais uma decisão a tomar: qual era o sentimento que esperávamos que o público levasse do evento? Queríamos que eles acabassem no quadrante vermelho – cientes das injustiças do status quo, energizados e motivados a fazer mudanças. Não queríamos que estivessem simplesmente entusiasmados, mas também um pouco zangados, porque a raiva é nossa reação à injustiça. Para administrar isso, tínhamos que fazer algumas observações sobre nossas descobertas e sobre o caminho a ser seguido de modo a ativar os ouvintes. Não queríamos que as autoridades públicas saíssem dizendo: "Nossa, essa conferência foi uma grande experiência!" Queríamos que percebessem que havia uma emergência que precisava ser abordada. Queríamos que se energizassem com um senso de missão quando voltassem ao trabalho.

Está na hora de tratar da Regulação como uma habilidade prática – e necessária – que conseguimos dominar.

Até agora, descrevemos o método RULER como uma procissão razoavelmente ordenada, de uma etapa à outra, do Reconhecimento à Compreensão e assim por diante. No entanto, a mente e as emoções humanas não são tão bem organizadas e não processamos as informações uma por uma. Em geral, regulamos antes mesmo de estarmos totalmente conscientes do que sentimos. Alguém é rude com você no trabalho e seu cérebro é acionado no mesmo instante, indo de um verde pacífico para o quadrante vermelho ardente da ativação raivosa, pronto para defender sua dignidade. Sem pensar, você respira fundo e se distancia. Isso é Regulação (especificamente, Regulação implícita ou automática).

A regulação da emoção pode ser um ato tão simples quanto estes: não suporta sua vizinha? Evite-a. Seus pais vêm visitá-lo e você não quer que eles vejam suas obras de arte extravagantes? Esconda-as até que vão embora. Você está cansado? Jogue um pouco de água no rosto.

A regulação da emoção não é o mesmo que *não* sentir. Nem é o exercício de um controle rígido sobre o que sentimos. E não se trata de banir emoções negativas e sentir apenas as positivas. A regulação da emoção começa dando a nós e aos outros a permissão de assumir nossos sentimentos – todos eles.

Anos atrás, visitei uma sala de aula numa área de grande pobreza em Nova York. Um menino chamado George, do quarto ano, contou que estava no quadrante azul, e com bons motivos: seu hamster de estimação fora morto por um rato naquela manhã. Mais tarde, soube que ele morava num alojamento temporário e que sua vida era cheia de ansiedade e incerteza.

A professora perguntou à classe: "O que podemos fazer para apoiar George hoje?" E as respostas vieram rapidamente. Um aluno disse: "Posso dar um abraço?" Outro prosseguiu: "George, pode contar comigo hoje, a qualquer hora, se quiser conversar." A mudança na expressão facial de George foi instantânea. Ele veio para a aula perturbado, mas foi consolado pelos colegas de uma forma que ficou claro que se importavam com ele. Não estava sendo incentivado a sair do quadrante azul; em vez disso, recebeu apoio e afeto para que pudesse se sentir confortável onde estava. George não se encontrava mais sozinho em sua infelicidade, mas na companhia de colegas e de uma professora que queriam ouvi-lo e entender suas necessidades. Em muitas ocasiões procuramos estratégias que tirem as pessoas dos espaços de emoções negativas, mas nem sempre isso é possível. Em tempos difíceis, às vezes precisamos apenas estar presentes uns para os outros.

No restante deste capítulo, vamos mergulhar profundamente em cinco grandes categorias de regulação da emoção. Dentro de cada uma delas, o número de estratégias específicas é praticamente infinito, cada uma determinada pelo momento, contexto e emoção, por nossa idade, personalidade e cultura, por tudo o que veio antes e tudo o que desejamos que aconteça a seguir.

A primeira categoria é uma estratégia que literalmente nos mantém vivos: respirar. Especificamente, a *respiração consciente*, que nos ajuda a acalmar o corpo e a mente para que possamos estar totalmente presentes e menos reativos ou sobrecarregados pelo que está acontecendo ao nosso redor.

Chamaremos a segunda categoria de *estratégias de antecipação*. Isso significa simplesmente que antecipamos que algo causará uma emoção indesejada e nos afastamos desse fator ou modificamos nosso ambiente.

A terceira categoria são as *estratégias de desvio de atenção*. Isso assume muitas formas, mas todas se baseiam no mesmo princípio – podemos moderar o impacto de uma emoção desviando a atenção de sua fonte. Pode ser tão simples quanto ligar a TV, ir embora de um encontro estressante ou repetir uma frase positiva para nós mesmos.

Já a quarta, vamos chamar de *estratégias de reenquadramento cognitivo*.

Primeiro analisamos o que quer que esteja desencadeando uma experiência emocional e, em seguida, encontramos uma nova maneira de vê-la – essencialmente, transformando nossa percepção da realidade como uma forma de dominá-la.

Por fim, apresentarei o *MetaMomento*, uma ferramenta que nos ajuda a agir da melhor forma que conseguimos, em oposição a reagir (e exagerar na reação) a situações emocionais.

RESPIRAÇÃO CONSCIENTE

Gostaria que você reservasse dois minutos para fazer uma pausa, ficar confortável e respirar naturalmente. Se isso ajudar, você pode marcar o tempo. Comece agora.

Como foi? Chegou a fazer o que propus? Ou apenas continuou a ler? Se você tentou, como se sentiu? Ficou impaciente, ansioso, entediado? Sua mente vagou? Talvez tenha sido a primeira vez que você reservou um minuto para si mesmo durante todo o dia, e está se sentindo calmo e centrado. Permitir que nossa mente fique ociosa é um grande desafio para muitos, devido à nossa vida atribulada. E é especialmente difícil quando nos deparamos com emoções fortes, como a ansiedade, a raiva e até mesmo a empolgação.

O cérebro reage a emoções intensas ativando o sistema nervoso simpático: nossa frequência cardíaca acelera, hormônios do estresse e/ou endorfinas são liberados, dependendo da emoção, e (quando pressionados) nos preparamos para fugir ou congelar.

A respiração consciente nos ajuda a frear a ativação do sistema de resposta ao estresse, diminuindo a frequência cardíaca. Respirar pelo nariz é útil porque a respiração pela boca tende a ser mais rápida e mais superficial (pense num cão ofegante), o que pode reativar o sistema de resposta ao estresse. Além disso, quando contamos as respirações ou repetimos uma frase reconfortante enquanto respiramos, recuperamos o equilíbrio e o controle, porque a área do cérebro responsável muda do tronco cerebral para o córtex motor. A respiração também nos ajuda a restabelecer o sistema nervoso autônomo, ativando o sistema nervoso parassimpático e inibindo o simpático (excitatório).

Quando respiramos conscientemente, não precisamos nos sentar numa posição de ioga nem usar qualquer técnica especial. Contudo é importante manter uma boa postura, seja estando sentado ou em pé. A respiração consciente pode ser praticada em qualquer lugar: em casa, na escola, na faculdade, no trabalho ou mesmo ao tentar adormecer.

É melhor construir uma prática de respiração consciente em pequenos passos, com o passar do tempo. Comece reservando alguns minutos algumas vezes por semana para se sentar e respirar conscientemente. Com o tempo, você pode chegar a uma prática de cinco, dez ou até quinze minutos por dia. Dessa forma, quando estiver em uma situação em que precisará desativar o estresse, você estará preparado.

Esforce-se ao máximo para:

- Deixar fora do seu alcance as distrações, como o celular.
- Ficar confortável.
- Fechar os olhos ou baixar as pálpebras.
- Ficar atento à sua postura e ao corpo. Você pode colocar a mão em determinado ponto para sentir a respiração, mas não é necessário.
- Respirar naturalmente.
  - Você pode contar até 10: inspire 1/expire 1, depois inspire 2/expire 2, e assim por diante, até chegar a 10. Em seguida, repita.
  - Ou, então, você pode respirar enquanto repete uma palavra. Aprendi minhas favoritas há mais de vinte anos com Thich Nhat Hanh, líder da comunidade de mindfulness. É simples: na inspiração você diz "dentro" e, na expiração, você diz "fora". Em seguida, "profundo/lento", "calmo/tranquilo", "sorria/solte". Repita. Essa forma, em particular, me ajuda à noite, quando minha mente está acelerada e tenho dificuldade em adormecer.
  - Volte a atenção para a respiração se perceber que está divagando.

Se você for como eu e se distrair com facilidade durante a prática, talvez comece a pensar: não consigo fazer isso. É inútil. Tente ser um cientista da emoção e não um juiz. Tenha até mesmo um pouquinho de autocompaixão e experimente de novo. Você está exercitando um novo músculo. Assim que estiver confortável com esses exercícios básicos, pode experimentar outros, mas não é necessário. Fiquei com os básicos por muitos anos.

Hoje em dia, dezenas de experimentos demonstram os benefícios da respiração consciente para nosso funcionamento emocional, social e cognitivo. Com o tempo, não passamos apenas a desativar mais depressa, mas nossa capacidade de nos concentrar e permanecer no presente aumenta. Pesquisas sugerem que apenas quinze minutos de prática diária podem afetar positivamente nossa sintonia com a família e os amigos, a reatividade emocional, a atenção, a memória, a função imune, e melhorar quadros de hipertensão, asma, desequilíbrios do sistema nervoso autônomo e de saúde mental.

ESTRATÉGIAS DE ANTECIPAÇÃO

As estratégias a seguir exigem autoconsciência suficiente para sabermos o que nos perturba ou o que nos traz alegria e por quê. Consideramos como nos sentiremos numa situação futura e traçamos um plano com antecedência para alterar o impacto emocional. Essa habilidade depende do Reconhecimento, da Compreensão e da Rotulagem.

Por exemplo, você tem uma tia que sempre consegue enfurecê-lo durante o jantar de Natal. Em vez de ranger os dentes e passar mais um feriado tenso, você decide com antecedência sentar-se na extremidade oposta da mesa. Problema resolvido!

Ou então há um subordinado no escritório que está atrás de você para uma reunião individual, mas tem um problema: ele o deixa nervoso e você sabe que será uma sessão extremamente constrangedora. Você o tem evitado, mas isso só piora as coisas, pois seu medo continua crescendo. É provável que haja um bom motivo por trás de sua aversão, mas você pode lidar com isso outro dia. No momento, uma boa estratégia de regulação seria transformar a reunião individual numa sessão de grupo com outros funcionários de sua equipe. No instante em que essa solução lhe ocorre, você se sente melhor.

Essa estratégia requer algum autoconhecimento, porém, se pudermos prever quais situações ou encontros irão provocar uma reação emocional, podemos tomar medidas para evitar que aconteçam.

Quando é impossível evitar o futuro por completo, ainda podemos antecipá-lo e alterá-lo. Sua avaliação anual do trabalho está chegando, o que sempre o enche de medo e insegurança por uma semana antes da data, descambando para o pavor absoluto quando finalmente acontece. Mas se você tentar imaginar todos os cenários possíveis – todas as críticas ao seu desempenho que seu chefe pode trazer à tona, todas as respostas calmas e bem fundamentadas que você dará, talvez não fique gago e na defensiva quando chegar a hora.

Da mesma forma, evitar é uma estratégia. Não parece aconselhável, mas pode ser útil em determinadas circunstâncias. Eu não vou a certo restaurante porque eles têm batatas fritas incríveis e eu não consigo resistir. Então fico longe e me poupo de muitas angústias. Nenhuma grande perda. Você está numa loja e o caixa é rude, mas não é como se você e ele precisassem interagir no futuro, então não há necessidade de fazer nada a respeito a longo prazo. Apenas nunca mais chegue perto do local ou procure um caixa diferente.

No entanto, se você perceber que há outras ocasiões, no trabalho ou em casa, com seu cônjuge ou filhos, em que você simplesmente se afastou da grosseria por se sentir incapaz de enfrentá-la, e cada vez que isso acontece ainda se sente menosprezado, humilhado ou furioso, talvez haja algo mais acontecendo, como uma incapacidade de ter uma conversa difícil ou de se defender e lidar com situações desagradáveis. Talvez você precise encontrar uma estratégia de longo prazo melhor do que simplesmente evitar o cenário.

Há outro aspecto das estratégias de antecipação que vale a pena dominar. Envolve apenas prazer. Digamos que você esteja tendo uma semana infernal no trabalho e já sabe que sexta-feira é o prazo final. Você está com medo, mas se agendar um encontro para sexta-feira à noite ou fizer planos para caminhar na praia assim que sair do escritório, de repente você tem algo agradável pelo qual esperar. Ou se você tiver uma consulta de tratamento de canal no dentista, pode planejar fazer algo que adora logo em seguida e dar a si mesmo algo bom para esperar. Como regra, fazer uma coisa de que você gosta é uma estratégia muito eficaz para regular as emoções negativas.

ESTRATÉGIAS DE DESVIO DE ATENÇÃO

Elas assumem muitas formas, mas todas se baseiam no mesmo princípio: podemos moderar o impacto de uma emoção desviando nossa atenção. Pode ser tão simples quanto desviar o olhar de alguém e evitar um encontro estressante ou tão reflexivo quanto falar consigo mesmo, como se estivéssemos falando com um amigo que está sob pressão, dizendo-lhe para se visualizar numa bela praia.

Quando está esperando na fila do caixa, você verifica seu feed do Instagram? Isso é distração. Muito comum nos dias de hoje. Não é muito útil. Você poderia ter dedicado esses momentos para pensar numa nova ideia de negócio ou planejando suas férias. Ainda assim, é melhor do que ficar naquela fila soltando fogo pelas ventas.

Ou então a fatura do seu cartão de crédito vence amanhã e seu saldo em conta corrente está baixo, aí você ameniza a angústia prometendo mudar seus hábitos de gastos e começar a economizar. Se isso o faz se sentir melhor, ótimo. É uma boa maneira de evitar momentos como este no futuro. Mas desviar a atenção não vai pagar a conta que o encara.

Você está uma pilha de nervos esperando o resultado de um exame de sangue, então decide fazer uma maratona na Netflix. Melhor do que sofrer. Está tão frustrado com sua incapacidade de perder peso que apenas o sorvete vai aliviar a dor? Isso pode ajudá-lo nos próximos quinze minutos, mas talvez não seja a estratégia perfeita daqui para a frente, a fim de atingir essa meta específica.

A lista de distrações potenciais é infinita. Tudo, desde sonhar acordado até drogas. Comida – sobretudo os lanches – é uma ótima estratégia de curto prazo, não difere de outros intensificadores de humor recreativos pela capacidade de fornecer conforto físico que supera a ansiedade mental. É essa onda de açúcar na corrente sanguínea que provoca uma onda de prazer no cérebro. Se você come porcarias como estratégia de regulação apenas de vez em quando, é como o restante de nós. Se isso acontece três vezes ao dia, você pode ter algumas questões emocionais *e* físicas para lidar.

É possível nos distrairmos a tal ponto que evitamos lidar com qualquer coisa difícil, mesmo quando nossa vida seria melhorada pelo enfrentamento da realidade e fazendo algo a respeito. O que comumente chamamos de "negação" é apenas uma forma extrema de distração, semelhante a ignorar os inúmeros alertas que nos são dados durante uma crise.

Ainda assim, é uma forma de regulação da emoção.

A procrastinação é uma forma popular de criar alguma distância emocional usando o tempo em vez do espaço. Se uma situação está causando estresse, decida que você vai lidar com isso na próxima semana, ou no próximo mês, ou em algum ponto indefinido no futuro. *Puf*, acabou. Os políticos adoram isso – essa estratégia de "empurrar com a barriga" permite que evitem lidar com promessas de campanha e outros compromissos. A procrastinação deve ser eficaz, caso contrário, não faríamos uso tão abundante dela. Porém, como outras soluções fáceis e baratas, tem muito potencial para causar danos e pouco potencial para nos ajudar.

A "conversa interna" é algo que todos nós fazemos uma vez ou outra – é simplesmente expressar nossos pensamentos em silêncio, como se estivéssemos falando conosco em voz alta. O melhor da conversa interna é sua facilidade, pois todos nós falamos conosco de vez em quando. Muitos de nós não são particularmente gentis ao fazer isso. Pense nas ocasiões em que você se chamou de idiota quando algo deu errado. A conversa interna positiva requer apenas que sejamos gentis e empáticos quando o fazemos. O desafio, como aprendemos, pelo menos nas culturas ocidentais, é que nosso viés de negatividade inato contribui para que nossa conversa interna seja negativa, isso sem mencionar todas as conversas negativas que captamos de nossos pais e colegas. Não podemos simplesmente deixar as conversas negativas para lá – precisamos substituí-las. A autocrítica severa ativa o sistema nervoso simpático (lutar/fugir) e eleva os hormônios do estresse. A autocompaixão, por outro lado, ativa o sistema de cuidado dos mamíferos e os hormônios da afiliação e do amor, como a oxitocina.

Os pesquisadores Ethan Kross, da Universidade de Michigan, e Jason Moser, da Universidade Michigan State, estudaram como nosso cérebro reage à conversa interna. Em particular, compararam o que acontece quando nos dirigimos a nós mesmos na terceira pessoa, em vez de usar a primeira pessoa, o que significa que eu começaria dizendo: "Bem, Marc...", como se estivesse falando com alguém, não comigo. Pode parecer não fazer muita diferença, mas acaba sendo significativo.

Num experimento, os participantes viram imagens neutras e perturbadoras ou foram solicitados a relembrar momentos negativos de sua vida. Ao monitorar a atividade cerebral emocional, os pesquisadores descobriram que a angústia dos participantes diminuiu rapidamente – dentro de um segundo –, quando conversavam consigo mesmos na terceira pessoa, em comparação com quando falavam na primeira pessoa.

Por que isso faria diferença? Jason Moser escreveu: "Essencialmente, achamos que referir-se a si mesmo na terceira pessoa leva os indivíduos a pensarem sobre si mesmos de forma semelhante ao modo como pensam sobre os outros, e você pode ver evidências disso no cérebro. Isso os ajuda a obter um mínimo de distância psicológica de suas experiências, o que muitas vezes pode ser útil para regular as emoções." Isto é, a conversa interna na terceira pessoa é uma maneira de ter empatia com você mesmo.

Eu me pego usando a conversa interna para regular meu humor o tempo todo. Achei muito útil ter frases preferidas para diferentes fins. Quando começo a pensar de forma catastrófica, digo: "Marc, você está inventando isso." Quando estou sobrecarregado, antes de dormir, digo: "Marc, você sabe que esse sentimento é passageiro. Vá para a cama. Você vai ficar bem pela manhã."

Às vezes, a conversa interna é mais elaborada. Dou seminários para grupos em todo o mundo. Em grande parte das ocasiões, sou enérgico e entusiasmado com minha missão e com as pessoas que querem aprender sobre ela. Em alguns momentos, porém, quando é a terceira palestra em dois dias, e acontece no final de uma longa sessão de trabalho, tudo o que quero fazer é deitar no meu quarto de hotel e assistir à TV. Em vez disso, preciso me levantar e atuar pelas três horas seguintes.

Aqui está o que digo a mim mesmo:

"Marc, você está prestes a falar com cem superintendentes escolares. Eles supervisionam dezenas de milhares de professores, cada um deles fica à frente da sala de aula o dia todo, educando centenas de milhares de crianças. E agora você tem a oportunidade de compartilhar algo que pode ter um efeito profundo na vida dessas crianças. O que acontecer esta noite ajudará essas crianças a aprender melhor e ter sucesso não só na escola, mas na *vida*."

"Uau!", respondo. "Como tenho sorte por estar nesta posição!" E assim fico empolgadíssimo e pronto para ir realizar a palestra.

ESTRATÉGIAS DE REENQUADRAMENTO COGNITIVO

"Não há nada de bom ou ruim, tudo depende daquilo que pensamos", diz Hamlet. Essa ideia é a base para nosso quarto método, mais sofisticado, intelectualmente engajado de regulação da emoção – *estratégias de reenquadramento cognitivo*, mais conhecido na literatura científica como *reavaliação cognitiva*.

Em certo sentido, isso pode ser visto como um desdobramento da terapia cognitivo-comportamental, na qual as pessoas são encorajadas a buscar maneiras alternativas de encarar suas dificuldades como um caminho para chegar ao equilíbrio diante delas.

Para nossos propósitos, usamos a reavaliação como uma forma de reimaginar ou ressignificar o que quer que esteja desencadeando uma experiência emocional e, então, reagir a essa nova interpretação.

Um exemplo: você vai tomar o café da manhã, deseja bom-dia a seu cônjuge e é recebido com um olhar carrancudo em vez da saudação calorosa de sempre. Se sua primeira reação é pensar que não fez nada para merecer tamanha grosseria, você pode guardar rancor o dia todo (ou pelo menos até o jantar). Pode até responder na mesma moeda, o que apenas perpetuará o mau humor.

Em vez disso, você pode fazer uma pausa e considerar motivos alternativos para o que acabou de acontecer. Talvez seu parceiro ou sua parceira esteja ansioso com algo que tem medo de mencionar para você. Talvez esteja furioso com um problema de trabalho que não tem nenhuma relação com você, mas que o fez se sentir humilhado e magoado. Essas possibilidades podem lembrá-lo de que seu parceiro nunca é tão rude em circunstâncias normais e, de repente, você está se sentindo empático e se perguntando como pode ajudar. Dessa forma, sua resposta emocional foi regulada, para o benefício de todos.

Os princípios básicos do reenquadramento são: escolhemos conscientemente ver uma situação de uma forma que gere o mínimo de emoção negativa em nós ou, então, tentamos assumir a perspectiva da pessoa e presumir a melhor intenção. Por exemplo, se um balconista é rude e desdenhoso, poderíamos pensar: esse cara está sendo um idiota comigo ou ele obviamente tem um problema real com mulheres, ou talvez ele pense que eu não tenho dinheiro suficiente para comprar aqui. Tudo isso tornaria você, pelo menos indiretamente, responsável pelo comportamento do balconista. Com o reenquadramento, podemos pensar: esse cara deve realmente odiar o trabalho, ou, então, será que ele acabou de receber más notícias? Ambas as hipóteses podem transformar seu ego ferido em sentimentos de compaixão ou até mesmo em curiosidade.

O objetivo do reenquadramento não é apenas regular sentimentos feridos. Digamos que você seja um professor em seu primeiro dia numa nova escola e a reunião do corpo docente o deixou desanimado – todos os professores parecem tão inexperientes e mal preparados. Em vez de se desesperar, você pode enxergar isso como uma chance de orientar colegas mais jovens e ter um impacto em toda a escola e, portanto, sair entusiasmado da reunião em vez de deprimido.

Aqui está um exemplo de um experimento realizado com funcionários de uma grande instituição financeira. Ao longo de uma semana, um grupo de trabalhadores assistiu a vídeos sobre os efeitos prejudiciais do estresse – prejudicial à saúde, prejudicial ao desempenho no trabalho, um obstáculo ao aprendizado e ao crescimento. Um segundo grupo de trabalhadores viu vídeos contendo a mensagem oposta – que o estresse é realmente bom para a saúde, inspirando um melhor desempenho no trabalho, bem como aprendizado e crescimento.

Os participantes que assistiram aos vídeos do "estresse positivo" três vezes por semana tiveram uma redução significativa nos sintomas negativos à saúde e um aumento no desempenho no trabalho em comparação com aqueles que assistiram aos vídeos do "estresse negativo". Outros estudos mostram que as pessoas que endossam a mentalidade que aumenta o estresse têm um desejo mais forte de receber feedback.

Uma pesquisa feita em Harvard encontrou resultados semelhantes. Os alunos que foram solicitados a pensar na ansiedade pré-teste como benéfica tiveram um desempenho melhor nos exames do que o grupo de controle. Em outro experimento, o reenquadramento da ansiedade como empolgação melhorou as habilidades de negociação e de falar em público.

Estudos usando medidas funcionais de fMRI – imagem por ressonância magnética funcional – de ativação cerebral descobriram que a reavaliação diminui significativamente a atividade na amígdala, uma área do cérebro que se torna ativada quando experimentamos emoções fortes. Em vez disso, ela ativa as áreas corticais temporais laterais do cérebro, que nos ajudam a modular as respostas emocionais.

Como acontece com todas as estratégias de regulação, o reenquadramento também tem o potencial de causar danos.

Imagine esta situação: você está numa festa quando seu cônjuge faz um comentário que o envergonha. Você está prestes a explodir e a sair do local, contudo, em vez disso, resiste ao impulso, faz uma série de respirações conscientes e reconsidera o que acabou de acontecer.

"Não havia a *intenção* de me humilhar", você diz a si mesmo. Isso pode ajudar. Pelo menos, agora você acredita que seu cônjuge não fez que você passasse vergonha de forma intencional.

"Ele bebeu demais", você raciocina. Isso também pode diminuir a dor. Agora os martínis são os culpados.

"Estou sendo hipersensível, não foi nada de mais", você decide. E isso é possível – talvez você esteja apenas cansado e se sentindo mais frágil do que o normal. Talvez seja a única pessoa que achou inapropriado aquilo que seu cônjuge disse.

Reenquadrar o incidente apaziguou a situação e evitou uma cena feia, então podemos considerar que foi uma regulação bem-sucedida de uma emoção muito forte.

Ou não.

Mesmo cenário. Você conduz a mesma conversa interna para ajudá-lo a lidar com a situação sem explodir. Até você se lembrar de que é a terceira vez que algo assim acontece nos últimos dois meses. E, no fundo, acredita que talvez as intenções não fossem tão ingênuas e que seu cônjuge sentiu alguma satisfação quando todos riram às suas custas. E ele anda bebendo demais nos últimos tempos. Você percebe que não estava sendo hipersensível – qualquer pessoa ficaria indignada com o que foi dito no meio de uma festa lotada.

Isso significa que o reenquadramento tem permitido que você viva em negação ou desconsiderando algo doentio que se desenrola entre vocês dois. Seu cônjuge está atacando você de forma passivo-agressiva e, por algum motivo, você permite que isso aconteça. Você não o questionou, nem mesmo admitiu para si mesmo como se sente mal. Sua relutância é compreensível, pois assim que se enfrentam os sentimentos, é preciso fazer algo em relação a eles. Pode não ser fácil. Mas até que isso venha à tona e você comece a lidar com eles, em vez de usar a regulação para eliminar sua existência, nada vai melhorar.

E é assim que às vezes pode funcionar a reavaliação cognitiva, uma estratégia muito inteligente e útil – além de persuasiva – para a regulação emocional.

Quando se trata de reavaliação, precisamos nos perguntar: estou fazendo isso apenas para evitar um problema difícil, sensível? Estou fazendo isso porque sei que lidar com a questão vai levar a uma conversa longa, torturante e angustiante? Nesse caso, a reavaliação pode ser uma solução útil para o curto prazo. Você está a caminho de uma festa, por exemplo, e não é o momento ideal para um enfrentamento doloroso. Mas também é uma estratégia fraca a longo prazo, pois evitar a questão neste momento só vai garantir que ela ressurja adiante.

É por isso que devemos fazer um esforço para nos tornarmos cientistas da emoção. Precisamos nos checar regularmente para avaliar nossos sentimentos com honestidade, sem nos julgar por tê-los. Cada vez que acreditamos que empregamos com sucesso uma estratégia para regular nossos sentimentos, temos que nos questionar: isso tem funcionado (por enquanto), mas o que foi resolvido (a longo prazo)?

O METAMOMENTO

Aqui estamos, finalmente, no auge da regulação da emoção, a mais complexa e, potencialmente, a mais gratificante das habilidades do método RULER. Mas há um problema.

Como sabemos, nossas melhores tentativas de reflexão calma e cuidadosa só funcionam quando nos sentimos no controle das emoções. Se você está transbordando com ressentimentos ou vencido pela decepção, é improvável que seja capaz de ter o raciocínio necessário para ver a situação sob um novo ângulo. Nesse cenário, você precisaria, em primeiro lugar, baixar a temperatura emocional para diminuir a ativação e dar a si mesmo o espaço necessário para o pensamento racional. Talvez você respire fundo algumas vezes, recue um pouco, dê uma volta no quarteirão.

Então é possível que esteja pronto para o MetaMomento.

Uma década atrás, Robin Stern, psicanalista e diretora associada de nosso Centro, e eu estávamos nos perguntando por que tantas pessoas são viciadas em estratégias que as impedem de alcançar seus objetivos. Robin trabalhou com centenas de pacientes que não tiveram sucesso mesmo depois de se debruçarem sobre estratégias de aprendizagem, e observei crianças em idade escolar e educadores que não empregavam as estratégias que aprendiam, mesmo quando sabiam que eram úteis.

Muitos de nós foram expostos a estratégias destrutivas desde cedo – conversas negativas, gritos, acusações e assim por diante. Elas requerem pouco controle cognitivo, mas costumam ser eficazes como escape de sentimentos negativos e para fornecer gratificação (temporária). Só que deixamos de perceber que essas estratégias também podem arruinar nossos relacionamentos. Elas fracassam ao ignorar as consequências de longo prazo e nos impedem de alcançar nossos objetivos.

Precisávamos sugerir algo que ajudasse as pessoas a encontrar estratégias benéficas por conta própria.

Então desenvolvemos uma ferramenta que chamamos de MetaMomento. Em termos mais simples, é uma pausa. O MetaMomento envolve pisar no freio e mudar o ritmo. Chamamos isso de *meta* porque é um momento sobre um momento. Costumamos associá-lo a uma contagem, como em "um, dois, três", ou mesmo de um a dez, dependendo da gravidade da emoção que estamos lutando para controlar. Respirar fundo uma ou mais vezes também pode funcionar. Qualquer coisa para nos dar um pouco de espaço para manobrar e desativar a emoção.

É aqui que interrompemos a ação e dizemos: "Estou ouvindo isso corretamente?" Ou ainda: "Preciso fazer uma pausa e respirar fundo agora para não perder a cabeça, não cair no choro ou reagir de uma forma que provavelmente me causará arrependimento." Olhar para o conflito de modo impassível pode nos ajudar a superar o primeiro impulso e a descobrir uma reação melhor. Como escreveu o autor e consultor Justin Bariso: "Fazer uma pausa ajuda você a não tomar uma decisão permanente com base em uma emoção temporária."

Instintivamente, sentimos que isso vai ajudar, e a biologia prova que estamos certos. Fazer uma pausa e respirar fundo ativa o sistema nervoso parassimpático, que reduz a liberação de cortisol, um dos principais hormônios do estresse, baixando naturalmente a temperatura emocional.

A pausa também nos dá a chance de fazer rapidamente algumas perguntas que podem ser úteis, tais como: "Como lidei com situações assim no passado?", "O que a minha melhor versão faria agora?". Essa pessoa ideal e hipotética abrange atributos que usaríamos para descrever o que temos de melhor a partir de nossa perspectiva e da perspectiva dos outros – como gostaríamos de ser vistos e considerados. Para alguns, é um conjunto de adjetivos, como compassivo, inteligente ou consciencioso; para outros, pode ser uma imagem ou um objeto. Uma grande amiga que é diretora de uma escola secundária tem um Smurf sobre a mesa para lembrá-la de ser sua melhor versão.

Visualizar nossa melhor versão desvia a atenção do "gatilho", transferindo-a para nossos valores. Isso nos ajuda a escolher uma estratégia de regulamentação útil – como a conversa interna positiva ou a reavaliação – e depois termos uma reação adequada.

Há alguns anos, tive um aluno que levantou a mão na aula e disse: "Tenho uma pergunta que acho *que nem você saberá* responder." Dizer que fiquei irritado é um eufemismo; a arrogância funciona como um forte gatilho para mim. Eu queria responder: "Posso não saber a resposta, mas lembre-se de que dou nota a seus trabalhos." Eu teria acrescentado também alguns palavrões. Em vez disso, recorri à minha versão de "professor de inteligência emocional" e falei: "Que tal se eu receber perguntas dos outros alunos agora e a gente conversar depois da aula?" Depois, informei a ele, com educação, que a pergunta poderia ter sido formulada de forma mais diplomática.

Mais recentemente, eu estava fazendo uma apresentação para um grande grupo quando uma mulher contestou uma conclusão a que eu havia chegado. Ela não fez apenas uma pergunta ou deu uma opinião divergente. Ela me abordou com a intenção de me menosprezar. "Muitos de nós na sala não concordaríamos necessariamente com esse modelo", afirmou ela. Meu primeiro impulso foi responder à altura e envergonhá-la na frente de seus colegas com um comentário como "Muitos de nós, ou seja, você e suas trinta personalidades". No entanto, não me permiti aquele prazer mesquinho. Então, afastei-me do momento, visualizei minha melhor versão como "o mestre dos sentimentos" e parei como se estivesse formulando uma resposta. Naquela pequena janela de tempo, eu me acalmei, fiz um comentário sem menosprezá-la e segui em frente. "Adoraria entrar em contato com você mais tarde para ouvir suas opiniões", respondi. Ninguém naquela sala soube como cheguei perto de perder a cabeça. A verdade é que, alguns anos antes, eu provavelmente teria desmoronado.

O MetaMomento não serve apenas para diminuir e regular as emoções desagradáveis. Às vezes, nossa melhor versão nos ajuda a defender o que é certo. Certa vez, durante um discurso, um colega me provocou de uma maneira incomum, brincando com o bullying que sofri quando criança. Odeio admitir, mas meu primeiro impulso foi correr para o palco e dar um chute na cabeça dele. Voltei a me sentir como aquele jovem estudante sendo empurrado no vestiário. Contudo lancei mão de um MetaMomento e esperei até depois da apresentação, quando fui até ele e disse: "Não tenho ideia do que o motivou a dizer aquelas palavras, mas não foi legal e você não pode fazer isso de novo."

Eu considero esses exemplos vitórias do MetaMomento.

Você é habilidoso para aproveitar um MetaMomento? Que adjetivos caracterizam sua melhor versão? Quais são as estratégias que costuma empregar quando seu gatilho é acionado ou é pego desprevenido? Você ignora seus sentimentos, faz cena ou encara a situação?

Quando seu chefe critica seu trabalho e você se sente desapontado, desanimado ou ressentido, você tem sucesso ao lançar mão de um MetaMomento, dizendo a si mesmo algo como "O feedback é um presente, há sempre alguma coisa que posso aprender"?

Quando sua filha não quer fazer o dever de casa, você discute, ameaça, implora, faz uma careta de horror, explode de raiva, ou respira fundo, evoca sua melhor versão, pensa sobre a estratégia mais eficaz com a criança e age com calma?

Aqui estão as etapas a serem seguidas para que você possa começar a praticar o MetaMomento.

1. *Sinta a alteração*: Você é acionado, pego de surpresa ou tem um impulso de dizer ou de fazer algo que pode causar arrependimento. Há uma alteração em seu pensamento ou fisiologia, ou em ambos.
2. *Pare ou faça uma pausa!* Crie o espaço antes de responder. Recue e respire. Respire novamente.
3. *Visualize sua melhor versão.* Você imagina sua melhor versão.

Pensa em adjetivos ou até mesmo numa imagem que ajude *sua melhor versão* a aparecer em detalhes vívidos. Você também pode pensar sobre sua reputação: como deseja ser visto, citado e considerado? O que faria se alguém que respeita estivesse assistindo?
4. *Crie estratégias e aja.* Você busca seu kit de ferramentas do método RULER (por exemplo, a conversa interna positiva ou o reenquadramento) e escolhe o caminho que o ajudará a fechar a lacuna entre seu eu "acionado" e sua melhor versão emergente. (Sempre a última etapa.)

Há alguns aspectos finais da Regulação que precisamos considerar. Como a regulação da emoção requer capacidade intelectual – isto é, trata-se de um trabalho árduo passar de estratégias automáticas e inúteis a estratégias deliberadas! –, ela depende de fatores aparentemente não relacionados, como alimentação balanceada, exercícios e sono. Quando comemos mal, nossa mente não funciona corretamente. Açúcar demais ou grãos refinados em excesso fazem com que a glicemia suba e depois despenque, o que afeta o funcionamento cognitivo e o autocontrole. Solução fácil: certifique-se de ter alguns lanches saudáveis em sua mesa no trabalho ou defina um lembrete em seu celular para garantir que você mordisque alguma coisa a cada três horas ou mais.

Pouca atividade física tem um efeito negativo em nossa capacidade mental e nosso humor. Em um estudo, os indivíduos foram expostos a um fator estressante e, em seguida, metade dos participantes fez exercícios aeróbicos, enquanto os outros não. Os praticantes de exercícios relataram se sentir significativamente menos negativos do que os do outro grupo. Até a ansiedade e a depressão podem ser reduzidas com exercícios. Pesquisas demonstram como a prática regular de ioga pode ser benéfica tanto para a saúde mental quanto para a física.

Sono de má qualidade ou insuficiente tem efeitos semelhantes sobre nossas emoções. Quando estamos cansados, nossas defesas ficam baixas, assim como nossa capacidade mental. O sono tem uma função restauradora. Quando não dormimos o suficiente ou dormimos demais, apresentamos mais sintomas de ansiedade e depressão, maior fadiga e hostilidade. O sono inadequado está associado a conexões reduzidas entre as regiões cerebrais responsáveis pelo controle cognitivo, o comportamento e o uso de estratégias eficazes de regulação da emoção.

Existem mais duas medidas que podemos tomar para salvaguardar nosso bem-estar geral. A primeira é fazer coisas que amamos. Passar tempo com a família e os amigos, cultivar paixões e passatempos, entrar em conexão com o lado espiritual, ter contato com a natureza, ler um bom livro, assistir a um filme engraçado. Assim, acumulamos reservas cognitivas, o que nos ajudará quando a turbulência emocional inevitavelmente ocorrer. Estamos programados para buscar apoio e contato social – as pessoas que carecem deles são propensas a ansiedade, depressão e doenças cardiovasculares.

A segunda medida é praticar a respiração consciente, que talvez seja a estratégia de prevenção definitiva. Como aprendemos, a prática diária aumenta nossa capacidade de estar presente, de aceitar os sentimentos conforme eles vêm e vão, e não ser excessivamente reativo ou sufocado por eles.

Reúna tudo o que você já sabe sobre como manter uma boa saúde física e mental e aplique à sua aptidão emocional. Está tudo conectado.

Com isso, concluímos nosso ensinamento sobre a última habilidade do método RULER. Mas ainda não terminamos.

Aprender as cinco habilidades do método RULER, e como e por que elas funcionam, é essencial. Mas é apenas o início de sua formação. Agora começa o momento em que você coloca todas elas em prática.

Não é tão simples aprender cinco habilidades inter-relacionadas de uma só vez. Pense em como foi aprender qualquer habilidade que você possui agora. Por exemplo, precisei de quatro anos de prática diária para obter a faixa preta e outros dez anos para obter a faixa preta de quinto dan. Assim como aprender uma arte marcial, desenvolver habilidades emocionais leva tempo. Dá trabalho. Requer prática. É preciso abertura para receber feedbacks. É preciso refinamento.

Devido à natureza emocional dessas habilidades específicas, você pode descobrir que é melhor em umas do que em outras. Certamente é assim para mim. Eu sei que muitas vezes sou melhor no Reconhecimento, na Compreensão e na Rotulagem do que na Expressão ou na Regulação. Suponho que isso significa que sou melhor nas partes teóricas do método RULER do que em colocá-las em ação. Recentemente, após um longo e exaustivo dia de voos atrasados, conexões perdidas e outras irritações, senti que estava à beira de um colapso. Então eu me perguntei: se um professor universitário com doutorado em psicologia tem dificuldade em regular as emoções, como deve ser para uma criança de 9 anos ou para um adulto sob pressões genuinamente desafiadoras com pouco ou nenhum treinamento nas emoções? Isso me acalmou rapidamente. Também me lembrou de quanto trabalho precisa ser feito para garantir que todas as crianças recebam uma educação emocional.

Acho que Mike Tyson estava certo quando disse: "Todo mundo tem um plano até levar um soco na boca." Isso é verdade no ringue de boxe e também em todos os lugares. É fácil dizer que a partir de agora vamos dominar todas as nossas reações emocionais, até que nosso cônjuge, filho irritadiço ou chefe irracional ative um de nossos gatilhos com uma palavra ou um olhar e, de repente, todo o treinamento do método RULER vá por água abaixo.

Portanto, junto com a permissão para sentir, devemos também nos dar permissão para falhar. Quando isso acontece, só nos resta tentar de novo – respirar fundo uma ou duas vezes, imaginar o que temos de melhor e recomeçar com o primeiro passo, o Reconhecimento. Nesses momentos, também precisamos de coragem para nos desculpar e nos perdoar como perdoaríamos os outros. A coragem pode ser buscar ajuda profissional quando tudo o mais não funciona.

Nunca vamos parar de trabalhar em nossas melhores versões. No entanto, a recompensa vale a pena: saúde melhor, decisões melhores, relacionamentos melhores, tudo melhor.

Naturalmente, nem todo o domínio emocional do mundo ajudará se o resto das pessoas ainda estiver empregando as antigas e más regras de relacionamento. Como tio Marvin e eu descobrimos há décadas, não basta ensinar essas habilidades às crianças em idade escolar. Os professores também devem se tornar cientistas da emoção. Assim como os pais e todos aqueles que tiverem alguma influência em sua vida, incluindo os chefes e colegas de trabalho. É isso que vamos abordar na próxima seção.

PARTE TRÊS

COMO APLICAR HABILIDADES EMOCIONAIS PARA MAXIMIZAR O BEM-ESTAR E O SUCESSO

9 Emoções no lar

Uma mulher me abordou depois de um seminário que fiz para pais e cuidadores. Ela sussurrou: "Podemos falar em particular? Estou realmente preocupada com meu filho."

"Claro. Conte-me o problema."

"Temo que ele não tenha inteligência emocional", disse ela. "Ele anda jogando as coisas no chão e é agressivo demais. É diferente de meu filho mais velho, que é sociável e altamente habilidoso. Estou muito preocupada. Meu marido e eu estamos péssimos. Será que devo levá-lo a um psicólogo?"

Fiz algumas sugestões para que ela pudesse apoiar o filho e ajudá-lo a regular as emoções, mas ela respondeu: "Não podemos usar nenhuma dessas estratégias."

"Por que não?"

"Porque ele tem apenas 11 meses."

Fiquei atônito. A primeira coisa que passou pela minha cabeça foi dizer: "Sim, eu acho que devem procurar um psicólogo... para *você*." Em vez disso, respirei e sugeri com delicadeza que talvez ela estivesse preocupada demais com a inteligência emocional do filho e que poderia esperar um pouquinho mais antes de procurar ajuda profissional.

Todos nós chegamos a este mundo programados de forma diferente no que diz respeito às emoções. Cada um de nós tem um limiar diferente para ser provocado, acionado, estimulado, sobressaltado. Alguns vivenciam os sentimentos com mais intensidade do que outros. Nós nos recuperamos de reações emocionais em velocidades diferentes. Mas essas diferenças individuais não determinam se conseguiremos desenvolver habilidades emocionais. Pesquisas mostram que mesmo crianças altamente reativas, criadas em famílias amorosas, podem se sair bem.

Claro que estamos todos preocupados com a vida emocional de nossos filhos. Sabemos o que está em jogo – praticamente tudo. Como já vimos, o bem-estar físico e mental, a capacidade de aprender na escola, o sucesso futuro no trabalho e na própria família, tudo depende disso. Não há indicativo melhor de como nos saímos como pais do que o bom desempenho de nossos filhos. Poucas influências podem se comparar às da família e do lar.

Mas que lar?

Há o lar onde fomos criados, onde nossa vida emocional se formou. Não nascemos conhecendo as emoções; em geral, respondemos a estímulos – estamos com fome, estamos com frio, nos sentimos desconfortáveis por alguma razão então reagimos. A natureza fornece essa resposta para garantir que recebamos a atenção de que precisamos para sobreviver à infância. Tudo o mais é aprendido no ninho.

Pelo caminho, à medida que aprendemos o que precisamos para ser adultos e sustentar uma casa ou família, absorvemos as experiências emocionais, como o ar que respiramos. Carregamos esses padrões emocionais conosco – os bons e os maus –, muitas vezes reproduzindo-os. E em nosso novo lar, o ciclo se repete, construído sobre os alicerces emocionais daquele onde começamos.

Muitos de nós passam a vida tentando ao máximo evitar exatamente esse destino. Nós nos esforçamos para ser tudo *menos* como nossos pais. E então, de forma inevitável, chega o momento em que nos ouvimos dizer: "De onde veio isso?" De repente, percebemos que viemos carregando nossos pais dentro de nós por toda a vida.

Quando há dois adultos construindo uma família, há ainda mais heranças emocionais naquele lar. E mesmo sem a presença de filhos –

ou caso você more sozinho –, esse passado está sempre em algum lugar dentro de você.

Diante disso, que medidas podemos tomar para criar ambientes domésticos saudáveis, lugares onde nossos filhos e entes queridos se sintam apoiados, valorizados, estimados, compreendidos, *ouvidos*? Casas cheias de paciência, aceitação, humor e alegria?

Poucos pais de hoje discordariam da ideia de que seus filhos se desenvolverão melhor se forem muito amados. Nem sempre foi assim. No início do século XX, os campos da psicologia infantil e do desenvolvimento estavam divididos sobre a melhor forma de criar os filhos, especialmente em relação aos méritos da rigidez ou da clemência, da disciplina ou da ternura. O presidente da Associação de Psicologia Americana, John B. Watson, advertiu em 1915 que amor demais e excesso de acolhimento eram perigosos para as crianças e que a vida delas seria estragada por excesso de carinho.

Hoje, nada poderia soar mais equivocado ou prejudicial. As pesquisas científicas atuais sobre o apego dos filhos aos pais, sobre o poder de sentir que é visto e percebido e sobre os benefícios do consolo mostram uma coisa: as crianças se saem melhor quando recebem demonstrações de amor e carinho.

No entanto os pais parecem ambivalentes quando se trata da vida emocional dos filhos. Eu encontro muitos pais resistentes ao método RULER, que pensam que estou defendendo que todos se sentem em círculo no chão da sala de estar para *falar de seus sentimentos* até enjoar. Eles veem nosso trabalho como uma forma de mimar excessivamente as crianças e não como uma preparação para a vida real.

O que esses pais não percebem é que o foco nas habilidades emocionais envolve *habilidades* reais e práticas.

A permissão para sentir não significa ficar obcecado sempre que alguém é mau para nós ou nos ignora. Na verdade, é exatamente o oposto – significa desenvolver a habilidade de superar esses momentos, de aprender com eles e continuar a funcionar normalmente. As habilidades emocionais são um baluarte contra a epidemia de raiva, bullying, desinteresse, ansiedade e pavor que está por aí, especialmente entre os jovens. Elas eliminam os entraves mais persistentes para a criatividade, os relacionamentos, as decisões e a saúde.

A permissão para sentir *fortalece*. Nem sempre é fácil enfrentar a verdade sobre quem somos e levar em consideração nossa vida emocional e a de nossos filhos. Mas é muito melhor do que a alternativa: negação, reação exagerada e assim por diante. Você ensina seus filhos a expressar suas emoções, expressando as suas com habilidade. Por outro lado, se você reluta em expressar seus sentimentos, ou se faz isso apenas em raras ocasiões, com o mínimo de palavras possível, então é isso que seus filhos aprenderão a fazer quando crescerem. É por isso que nós, adultos, precisamos estar abertos para aprender e praticar estratégias em nossa vida emocional antes de podermos apoiar nossos filhos.

Os pesquisadores descobriram muitas maneiras pelas quais as emoções dos pais afetam as de seus filhos:

Crenças sobre sentimentos. Pesquisadores da família, como John Gottman, e psicólogos do desenvolvimento, como Amy Halberstadt, mostraram que os pais que valorizam as emoções tendem a estar atentos aos sentimentos dos filhos e são capazes de agir como treinadores. Eles não respondem com ameaças de castigo quando os filhos expressam raiva ou tristeza. Em vez disso, encaram os sentimentos fortes como uma parte central do desenvolvimento saudável. Os pais que veem as emoções como prejudiciais ou perturbadoras são aqueles que ordenam que os filhos "engulam o choro" e veem as manifestações emocionais das crianças como manipulação. Esses são os mesmos que mascaram as próprias emoções e transmitem mensagens implícitas de que os sentimentos não são importantes.

Mesmo quando reconhecemos as emoções dos outros, temos que ser cuidadosos sobre *o modo* como o fazemos. Meninos e meninas costumam receber diferentes mensagens dos pais sobre as emoções. E essas diferenças de gênero tendem a aumentar com a idade: Nancy Eisenberg, professora de psicologia do desenvolvimento na Arizona State University, relatou que há poucas diferenças de gênero em crianças em idade pré-escolar, mas no segundo ano surgem disparidades maiores. Por exemplo:

- As mães falam mais com as filhas sobre sentimentos e demonstram uma gama mais ampla de sentimentos para as filhas do que para os filhos.
- Os pais desencorajam os meninos a expressar vulnerabilidade emocional e usam uma linguagem mais dura com os filhos do que com as filhas.
- Quando os pais contam histórias para seus filhos em idade pré-escolar, usam mais palavras emocionais com as meninas do que com os meninos.
- As mães sorriem mais e são mais expressivas com bebês e crianças pequenas do sexo feminino do que com meninos, e falam mais sobre a tristeza com as filhas e mais sobre a raiva com os filhos.

Vocabulário de emoção. A maioria de nós não tem consciência da importância do vocabulário para as habilidades emocionais. Como vimos, o uso de muitas palavras diferentes implica distinções valiosas – nem sempre estamos simplesmente zangados, mas às vezes estamos aborrecidos, irritados, frustrados, enojados, exasperados e assim por diante. Se não podemos discernir a diferença, isso sugere que também não podemos entendê-la. É a diferença entre uma vida emocional rica e uma empobrecida. Seu filho herdará aquela que você fornecer.

Num estudo, pesquisadores descobriram que as mães que usavam uma linguagem mais sofisticada ao falar de sentimentos tinham filhos que eram melhores na regulação das próprias emoções. Os autores escreveram: "A capacidade de falar sobre o próprio estado afetivo tem sua importância mais óbvia para regular o afeto em seu poder de recrutar os outros como fontes de ajuda ou conforto." Isso significa, essencialmente, que se as mães e os pais usarem muitas palavras para descrever as emoções, em vez de apenas algumas palavras básicas, seus filhos serão mais capazes de expressar seus sentimentos aos outros. Eles também serão mais empáticos.

Corregulação. Os pesquisadores usam o termo *corregulação* para se referir ao modo como afetamos os sentimentos mútuos, modulando os sentimentos dos outros para cima ou para baixo por meio de nossas próprias ações. Na díade pai-filho, o filho é um participante ativo em sua própria regulação, mas o pai é a fonte da estratégia.

No nível mais básico, inclui a capacidade de resposta e a sensibilidade do cuidador, bem como métodos para proteger a criança contra o estresse e criar rotinas para promover uma sensação de segurança. Para crianças pequenas, pode incluir estratégias como distração: "Você parece chateado. Está com raiva porque ele pegou seu brinquedo? Vamos brincar com este outro brinquedo aqui."

Outra forma envolve a autorregulação emocional das crianças por meio de estímulos: "O que aconteceu? Como você está se sentindo? Como quer se sentir?" O adulto pode agir como um parceiro para fornecer apoio na resolução de problemas. "Por que você não o deixa brincar com o seu brinquedo? Depois de dois minutos, vou me certificar de que ele vai devolver." E uma reavaliação: "Talvez ele tenha pensado que era dele, e não seu. Eu vejo que tem um muito parecido atrás dele."

E ainda outra estratégia é o estímulo metacognitivo, que enfatiza o empoderamento das crianças para gerar e/ou escolher estratégias alternativas de regulação da emoção: "Existe outra maneira de pensar sobre o que aconteceu? O que você poderia fazer em vez disso? O que funcionou antes quando você se sentiu assim?"

Sou um bisbilhoteiro obsessivo das famílias quando estou em áreas públicas. Para mim, é pesquisa. Às vezes encontro pais habilidosos que estimulam o desenvolvimento das habilidades emocionais dos filhos. Mas nem sempre.

Foi o que ocorreu certa manhã enquanto eu tomava café da manhã num restaurante de hotel:

"Vai se acalmar *agora*", disse o pai à filha, que parecia ter cerca de 3 anos. "Obrigado por arruinar nosso dia." Eu não saberia dizer o que motivou aquela explosão.

Ele então pegou o menu, pediu o café da manhã e virou-se para o celular, assim como a mãe da menina. Por trinta minutos, aquele homem não olhou sequer uma vez para a filha ou para a esposa. Quando se levantaram para ir embora, ele finalmente se virou para a filha e disse: "Você não vai mais se comportar dessa maneira de novo, vai?"

Não foi uma pergunta.

"Se você continuar a se comportar assim, não vai nadar pelo resto das férias."

A criança começou a soluçar. Você acha que ela chorou porque não poderia nadar? Se você perguntasse àquela criança de 3 anos como ela estava se sentindo – se ela tivesse uma linguagem adulta –, provavelmente ouviria que ela se sentia ignorada, sufocada, inútil aos olhos do pai.

Esse pai não tinha a capacidade de reconhecer, compreender e rotular os sentimentos da filha, e isso partiu meu coração. Enquanto a família deixava o restaurante, eu me perguntei: será que aquela era uma manhã típica para eles? Aquela menininha acredita que tem permissão para sentir? Qual é a mensagem implícita que seu pai está transmitindo a ela sobre seu caráter? Que aprendizado ela levará para o futuro? Como um pai que conhece o método RULER administraria a situação?

Certa vez, num trem, observei uma mãe e seu filho, que parecia ter uns 7 anos. Notei-os pela primeira vez quando a ouvi dizer ao menino: "Lembre-se, *comportamento de trem*." Quando olhei para cima, vi que ela fitava o celular e ele estava de pé ao lado do assento. Dois minutos depois, ele vagava pelo corredor. "Eu preciso que você se *sente*", disse ela. Ele obedeceu e ela voltou ao celular. Poucos minutos depois, o menino se levantou de novo, e saiu andando, até que ela percebeu e disse: "Lembre-se do *comportamento de trem*!" Esta pequena comédia continuou acontecendo e eu fiquei fascinado. Finalmente, quando a criança se levantou de novo, ela gritou: "*Sente-se! E olhe para mim quando estou falando com você!*" Isso foi acompanhado por um dedo apontando para o assento ao lado dela e um olhar penetrante.

Lembro-me de ter pensado: "Terei que aguentar uma hora disso?" Eu me perguntei o que aconteceria se eu fosse até ela e dissesse: "Com licença, senhora, mas sou o diretor do Centro de Inteligência Emocional de Yale e gostaria de lhe dar um pequeno conselho sobre como lidar melhor com esta situação."

O que eu realmente queria fazer era ir até o filho e sussurrar: "Rápido, fuja agora enquanto pode!"

Às vezes, os pais evitam lidar com os sentimentos dos filhos recorrendo à tecnologia como forma de se livrar do estresse do momento. De acordo com pesquisas, isso só aumenta o sofrimento da criança e inspira mais maus comportamentos, que os pais usam como desculpa para se isolar ainda mais. As crianças não se sentem importantes quando os pais usam dispositivos eletrônicos durante as refeições ou conversas. Os pequenos expressam mais angústia principalmente quando a mãe usa o celular. E os pais que estão absortos em seus dispositivos nos restaurantes reagem com aspereza quando os filhos querem atenção.

E quanto ao uso que as crianças fazem da tecnologia? De acordo com um relatório de 2018, do Centro de Pesquisas Pew, 45% dos adolescentes estão on-line "quase constantemente", e os alunos do ensino médio nos Estados Unidos passam cerca de seis horas por dia enviando mensagens de texto, em redes sociais ou navegando na Internet. Uma pesquisa conduzida por Jean Twenge, professor da San Diego State University, mostra que mais horas de tela estão associadas a um menor bem-estar em crianças e adolescentes; que os maiores usuários demonstram menos curiosidade, autocontrole e estabilidade emocional; e que em comparação com aqueles que usam menos as telas, o dobro de usuários frequentes são diagnosticados com ansiedade ou depressão.

Muito bem, agora é hora de examinar como fomos criados e pesquisar na memória pistas sobre a família que carregamos na mente.

Pare um momento e pense no lar em que você cresceu. Considere como é estar em casa, seu relacionamento com sua mãe, seu pai ou cuidador. Com isso em mente, qual a palavra que você usaria para descrever o clima emocional do lar de sua infância?

Aqui está um resumo de milhares de respostas de pessoas em todo o mundo. Elas se enquadram em três categorias: cerca de 70% dos termos eram negativos, 20% eram positivos e 10% eram neutros.

As principais respostas negativas: tolhido, pesado, tóxico, contido, inconveniente, debilitante, evasivo, insensível, intenso e sem suporte.

As principais respostas positivas: acolhedor, amoroso, solícito, encorajador e tolerante.

As principais palavras neutras: inconsciente, seletivo, leigo, uniforme e neutro.

Quando fiz essa pergunta a meu irmão, ele respondeu imediatamente: "Cinzeiros, cabides e cintos!" Eu sabia exatamente o que ele queria dizer.

Faça a si mesmo as seguintes perguntas: O que você aprendeu sobre as emoções enquanto crescia? O que testemunhou? Que sentimentos seus pais expressavam com facilidade e quais nunca eram exibidos? Como seus pais lidaram com suas emoções, especialmente as difíceis, como raiva, medo, tristeza? Eram cientistas da emoção, tentando descobrir o que você estava sentindo e por que, como uma forma de ajudá-lo a lidar com isso? Ou eram juízes, culpando-o ou criticando-o pela forma como você se sentia? Você se sentia à vontade para expressar seus sentimentos? O comportamento de seus pais o encorajou a se abrir ou eles transmitiram uma mensagem implícita para suprimir suas emoções?

Outra maneira de pensar sobre isso é considerar quaisquer momentos decisivos, pontos fundamentais em sua infância que influenciaram quem você é hoje. Podem ser as lembranças de pessoas ou de eventos que se destacam como tendo um efeito positivo ou negativo em seu desenvolvimento. Talvez tenham acontecido em casa, na escola ou no parquinho. Quais são alguns de seus principais momentos de definição?

Pense bem nisso. Tente se lembrar de como era o clima em sua casa, em sua escola, com a família e os amigos. Quais foram os pontos positivos que o fazem sorrir? Quais foram os momentos dolorosos ou estressantes, talvez aqueles que você passou a vida esforçando-se para esquecer? Eles importam tanto quanto os felizes – nem mais, nem menos. Agora veja se existem conexões entre esses momentos, bons e ruins, e o adulto que você é hoje e a vida emocional de sua família.

Dado o nosso viés natural para lembrar melhor os eventos negativos do que os positivos, muitas vezes penso no bullying e no abuso que sofri durante o ensino fundamental e o médio. Uma das minhas memórias mais fortes da infância foi quando meus pais me fizeram dar uma corrida em volta do quarteirão na véspera de Natal antes de me deixarem abrir os presentes. (De alguma forma, eles acreditavam que era uma estratégia eficaz para me ajudar a perder peso.) No entanto, também tive experiências felizes, como estudar artes marciais e me tornar faixa preta, com minha namorada e melhor amiga do colégio, ao passar um tempo com o tio Marvin. Foram ocasiões maravilhosas que me trouxeram alegria. Em última análise, foram tanto as experiências positivas quanto as negativas que me levaram a dedicar minha vida a ajudar os outros a encontrar a permissão para sentir e para expressar o que sentem sem medo ou vergonha.

Depois de reconhecer o poder do passado em nossa vida emocional atual, estamos prontos para começar a lidar com o presente. O método RULER nos mostra como: primeiro, reconhecemos o que estamos sentindo, para que possamos entender o porquê. Só então podemos ver *como* nossos sentimentos nos levam a agir – ou seja, o que mexe conosco. Podemos regular nossas respostas emocionais apenas se pudermos antecipar o que vai nos abalar.

Quando peço aos pais que identifiquem seus gatilhos, obtenho respostas rápidas. Ninguém precisa pensar muito antes de compilar esta lista:

> "Meu gatilho é acionado todos os dias às 7h40, quando começa a guerra para tirar meu filho da cama, vesti-lo e sair de casa na hora certa."
>
> "Quando tenho que repetir a mesma coisa sem parar."
>
> "Quando tenho o trabalho de cozinhar o jantar e eles se recusam a comer."
>
> "Aquele tom de voz arrogante, não importa o que eu pergunte."
>
> "O quarto dela é um chiqueiro."
>
> "As discussões e brigas intermináveis."

"Toda vez que me lembram de que criamos dois pirralhos mimados e metidos."

Se você é pai, mãe ou responsável por alguma criança, quais são seus gatilhos? O que você pode adicionar a esta lista?

Assim que damos voz à lista de queixas, pergunto aos pais como eles costumam reagir aos gatilhos. Essas respostas não vêm tão rapidamente. É preciso certa dose de sinceridade e coragem para confessar como nossas reações podem ser desproporcionais e ferozes:

"Eu berro com minha filha. *Berro*. Com toda a força dos meus pulmões."
"Eu ameaço."
"Tiro as coisas."
"Dou gelo nele."
"Já usei a culpa para obrigar meus filhos a fazerem o que eu queria."
"Culpo minha esposa por não ter controle sobre eles."
"Já subornei meus filhos para que se comportassem."

Uma mãe contou esta história: num verão, durante as férias do filho, que estava no ensino médio, o garoto ficava em casa à toa o dia inteiro. "E ele estava me deixando maluca aos poucos. Era desleixado. Transformava a casa numa bagunça. Recusava a me ajudar com as tarefas. Ou seja, estava sempre ali sem fazer nada. Cheguei a um ponto de não conseguir nem olhar para ele, tamanha a irritação e a frustração. Quando eu chegava ao limite, me trancava no banheiro. Depois de mais ou menos um mês disso, meu marido me perguntou se eu tinha uma infecção urinária."

Alguma dessas reações lhe parece familiar? Quais são as suas estratégias automáticas, habituais quando seu gatilho é acionado? Ao nos sentirmos ameaçados por nossos filhos, o botão de compaixão é desligado.

Quando conto ao público como essas reações extremas, com o passar do tempo, podem de fato alterar a estrutura do cérebro das crianças, a sala fica em silêncio. Todos estão fazendo as contas das vezes em que perderam a paciência e ficaram loucos com os filhos, avaliando quanto dano permanente causaram àquelas mentes jovens e impressionáveis. O clima fica sério. Os pais ficam desolados, cheios de arrependimento.

"É muito assustador pensar que todos os gritos e berros que tenho dado nos últimos seis anos danificaram o cérebro dos meus filhos para sempre", disse uma mãe, falando por todos.

"Pois bem, não precisa se preocupar demais, porque o cérebro de uma criança ainda é plástico, o que significa que a estrutura está sempre mudando", respondo. "No minuto em que você começar a regular melhor suas emoções, o cérebro deles mudará para refletir isso."

Há um suspiro de alívio por toda a sala.

"*No entanto*", acrescento, "isso não alivia o lado de ninguém. Não quer dizer que você pode continuar a gritar, a berrar, a castigar e a estressar todo mundo. Significa apenas que se você conseguir começar a regular suas emoções agora e ajudar seus filhos a regular as deles, então há esperança."

"Gatilho" é uma palavra bem reveladora para descrever a maneira como reagimos às emoções. Nós a usamos como se houvesse algo fora de nós puxando um gatilho – seu filho respondeu num tom rude ou bateu o pé, e foi isso que desencadeou sua raiva. Mas o gatilho está dentro de nós, não fora. Temos que assumir a responsabilidade por nossas ações, em vez de transferir a culpa. Pode não ter parecido uma escolha, mas com certeza foi – nós decidimos como vamos responder às provocações da vida. Não quer explodir toda vez que a criança for desrespeitosa? Encontre uma maneira de responder melhor. Com toda a clareza, a maneira antiga – tratar agressividade com agressividade – não está funcionando.

Então, o que funciona? Isso nos traz de volta ao método RULER, à Regulação das nossas respostas emocionais e das de nossos filhos. A primeira etapa da Regulação, a força mais poderosa em nosso arsenal, é o MetaMomento. A pausa para uma respiração (ou duas) quando estamos prestes a reagir de uma forma que realmente preferiríamos evitar.

Fazer uma pausa para respirar quando desafiado é uma técnica antiga para dominar as reações. Mas é aí que começa o processo de regulação da emoção. Uma respiração pode desativar uma reação forte e nos dar um ou dois segundos para pensar. Mas o MetaMomento completo é a chave.

Muito bem, então inspiramos e expiramos profundamente e apertamos o botão de pausa. Vimos isso no Capítulo 8. E agora?

Agora vem o que chamamos de *sua melhor versão*.

Com isso, queremos dizer, por exemplo, ser o pai ideal, aquele que é gentil, amoroso, paciente, carinhoso, calmo, justo, razoável, apoiador e encorajador. O mesmo pai que nunca age irracionalmente por raiva ou frustração, que nunca é sarcástico, furioso, cáustico, ditatorial ou assustador.

Parece a maioria dos pais, certo? Bem que eu gostaria que fosse assim. Isso nunca vai acontecer. Somos todos humanos e falíveis. Mas a melhor versão é como um ideal dourado que podemos manter em nossa cabeça. Podemos não ser assim o tempo todo. Nem mesmo chegamos perto disso na maioria das vezes. Porém é importante conhecer bem *essa* pessoa. É quem você aspira ser. Se, durante o MetaMomento, nos perguntarmos "Como minha melhor versão responderia?", saberemos pelo menos como gostaríamos de nos comportar neste momento crítico. E talvez cheguemos perto desta vez e ainda mais perto da próxima.

Se nos esforçarmos o suficiente, podemos começar a incorporar os atributos emocionais que a maioria dos pais diz que deseja possuir, para o bem de seus entes queridos e de si próprios. Costumo pedir ao público para completar a seguinte frase: *Prometo trabalhar para ser um pai (ou uma mãe) que seja...*

Aqui estão as respostas mais comuns:

- Entusiasmado(a)
- Encorajador(ra)
- Inspirador(ra)
- Compassivo(a)
- Paciente
- Motivado(a)
- Solidário(a)

- Gentil
- Compreensivo(a)
- Amoroso(a)
- Responsável

É um bom começo. Que outras palavras você adicionaria à lista?

Aqui está outro modo de abordar o ideal da sua melhor versão. No mundo – no trabalho, na comunidade, em qualquer lugar onde é conhecido –, você tem uma reputação. Se é como a maioria das pessoas, você a leva a sério e faz o melhor possível para mantê-la.

Cada um de nós tem uma reputação em casa também. A "comunidade" ali pode ser bem menor do que costumamos associar a essa palavra. Mas a ideia ainda se encaixa. Nessa comunidade, você tem a reputação de ser bondoso, paciente, compreensivo ou compassivo, o oposto dessas qualidades ou algum meio-termo. Você é conhecido por perder a paciência depressa ou devagar, de ser fácil ou difícil de conversar, honesto e sincero ou ácido e sarcástico. Você é famoso por cumprir promessas ou esquecê-las, por ser generoso ou egoísta. Você conquistou sua reputação em casa do mesmo modo que em outros lugares, por seus atos.

Então, qual é sua reputação em casa? E o que você fez (ou deixou de fazer) para merecê-la?

Lembre-se, seus filhos andaram estudando você de perto desde que eram recém-nascidos. Leram todas as inflexões vocais, as microexpressões faciais, cada pista de gesto, toque e linguagem corporal. Sentem as vibrações que dizem mais do que suas palavras poderiam dizer.

Pensar em nossa reputação faz com que nos comportemos de maneira que as pessoas nos admirem e respeitem. Estamos dispostos a ser um pouco melhores do que seríamos de outra forma, tudo por uma questão de reputação. Sua família não merece o mesmo esforço que você dedica ao resto do mundo? Você pode pensar na sua resposta para a seguinte pergunta: como você quer que seus filhos falem de você quando forem mais velhos e olharem para trás?

Outra forma de regular efetivamente nossas emoções é nos lembrarmos com antecedência das ocasiões em que é provável que elas exijam regulamentação. Para muitos de nós, voltar para casa no fim do dia é um ponto de ignição em potencial. No trabalho, nós nos comportamos da melhor forma possível, o que muitas vezes significa sufocar respostas emocionais naturais e fingir ser a pessoa que é sempre calma, competente e no controle. É difícil manter rédeas curtas sobre nossas emoções. Quando o dia termina, experimentamos uma liberação automática. É palpável, como soltar um grande suspiro. Podemos enfim ser nós mesmos.

E aqui está você, finalmente voltando para casa. Exausto. Agitado. Possivelmente com fome. Você segura a maçaneta, vira-a e entra num ambiente de... paz e serenidade. Calma e tranquilidade. O abraço amoroso e fortalecedor de sua família. Uma liberação de todas as suas preocupações e angústias.

Bem, talvez seja assim que aconteça na sua casa. Em caso afirmativo, posso parabenizá-lo por ser uma exceção tão brilhante à regra.

Se essa não for sua experiência típica, talvez tenha necessidade de algum tipo de lembrete – algo para alertá-lo, talvez pouco antes de entrar pela porta, que é preciso manter a calma pelo bem de sua família, não importa a severidade com que possa ser testado. Essa maçaneta, então, se torna uma parte importante de sua vida emocional. É o objeto que o lembra que é hora de regular as emoções, não importa o que você encontre do outro lado da porta.

Qualquer coisa pode ser seu lembrete pessoal. Tenho uma amiga cujo trajeto noturno faz com que ela atravesse a ponte Golden Gate. Ela fez disso sua placa de sinalização. Todos os dias quando ela a vê, sabe que é hora de começar a baixar sua temperatura emocional. Outro conhecido mora em Manhattan e usa a Estátua da Liberdade como seu talismã. Ao vê-la no caminho para casa, ele automaticamente começa a se desligar e a se preparar para o lugar onde precisará de todas as suas melhores qualidades.

Entretanto, todas essas estratégias funcionarão somente depois de termos praticado aquele MetaMomento. Tem que se tornar quase automático. Quanto tempo vai demorar para que isso aconteça? Mais de um ou dois dias? Mais de uma semana ou um mês? Se você se esforçar, se aplicar e apertar o botão de pausa enquanto formula sua resposta ao que funcionou como gatilho, talvez em seis meses isso comece a parecer um hábito. Não é realista pensar que o MetaMomento vai se tornar automático da noite para o dia. Passei a maior parte da vida pesquisando, ensinando e discutindo as habilidades emocionais e o MetaMomento como a ferramenta da pessoa com inteligência emocional. No entanto, depois de um longo dia de trabalho, quando chego em casa cansado, com fome e praticamente com morte cerebral, até *minhas* habilidades às vezes saem voando pela janela.

Há outra ferramenta que podemos experimentar e que geralmente tem sucesso em grupos que valorizam as habilidades emocionais: um *estatuto*. É um documento escrito ou um pacto que detalha como todos em sua casa desejam se sentir. Também inclui uma lista de compromissos que todos os integrantes da família assumirão para criar o melhor ambiente doméstico possível. Dependendo da idade de seus filhos, talvez eles precisem de ajuda com a parte da escrita. Mas mesmo crianças pequenas sabem as palavras certas para usar.

Esse estatuto é criado quando três perguntas são feitas. A primeira é: *Como queremos nos sentir como família?* Essa pergunta pode ser feita durante uma refeição noturna ou talvez no fim de semana, quando há algum tempo de descanso. Algumas das palavras que vimos surgirem com frequência entre as famílias são "amorosa", "respeitosa", "inclusiva", "segura", "feliz", "calma", "grata" e "brincalhona".

A segunda pergunta é: *O que podemos fazer para vivenciar esses sentimentos com a maior frequência possível?* Você pode ser altamente específico com as respostas, decidindo como definirá o clima adequado para a hora de fazer o dever de casa, na hora de dormir ou quando o jantar for servido. Algumas famílias assumem o compromisso de dizer "Eu amo você" todas as noites antes de ir para a cama.

A terceira pergunta, respondida depois que o estatuto é "vivido" por algum tempo: *O que podemos fazer quando não estamos vivendo o estatuto?* Novamente, é útil ser específico. Por exemplo, se alguém da família diz algo que faz outro membro se sentir desrespeitado, qual é a melhor maneira de expressar o sentimento e resolver qualquer disputa que possa ter causado isso? Muitos estatutos incluem declarações como "Ouviremos atentamente, sem julgar, a pessoa que sente que o regulamento foi violado".

Simplesmente permitir que todos ajudem a criar esse texto é fortalecedor. Fornece a todos da casa a sensação de ter influência no ambiente emocional. Na maioria dos lares, só isso já seria um enorme passo.

Um estatuto pode beneficiar os pais ao também reconhecer suas necessidades. Depois de certa hora, os adultos desejam desfrutar de paz e sossego, sem conflitos nem barulho excessivo, portanto o estatuto exige que todos respeitem esses desejos. É uma maneira de lembrar às crianças que seus pais também são humanos, com as mesmas necessidades emocionais de qualquer pessoa. A longo prazo, é uma lição importante a ser aprendida pelos filhos, mas muitos pais tentam protegê-los dessa realidade. Como resultado não intencional, as crianças têm dificuldade em reconhecer os sentimentos dos adultos, e ainda mais em respeitá-los.

Colocar nossas necessidades emocionais por escrito é uma maneira de torná-las reais para nós e para todo mundo. Funciona como um lembrete para aqueles momentos em que nos sentimos sobrecarregados. Serve como um contrato – um acordo formal redigido num momento de consideração calma, para ajudá-lo nos momentos em que você sente tudo, menos calma e consideração. Talvez você se sinta um pouco constrangido ao afixar o estatuto na porta da geladeira ou pendurá-lo na parede. Mas se experimentar, pode descobrir que funciona.

Lembro-me de uma história que ouvi de um pai num workshop do método RULER. "Soltei os cachorros em David, meu filho de 6 anos", contou. "Ele entrou na cozinha e começou a me chatear porque queria pilhas para seu videogame, enquanto eu estava no meio de uma conversa com minha esposa. Eu já estava chateado e o 'Pai-pai-pai-pai-pai-pai' de David acabou me fazendo perder a paciência. Eu explodi e mandei-o para o quarto. Na verdade, eu meio que o persegui para fora da cozinha e escada acima."

Na manhã seguinte, enquanto as crianças se preparavam para a escola, o homem viu um bilhete ao lado da cama de David, mas a caligrafia pertencia ao filho Jason, de 10 anos. "Foi intrigante", confessou o pai. "Então peguei e li. Era um roteiro, mostrando a David como administrar seus sentimentos. *Faça três respirações profundas. Papai estava apenas de muito mau humor. Ele vai se sentir melhor amanhã depois de descansar.*"

"Foi um sinal de alerta como nada que experimentei antes na vida", disse o homem. "Meu filho mais velho, Jason, estava aprendendo na escola como lidar com as emoções, e minha esposa e eu percebemos que não éramos apenas péssimos modelos, mas também que vínhamos sujeitando nossos filhos a muitas dores desnecessárias. Quando perguntei a Jason como ele achava que deveríamos ter lidado com isso, ele disse: 'Sabe, pai, na escola temos um estatuto que nos diz como todos nós queremos nos sentir. Talvez devêssemos ter um em casa também.'"

Às vezes, durante as sessões com os pais, seleciono um momento difícil da minha infância: quando fui reprovado no exame para minha faixa amarela no Hapkido e descontei nos meus pais. Nós transformamos isso numa encenação.

Imagine que sou seu filho adolescente e chego em casa depois de ser reprovado no exame de artes marciais. Eu entro na cozinha gritando: "*Odeio* você. *Odeio* Hapkido. Eu nunca deveria ter tentado fazer aquele exame de faixa, você sabia que eu não estava preparado, mas me obrigou a fazer... Nunca mais vou voltar. E também *não vou* para a escola amanhã!"

Imagine que provavelmente não o encontro num momento de muita paciência e compreensão. Você trabalhou o dia todo, depois levou uma hora para chegar em casa. Está exausto, começa a sentir dor de cabeça, está com fome e agora isso. Você sabe que preciso da sua ajuda para superar esse momento. Você quer ser o pai que está ao lado dos filhos quando eles se sentem deprimidos e derrotados.

Porém, em vez disso, meu mau comportamento desencadeia o seu. Você ignora *o que* estou dizendo, concentra-se em *como* estou dizendo e começa a gritar em resposta. É uma ação de reflexo, como um contragolpe. Aqui estão algumas das respostas da dramatização que os pais oferecem:

"Você não tem permissão para falar comigo desse jeito!"
"Você precisa se acalmar, baixar o tom de voz e parar de chorar por nada!"
"Nem pense em desistir. Eu paguei por essas aulas e você vai fazê-las."
"Não me diga que você não vai para a escola amanhã, porque você vai! Vai fazer o que for mandado!"

Alguns pais vão ao outro extremo para parecer conciliatórios, mas ainda tentam ao máximo não se envolver com a decepção e a vergonha da criança.

"Você vai ficar bem, querido. Esses professores não sabem o que estão fazendo."
"Você sabe que mamãe ama você, não importa o que aconteça."
"Olha, acalme-se agora e vou levá-lo ao shopping depois do jantar, vamos comprar algo divertido."
"Você não precisa voltar se não quiser."

E aqui estão algumas das minhas respostas favoritas:

"Vamos comprar uma faixa amarela para você neste fim de semana. Não precisamos esperar que seu sensei entregue uma para você."
"Que tal se encontrarmos uma treinadora sexy de Hapkido?"
"Vamos comprar roupas novas."

Depois que paramos de rir, passamos para as frases que pais altamente qualificados poderiam dizer:

"É compreensível. Eu entendo e é uma droga. Que tal darmos uma volta e conversarmos sobre isso?"

"Apenas pare por um segundo e respire fundo. Eu sei como você está chateado."

"Deixe-me te dar um abraço."

"Parece que você precisa de algum espaço para se acalmar. Quer ir para seu quarto por alguns minutos e a gente conversa durante o jantar?"

Depois que a dramatização termina, pergunto aos pais como se sentem quando aquela criança hipotética descarrega tudo em cima deles. Aqui está o que dizem:

"É como se uma bomba tivesse explodido."

"Como se estivesse na hora de eu mesmo fazer uma pausa."

"Desesperado e assustado."

"Pergunto a mim mesmo, 'por que eu quis ter filhos?'"

E isso se transforma no momento de descoberta do exercício: os adultos vão para o seminário para aprender estratégias para ajudar os filhos a regular as emoções, e aí percebem que para que isso aconteça, eles, os pais, precisam regular as próprias emoções primeiro.

Podemos resumir em quatro passos todo o processo de introdução da inteligência emocional em sua família.

- Passo 1: *Prepare-se para o sucesso*. Desenvolva um estatuto para sua família! Pense nas palavras desse estatuto todos os dias. Aqueles adjetivos devem ficar sempre em algum lugar da sua cabeça. Lembre-se, é preciso ter o MetaMomento e ser sua melhor versão antes de conseguir ajudar um filho. Você é o modelo. Suas expressões faciais, tons de voz e linguagem corporal importam.
- Passo 2: *Explore*. Seja o cientista da emoção – o aprendiz, não o sabichão. Ouça para compreender e não para construir o próprio argumento. Lembre-se de que o comportamento é o sintoma, não a

emoção. Dê validade, demonstre amor incondicional e apoio, ajude a desativar um gatilho, se necessário. Não atribua emoções a seu filho. Permita que ele expresse seus sentimentos. Preste atenção nos temas e ajude-o a rotular.

- Passo 3. *Desenvolva uma estratégia.* Assim que souber o que seu filho está sentindo e tiver uma noção da situação, você pode dar apoio com uma estratégia de curto prazo: conversa interna, reavaliação, um abraço e simplesmente estar presente. A estratégia que você gostaria que seu filho empregasse talvez não seja aquela que funciona melhor para você. E as estratégias costumam fracassar no princípio, ou seja, seu filho precisa de apoio para ganhar prática. E tenha à mão estratégias de longo prazo, desde ajudar seu filho a resolver um problema até a procura por aconselhamento profissional.
- Passo 4. *Acompanhamento.* A regulação emocional é uma jornada para a vida inteira. A história costuma se repetir. As crianças precisam de verificações regulares e apoio contínuo. Pense no seguinte: que condições podemos criar para nossos filhos de modo a apoiar o desenvolvimento emocional saudável? Como minha melhor versão poderia apoiar meu filho? Ter compaixão por si mesmo e pela criança não significa se eximir de responsabilidades ou eximir a criança. Significa abordar os contratempos de um modo mais construtivo, aprendendo com eles em vez de se recriminar.

Aqui está um bom exemplo desse processo, que trago da minha experiência. Tenho uma sobrinha, Esme, nascida na Guatemala e adotada pela minha prima Ellyn quando era bebê. Ellyn é ruiva de pele muito branca. Considero Esme como sobrinha porque Ellyn é mais uma irmã do que prima. Quando Esme estava no jardim de infância, no norte do estado de Nova York, um de seus colegas disse a ela: "Eca, você tem uma cor diferente da sua mãe!"

Esme ficou arrasada.

Ellyn me ligou e disse: "Mexeram com ela por causa da cor da sua pele. Agora Esme está chorando, abalada por ter uma aparência diferente da minha e do resto da família e de todas as crianças da escola. Não quer voltar para a escola. Está assustada. Eu sabia que isso ia acontecer em algum momento, mas não achei que seria no jardim de infância. Estou perdendo a cabeça e prestes a entrar no carro e dirigir até a casa daquela criança."

Bem, então o primeiro passo necessário não tinha nenhuma relação com Esme – sua mãe, Ellyn, precisava de um MetaMomento para que pudesse modelar uma resposta saudável para a filha. Porque é assim que funciona – nossas crianças nos observam intensamente e examinam tudo o que fazemos em busca de pistas sobre como devem se comportar em situações semelhantes.

Ellyn foi acionada, de forma compreensível. Ela era como uma tigresa protegendo o filhote. Porém, se ela surtasse, Esme iria receber a mensagem de que nem mesmo sua mãe conseguia lidar com a situação de forma tranquila. Se Esme algum dia fosse encontrar uma maneira de navegar neste incidente ou em outros semelhantes, Ellyn tinha que mostrar o caminho saudável.

Não fiquei surpreso com o que aconteceu. Pesquisas mostram que cerca de um terço das crianças americanas são vítimas de bullying em algum momento, e a aparência é o principal motivo. As crianças podem ser cruéis quando se trata de parecer diferente.

Mesmo assim, doeu saber que minha sobrinha de 5 anos estava sendo atacada por causa da cor de sua pele. Dadas as minhas dificuldades na infância com o bullying e também com a ansiedade e o medo que se seguiram, eu tinha que ajudá-las.

Todos nós devemos interromper o bullying quando deparamos com ele. Não é apenas uma questão de uma criança ser maltratada – na verdade, a vitimização ocasionada por pares muda a biologia do cérebro. Perturba o desenvolvimento do sistema de regulação do estresse e os neurocircuitos relacionados, levando a uma série de problemas, desde doenças físicas e mentais até dificuldades nas relações sociais e desafios acadêmicos. E esses efeitos persistem até a idade adulta, contribuindo para problemas no trabalho, nos relacionamentos e na qualidade de vida em geral. O bullying não é apenas algo que acontece em parquinhos infantis ou nos ônibus escolares. Seus efeitos nunca desaparecem por completo.

Ao mesmo tempo, a maioria de nós enfrentará situações como a de Esme em algum momento da vida. De acordo com alguém, somos gordos demais ou magros demais, nosso nariz é grande demais, somos tímidos demais, não somos suficientemente inteligentes, não somos suficientemente fortes. Esses comentários nos devastam e permanecem conosco por muito tempo. Ódio e dúvida persistentes sobre si mesmo são dilacerantes.

Quando uma criança ouve coisas assim repetidamente, logo a voz não vem de fora, mas de dentro. Ela internaliza a visão negativa de si mesma. Quando sentir vergonha, medo, aversão a si mesma, ela precisará de ajuda para regular essas emoções – um adulto solícito para ajudá-la a evitar que qualquer visão negativa de si a impeça de avançar na vida.

Se Esme tivesse sido capaz de reagir como uma adulta, teria percebido imediatamente que poderia estar lidando com uma família racista e dito algo como "Sim, minha mãe e eu temos cores diferentes, e daí? Muitas famílias têm membros de cores diferentes. Mas por que você se importa?"

Entretanto, infelizmente essas palavras cruéis encontraram o alvo. Fizemos nosso melhor para apoiar a regulação dos sentimentos feridos de Esme. A resposta de Ellyn não foi perfeita, como se tivesse saído de um livro. Não havia nenhum estatuto em vigor para guiá-la. Mas ela fez tudo certo. Fez a Esme as perguntas certas e ouviu as respostas, como uma boa cientista da emoção. Ela ajudou a filha a criar estratégias de respostas futuras que ela poderia usar se alguém tentasse envergonhá-la novamente. Lembrou a Esme que sua família era diversa. Todos nós a treinamos em frases que ela poderia dizer a si mesma quando se sentisse desconfortável. Entramos em contato com sua professora e o diretor da escola. Nosso objetivo era estabelecer bases que apoiariam Esme nos anos seguintes. Nossa intervenção imediata não foi uma solução rápida, mas o início de uma jornada.

Esme carregou aquela ferida por muito tempo e não foi a última vez que a fizeram se sentir inferior por ser diferente. Mas graças à atenção cuidadosa que ela recebeu da mãe para apoiar seu desenvolvimento emocional, Esme agora é uma aluna do ensino médio resiliente e com sucesso acadêmico.

Com frequência, quando sofremos um ataque psicológico, nossa posição padrão é a rendição – aceitamos que a visão negativa de nós deve ser verdadeira e a adotamos como nossa. As crianças não têm a força interior nem o conhecimento necessário sobre as pessoas e suas motivações para conseguirem dizer: "Quem é você para me definir? O que lhe dá o direito? Por que precisa me diminuir? Rejeito você e seu juízo. Sei quem sou." Elas precisam de nosso apoio adulto incondicional.

Como foi mencionado, a permissão para sentir começa com a pergunta que tio Marvin teve a coragem de me fazer: "Como está se sentindo?" Do mesmo modo, a negação começa quando se fracassa em pronunciá-la.

Quando nossas crianças não recebem permissão para sentir, elas ainda sentem. No entanto aqueles sentimentos ficarão no escuro, e os caminhos entre eles e as manifestações visíveis e os comportamentos se tornarão quase totalmente obscuros. As crianças sofrerão – e não faremos ideia dos motivos. (Duvido que a situação pareça pouco familiar.) Porém, quando as apoiamos para que sejam suas versões plenas e sensíveis, vemos como podem florescer de uma forma profunda e duradoura. E tudo começa conosco, seus modelos.

10 Emoções na educação: da pré-escola à universidade

Durante os seminários para educadores, geralmente pergunto: "Quantos de seus alunos recebem uma educação emocional abrangente desde a pré-escola até o ensino médio?"

Todos me olham como se eu viesse de outro planeta.

A seguir pergunto: "Quanto *você* aprendeu sobre as emoções na sua educação escolar?"

Recebo de volta um olhar semelhante, que diz: você realmente precisa fazer essa pergunta?

E quando eu pergunto o que eles aprenderam sobre o papel das emoções e habilidades emocionais na educação durante a formação para o magistério, aqui está o que respondem:

"Aprendi a ensinar a minha matéria."

"Aprendi como fazer um plano de aula."

"Discutimos como estabelecer uma sala de aula organizada."

"Lemos um capítulo sobre a prevenção do bullying."

Depois, quando falo com aqueles professores individualmente e pergunto como eles infundem emoções na sala de aula, aqui está a resposta típica:

"Com sinceridade, vou inventando pelo caminho."

Infelizmente, essa abordagem não está funcionando muito bem. Se funcionasse, todas as escolas seriam abrigos prósperos de positividade, repletas de professores e alunos emocionalmente saudáveis. Mas muitas não são.

A profissão docente é conhecida por ser altamente compensadora e extremamente extenuante. As pressões de preparar os alunos para os testes, de turmas grandes, de apoiar alunos com necessidades complexas na mesma sala de aula, salários inadequados e administradores que nem sempre dão apoio contribuem para altas taxas de evasão – 40% dos professores deixam a profissão depois de cinco anos e, em algumas comunidades americanas, a taxa anual chega a 30%.

Numa pesquisa que aplicamos a mais de 5 mil professores, descobrimos que 70% das emoções que eles relataram sentir todos os dias eram negativas – principalmente "frustrados", "sobrecarregados" e "estressados". Isso é especialmente preocupante porque os professores que experimentam mais emoções negativas também são mais propensos a ter problemas de sono, ansiedade e depressão, a estar acima do peso e sofrer de esgotamento, e têm maiores intenções de deixar a profissão.

Aquelas emoções negativas também têm sérias ramificações para os alunos: os professores estressados oferecem menos informações e elogios, aceitam menos as ideias dos alunos e interagem com menos frequência com a turma. Se quisermos que as crianças desabrochem, temos que começar a cuidar de nossos professores.

Como foi mencionado anteriormente, quando perguntamos a 22 mil alunos do ensino médio nos Estados Unidos "Como você se sente a cada dia na escola?", 77% das respostas foram negativas. As três respostas mais frequentes foram "cansado", "estressado" e "entediado". Entre todos, os alunos LGBTQ relataram o maior nível de ansiedade e depressão e menos sentimentos positivos, como aceitação e segurança psicológica. Jovens LGBTQ nos Estados Unidos experimentam maiores índices de bullying, menor desempenho acadêmico e maiores taxas de evasão escolar do que seus pares não LGBTQ.

Muitos dos alunos do ensino médio que entrevistamos relataram sentir que a escola dava pouca importância à criação de uma atmosfera em que os estudantes pudessem participar ativamente de sua educação, em que se espera e se encoraja a pensar sobre uma lição e encontrar um significado nela. Um estudo em Connecticut descobriu que 39 mil alunos não estavam mobilizados ou estavam totalmente desligados das atividades escolares. Não é de admirar que no ensino médio haja tantos alunos desinteressados.

E por mais que o bullying receba atenção, continua apresentando altas taxas. Os alunos que sofrem bullying relatam sentir medo e desesperança enquanto estão na escola. Seria de esperar que as instituições soubessem como lidar com esses extremos de estresse emocional, pois eles acontecem sob os olhos de professores e administradores. Pelo contrário, a maioria dos professores relata que se sente despreparada para lidar com o problema em sala de aula. Os professores também deixam de tomar conhecimento da maioria dos incidentes de bullying por conta do espaço onde ele ocorre e como ocorre, dificilmente tendo a capacidade de interferir nas brigas entre os alunos e, quando não são treinados em habilidades emocionais, muitas vezes baseiam suas estratégias disciplinares no que eles próprios vivenciaram em casa, na infância. Resultado: muitos jovens ficam desprotegidos, como eu fiquei. Passam o dia na escola com tanto medo e vergonha que não conseguem se concentrar totalmente nas aulas ou se desenvolver acadêmica e socialmente. Até mesmo os praticantes de bullying são mal assistidos – eles tendem a ter problemas emocionais ou psicológicos, que não são resolvidos nem mediados sem que haja um treinamento adequado para os professores. E as escolas são conhecidas por reagir exageradamente a comportamentos desafiadores, confundindo conflitos normais com bullying ou recorrendo a intervenções severas, especialmente com crianças em idade pré-escolar e meninos afro-americanos.

Uma em cada cinco crianças americanas está passando por um problema de saúde mental, como depressão ou ansiedade, e mais da metade dos jovens de 17 anos relatou ter passado por trauma direto, variando de negligência a abuso, ou testemunhou-o pelo menos uma vez quando criança. Por não reconhecer os efeitos do trauma sobre o aprendizado, os educadores se arriscam a ampliá-lo e a ameaçar as perspectivas dos alunos na escola. Para muitos, a escola poderia ser o único lugar onde esses problemas são reconhecidos e tratados.

Portanto, mesmo antes de as portas se abrirem, sabemos que existem desafios para criar uma atmosfera em que todas as crianças se sintam prontas para aprender.

É verdade que não podemos mudar o ambiente doméstico de todas elas. No entanto, uma pesquisa mostra que a presença de um adulto atencioso permite que a criança administre o estresse de forma mais eficaz. Infelizmente, num estudo com 2 mil professores, apenas cerca de 50% disseram ter um relacionamento individual forte com os alunos. No mesmo estudo, 2 mil alunos também foram pesquisados e apenas 34% relataram ter esse tipo de relacionamento.

Tradicionalmente, os sentimentos e o comportamento importavam para os professores principalmente quando os alunos não conseguiam ficar parados, se aquietar, prestar atenção e lembrar o que lhes foi ensinado. Embora o mau comportamento tenha sido abordado – disciplinado e punido, na maior parte dos casos –, as causas subjacentes, quase sempre emocionais, permaneceram intocadas.

Considere o fato de que o castigo corporal em sala de aula ainda é permitido em dezenove estados norte-americanos, e que as suspensões e expulsões, aplicadas desproporcionalmente a estudantes negros, continuam a aumentar. Os problemas são exacerbados quando os instrutores e funcionários interpretam mal as emoções e o comportamento dos alunos ou não estão cientes de seus próprios preconceitos. E quando os professores não recebem o apoio de que precisam e que estão pedindo, há poucos motivos para esperar melhorias.

"De uma nação em risco a uma nação com esperança" é o título de um relatório de janeiro de 2019 da Comissão Nacional de Desenvolvimento Social, Emocional e Acadêmico do Aspen Institute. Vale a pena citá-lo aqui. Diz o seguinte:

> "A promoção da aprendizagem social, emocional e acadêmica não é uma moda educacional passageira; é a própria substância da educação. Não é uma distração do 'trabalho real' de matemática e do

ensino de inglês; é assim que a instrução pode ter êxito. Ela associa uma ênfase tradicionalmente conservadora sobre o controle local e o caráter de todos os alunos e uma ênfase historicamente progressiva na arte criativa e desafiadora do ensino e nas necessidades sociais e emocionais de todos os alunos, especialmente daqueles que experimentaram as maiores dificuldades."

Tudo verdade. No entanto, quando converso com administradores, diretores e professores sobre o papel das escolas em fornecer aos alunos uma educação social e emocional, aqui está o que ouço:

"Não temos tempo nem treinamento para lidar com os desafios sociais e emocionais que meus alunos estão enfrentando. São complexos demais."

"Não quero que nossa escola perca tempo ensinando emoções, porque isso prejudicará as aulas de preparação para exames e afetará a qualificação de nossos alunos para ingressar nas melhores universidades."

"Estou aqui para ensinar. Deixe essas questões para os pais, aqueles que *devem* lidar com as emoções."

Seus medos do que pode acontecer se houver um aspecto emocional na educação são infundados. Na verdade, os alunos ficam gratos por saber que seus professores também são seres humanos com sentimentos.

David Brooks, colunista do *The New York Times*, escreveu que uma vez, quando estava dando um curso na faculdade, anunciou para a turma que teria que cancelar o horário das aulas para lidar com alguns "problemas pessoais" não especificados. Dez ou quinze alunos enviaram-lhe um e-mail para dizer que ele estava em seus pensamentos e orações. Durante o resto do período, ele escreveu:

"O sentido daquele seminário foi diferente. Ficamos mais próximos. Aquele pequeno sopro de vulnerabilidade significava que eu não era o altivo professor Brooks, era apenas mais um ser humano tentando passar pela vida. Aquele momento não planejado ilustrou para mim a conexão entre os relacionamentos emocionais e o aprendizado. A principal função de uma instituição de ensino é dar aos alunos coisas novas para amar – um campo de estudo empolgante, novos amigos. Isso me lembrou o que os professores realmente ensinam sobre eles mesmos – sua paixão contagiante pelas matérias e pelos alunos. Isso me lembrou que as crianças aprendem com as pessoas que amam, e que amar, neste contexto, significa desejar o bem do outro e cuidar ativamente da pessoa por completo."

A emoção como parte da experiência de aprendizagem não significa simplesmente que alunos e professores desnudarão suas almas e enfrentarão difíceis questões emocionais. Significa que os alunos se envolverão mais plenamente com o que estão aprendendo.

Relacionado a isso, em dois estudos que realizamos com alunos do quinto e do sexto ano, descobrimos que quando o clima da sala de aula foi classificado como caloroso e favorável por observadores externos, as crianças relataram que se sentiam mais conectadas ao professor, havia menos problemas de conduta e as notas eram mais altas.

Uma colega, Mary Helen Immordino-Yang, neurocientista da Universidade do Sul da Califórnia, me lembrou de um princípio evidente que frequentemente esquecemos: as crianças aprendem com o que se importam. Não são diferentes dos adultos nesse aspecto. Podemos tentar obrigá-las a absorver uma lição, mas não vamos conseguir grandes coisas. Algumas delas podem ser capazes de memorizar os fatos e regurgitá-los sob demanda, mas isso não é a mesma coisa que aprender.

Anteriormente, discuti como os cientistas cerebrais descobriram que, dependendo do estado emocional, nossos perfis químico e hormonal mudam drasticamente e nosso cérebro funciona de maneira diferente. Os três aspectos mais importantes da aprendizagem – atenção, foco e memória – são todos controlados pelas emoções, não pela cognição. A pesquisa de Immordino-Yang mostra que quando os alunos se sentem profundamente envolvidos e conectados com o processo de aprendizagem, e quando o que aprendem é relevante e significativo para a vida deles, há ativação nos mesmos sistemas cerebrais (por exemplo, a medula) que nos mantêm vivos.

Os estudantes não têm problemas em lidar com as habilidades emocionais na sala de aula. Na verdade, eles adoram. Recentemente, observei uma turma do quinto ano praticar as habilidades do método RULER. Falei sobre o dia em que eu tinha mais ou menos a idade deles e fui reprovado no exame de faixa, sobre como me senti arrasado e inferiorizado. Em seguida, pedi-lhes algumas estratégias de regulação emocional que poderiam ter sido sugeridas para mim, se fossem meus amigos naquele dia.

"Eu contaria piadas", disse um aluno.

"Ok, isso é interessante. Pode melhorar meu humor, pelo menos. O que mais?"

"Eu diria para irmos tomar um sorvete", falou outro.

"Isso definitivamente melhoraria meu humor, mas o que aconteceria se fizéssemos isso toda vez que eu ficasse desapontado ou triste?"

"Ficaríamos doentes!"

"Muito possível. O que mais você poderia fazer?"

"Eu diria para continuar tentando... porque você perde 100% das chances que não aproveita", afirmou outro aluno, citando a lenda do hóquei, Wayne Gretzky.

"Nunca ouvi essa frase, mas gosto muito dela", respondi. "Isso pode me ajudar a me sentir melhor, mas e se eu estiver me sentindo mais sem esperança do que triste? Como se eu nunca fosse passar no exame de faixa."

"Eu gostaria de saber quais movimentos você fez errado", tentou outro aluno. "E eu ajudaria você a praticá-los."

Eu não estava procurando por uma resposta certa, só queria que eles analisassem todas as estratégias possíveis de regulação da emoção que pudessem imaginar.

Enquanto isso, os professores testemunhavam tudo incrédulos. Mais tarde, eles me contaram como estavam inseguros sobre sua capacidade de ensinar habilidades emocionais, até que perceberam quanto essas habilidades se assemelham a ciências, matemática ou qualquer outra disciplina. O objetivo não é dizer às crianças o que sentir ou que estratégia específica usar para regular as emoções, é transformá-las em cidadãos atenciosos que são cientistas da emoção, com ferramentas para reunir informações importantes e fazendo bom uso do que descobrem.

No final da aula, disse aos alunos: "Obrigado por me deixarem entrar em sua sala de aula. Alguém tem perguntas ou considerações finais?"

Um aluno falou: "Gostei muito da aula porque estava *envolvido*."

Um garoto chamado Kevin levantou a mão, e a professora me disse que ele nunca fazia aquilo.

"O que você gostaria de compartilhar?", perguntei a ele.

"Eu só queria que soubesse que o senhor me lembra eu mesmo."

A professora não conseguia acreditar. Fiquei profundamente comovido. Pouco depois, soube que Kevin morava na frente da escola, sozinho com a mãe alcoólica. Ele não gostava de ir para casa, me contaram, porque na maioria das vezes ninguém mais estava lá. Dá para imaginar os problemas emocionais que Kevin trazia para a sala de aula. Existe alguma chance de seu desempenho acadêmico não ser afetado?

Já mencionei meu tio Marvin antes e deixei claro, espero, a imensa influência e inspiração que ele tem sido para mim. Sua presença está em tudo que faço no meu trabalho, mas principalmente quando se trata do papel das emoções na sala de aula.

Tio Marvin foi um professor do ensino fundamental no interior do estado de Nova York por duas décadas. Teve um sucesso incomum com as crianças que passaram por sua sala de aula do sexto ano. Naquela época, não havia experimentos controlados para confirmar suas observações, mas muitos dos alunos que ele acompanhou conseguiram concluir o ensino médio e a faculdade sem sair dos eixos, mesmo diante de grandes obstáculos.

Marvin descobriu instintivamente que algo estava faltando na jornada de uma criança para o sucesso – a capacidade de assumir e usar as emoções com sabedoria. Ele sabia que se crescêssemos adquirindo habilidades emocionais, elas nos tornariam melhores alunos, tomadores de decisão, amigos, pais e parceiros, mais capazes de manter nossa saúde e bem-estar, de lidar com os altos e baixos da vida e realizar nossos sonhos.

Eu soube em primeira mão, desde muito jovem, que suas ideias funcionavam, porque possibilitaram que eu lidasse com o bullying extremo e a solidão ainda na infância. Sem ele, nunca teria conseguido sobreviver até o ensino médio.

Avancemos mais uns dez anos. Eu me formei na faculdade com um diploma em psicologia, mas ensinava artes marciais e trabalhava em vendas, sem ter muita certeza sobre meu caminho profissional. Então esbarrei com um livro que foi um verdadeiro marco, *Inteligência emocional*, de Daniel Goleman, publicado nos Estados Unidos em 1995. Havia um capítulo sobre o campo ascendente de SEL, do inglês *social and emotional learning* (aprendizagem social e emocional), termo utilizado para descrever programas escolares para o ensino da inteligência emocional. Uma ideia me veio à mente. A SEL era exatamente o que tio Marvin vinha ensinando em sala de aula desde os anos 1970.

Liguei para meu tio imediatamente e, em poucas semanas, começamos a escrever um currículo para alunos do ensino fundamental II. Juntos, íamos casar as décadas de experiência dele como educador com a nova psicologia da inteligência emocional e transformar a escola.

O livro de Goleman também me apresentou a dois pesquisadores, Peter Salovey, da Universidade de Yale, e Jack Mayer, da Universidade de New Hampshire. Eles foram os psicólogos que escreveram o artigo seminal de 1990 sobre inteligência emocional, que formulou esse conceito. Entrei em contato com cada um deles, que concordaram em me encontrar. No almoço com Salovey, compartilhei meu entusiasmo em escrever e testar o currículo que tio Marvin e eu estávamos criando.

"Qual é o seu modelo teórico?", perguntou ele. Eu não tinha ideia do que estava falando. Eu saíra da faculdade alguns anos antes e não tinha antecedentes formais em pesquisa em ciências sociais.

Naquele ano, fui rejeitado no programa de doutorado em Yale e aceito na Universidade de New Hampshire. Marvin e eu continuamos a trabalhar em nosso currículo durante meus anos de pós-graduação, e ainda mais quando finalmente cheguei a Yale para trabalhar com Salovey como pesquisador de pós-doutorado.

Lá, conheci Edward Zigler, um renomado psicólogo infantil conhecido como o pai do programa federal Head Start. Ele era um dos poucos psicólogos de Yale com experiência em educação em escolas públicas. Expliquei o que tio Marvin e eu estávamos tentando fazer.

"Qual é o seu modelo lógico?", perguntou-me. Mais uma vez, fiquei perplexo. Eu não tinha ideia do que ele estava perguntando. Achei que tinha aprendido minha lição com Salovey e lido todas as teorias da emoção na pós-graduação, mas tive então meu segundo momento de despertar. Eu precisava mostrar *por que* e *como* o método RULER produziria melhores resultados para crianças e adultos.

Em 2004, nosso currículo do ensino fundamental II foi finalmente concluído e estava pronto para ser testado. Meu tio e eu partimos como os irmãos Wright, tentando fazer a diferença no mundo. Marvin pegou um avião e saiu da Flórida, e juntos começamos a recrutar escolas e a treinar educadores. Tivemos alguns pequenos sucessos aqui e ali, mas, na maior parte, ouvimos o seguinte:

"Ensinar as crianças sobre ansiedade me deixa ansioso."

"Vou ensinar palavras como felicidade e empolgação, mas não vou abrir a caixa de Pandora para nada como desespero e desânimo."

Numa reunião da escola, um diretor afirmou: "Você vai transformar os meninos em homossexuais." Uma professora experiente então respondeu: "Meu trabalho não é falar com você *ou* com meus alunos sobre sentimentos", e saiu furiosa. "Alguém tem outra perspectiva?", perguntei aos que estavam na sala. Depois que todos terminaram de rir, um jovem professor gritou: "Senhor, na verdade, fui aluno desta escola, e ela era minha professora. Eu realmente gostaria que ela tivesse ficado aqui para aprender alguma coisa."

Em outro seminário, um professor me procurou durante um intervalo e disse: "Nada do que você disser hoje será capaz de me ajudar. Estou emocionalmente destruído!" Eu não conseguia parar de pensar no que seus alunos deviam vivenciar em sala de aula. Eles desenvolverão curiosidade e paixão? Ficarão envolvidos? Vão mesmo aprender?

Para ser claro, tio Marvin e eu tivemos alguns sucessos, porém, na melhor das hipóteses, a implementação de nosso currículo foi irregular. A mensagem tornou-se cada vez mais evidente: a maioria dos educadores ficava desconfortável em falar sobre emoções – fossem deles ou de seus alunos.

E os líderes definem o tom da escola ou da comunidade. Eles são responsáveis pelo sucesso ou o fracasso de qualquer programa.

Um grupo de professores me chamou à parte num treinamento inicial do método RULER e disse: "Nós amamos isso, mas nosso diretor já nos disse que não podemos começar o RULER antes dos exames estaduais." Lembro-me de ter pensado: "É agosto, e os exames só vão acontecer em março. Estamos todos desperdiçando tempo."

O CEO de uma rede de escolas comentou comigo: "Quero que meus alunos aprendam fatos, não sentimentos. Em minhas escolas, não há lugar para sentimentos. Apenas ensine-os a ficar quietos durante os testes." Ironicamente, ao sair da escola, ouvi uma professora do jardim de infância gritando com uma criança de 5 anos: "Cale-se! Vá para seu assento! Não somos mais amigos!"

Saí de lá em estado de choque, me perguntando: como aquela criança podia se sentir segura naquela instituição de ensino? Como se sentiria inspirada? Quanto aquela criança realmente aprenderia naquele dia?

No fim das contas, tio Marvin e eu fracassamos. Fizemos uma abordagem estreita demais. Falhamos porque nos concentramos apenas nos alunos. A peça que faltava eram as habilidades emocionais dos próprios educadores. Olhando em retrospecto, faz todo o sentido.

Com o tempo, aprendemos que é preciso uma complexa rede, como tudo relacionado às crianças. Se a ideia é que elas desenvolvam habilidades emocionais, *todos* os adultos ao redor delas precisam dessas habilidades.

Há vários anos, criei um prêmio em homenagem ao meu tio, como reconhecimento a educadores que exibem excelentes práticas de ensino relativas à inteligência emocional. Uma das ex-alunas do tio Marvin ouviu falar sobre isso e me enviou uma carta para encaminhar a ele. Aqui está o que ela escreveu, com permissão da autora:

Caro Sr. Maurer,

Estou enviando esta carta com a esperança de que esteja bem e apreciando o importante trabalho que continua fazendo com seu sobrinho na área de capacitação de alunos e professores.

A aula que tive com o senhor no sexto ano foi, até hoje, uma das experiências educacionais mais significativas que já tive. Sua gentileza e capacidade de personalizar o aprendizado me inspiraram ao longo da vida de inúmeras maneiras.

Atualmente, leciono para o segundo ano em Nova York e estou fazendo o curso de Administração Educacional. Sou movida pelo desejo de consertar um sistema educacional falido. Meu foco está nas perversidades contínuas dos testes padronizados e na falta de reconhecimento das necessidades sociais e emocionais das crianças em sala de aula. Infelizmente, temos que criar justificativas para o desejo de ensinar de uma forma que permita às crianças descobrir quem são como pessoas e alunos, mostrando como pode ser poderoso quando as necessidades e os sentimentos delas são honrados e celebrados. (Não é uma tarefa fácil, como o senhor sabe.)

Tenho dois meninos lindos, Jonathon, de 11 anos, e Henry, de 9. Eles são sensíveis e gentis. No momento em que Jonathon começa sua aventura no ensino fundamental II em setembro, reflito com carinho sobre minha experiência em sua sala de aula e espero que meu filho possa estabelecer uma conexão semelhante com um professor que o capacite e o ensine da maneira que o senhor me ensinou.

Uma grande homenagem ao tio Marvin e ao que ele tentou realizar. Compare isso com a carta que recebi do psicólogo-chefe de uma rede de escolas – a mesma rede cujo CEO disse que queria que os alunos se concentrassem em fatos e não em sentimentos. Aqui, também com permissão do autor, está a carta:

Oi Marc,

Acho que o principal obstáculo para o lançamento bem-sucedido do método RULER e de nossas outras iniciativas de aprendizagem social e emocional (SEL) é a falta de treinamento e de compreensão do desenvolvimento infantil, da saúde socioemocional e das expectativas e necessidades apropriadas dos alunos por parte das pessoas que estão tomando as decisões. Pouquíssimas pessoas no topo têm qualquer treinamento nessas áreas.

Um diretor me disse ontem que ninguém em nossa rede se preocupa com a confiança de uma criança, com seu bem-estar emocional, sua saúde mental, sua integridade, seu sucesso geral como pessoa (características que mencionei especificamente), só se importam com as pontuações dos testes. É assim que eles são julgados, e essa é a mensagem que estão transmitindo aos estudantes. O foco é punitivo (turma de "recuperação" durante o recreio e depois da aula para aqueles que não têm notas altas ou que cometem erros como não sublinhar os destaques ou ir além do tempo limite nas provas), com a expectativa de que os professores apliquem "castigos tão severos" que as crianças nunca mais voltarão a apresentar tais comportamentos. Minhas perguntas sobre essa abordagem foram recebidas com um comentário sobre se este é ou não o lugar certo para mim, pois é nessa direção que a rede se movimenta.

É contra isso que estamos lutando.

Felizmente, muitos educadores começaram a reconhecer o que está faltando. De acordo com uma pesquisa de 2018 da McGraw-Hill Education, uma esmagadora maioria de administradores escolares, professores e pais acredita que a aprendizagem social e emocional (SEL) é tão importante quanto o aprendizado acadêmico. Mas, ao mesmo tempo, 65% dos professores disseram que precisam de mais tempo do que dispõem atualmente para ensinar habilidades emocionais. Os educadores mais eficazes reconhecem que os aprendizados social, emocional e acadêmico estão interligados. No entanto, há uma desconexão entre o que esperamos que os professores saibam sobre a SEL e as ofertas de programas de treinamento de professores em faculdades e universidades.

Poucos programas de preparação de professores integram totalmente as habilidades sociais e emocionais ao currículo.

Então, como é exatamente uma escola que prioriza a SEL? Essa tem sido a grande questão nos círculos educacionais nas últimas duas décadas ou mais, desde que percebemos que muitas crianças e escolas estavam enfrentando problemas como violência, drogas, aprendizagem inadequada e desgaste de professores.

Aqui está uma definição: é uma escola onde "crianças e adultos entendem e gerenciam emoções, estabelecem e alcançam objetivos positivos, sentem e mostram empatia pelos outros, estabelecem e mantêm relacionamentos positivos e tomam decisões responsáveis".

Essa definição vem de um grupo denominado Collaborative for Academic, Social and Emotional Learning [Colaborativo para Aprendizagem Acadêmica, Social e Emocional, CASEL], formado em 1994 com o objetivo de "estabelecer a aprendizagem social e emocional de alta qualidade baseada em evidências como uma parte essencial da pré-escola ao ensino médio". A SEL reconhece que três fatores interligados – cognição, comportamento e emoção – devem ser considerados para criar ambientes emocionalmente saudáveis em que o aprendizado pode ocorrer. De acordo com o CASEL, quando isso acontece, as crianças são capazes de "desenvolver habilidades de autoconsciência e consciência social, de aprender a gerenciar suas emoções e seu comportamento (e os dos outros), de tomar decisões responsáveis e construir relacionamentos positivos".

Desde o início do CASEL, inúmeras abordagens e programas surgiram com o objetivo de criar um sistema educacional equitativo para todas as crianças, independentemente de etnia, gênero, orientação sexual, deficiência de linguagem, origem familiar, renda familiar, cidadania ou etnia. Nem todas tiveram sucesso. Algumas tentaram apenas ensinar autoestima às crianças, pensando que isso bastaria. Acontece que fazer elogios imerecidos às crianças é um tiro que sai pela culatra e pode até diminuir a motivação intrínseca. Outros programas se concentraram no ensino de frases prontas, como declarações do tipo "Eu sinto...", em que professores e crianças são instruídos a tratar de suas emoções usando sentenças que começam com essas duas palavras. Mas as declarações por si sós não garantem que todos desenvolverão habilidades emocionais ou que a SEL será adotada como parte consistente do ensino e da aprendizagem.

AS MELHORES ABORDAGENS SEL SÃO SISTÊMICAS, E NÃO FRAGMENTADAS

A SEL deve ser adotada de cima para baixo. Se o diretor não estiver totalmente comprometido, os professores entenderão a mensagem e os alunos serão prejudicados por esforços desanimados. Os líderes precisam abrir espaço para o desenvolvimento profissional contínuo. Todos os adultos na escola devem aprender as habilidades para que possam servir de modelo para as crianças. Os professores em cada nível de ensino precisam compreender o desenvolvimento social, emocional e cognitivo e estar imersos numa pedagogia culturalmente responsiva. Os professores precisam reconhecer que são os principais modelos dos alunos durante o dia letivo. O tempo todo – e não apenas quando o assunto é a SEL. Além disso, os alunos devem ter voz na forma como ela é implementada; se não for relevante e significativo para suas circunstâncias particulares, irá falhar.

As pesquisas mostram que professores com habilidades emocionais mais desenvolvidas relatam menos esgotamento e maior satisfação no trabalho; também experimentam emoções mais positivas enquanto ensinam e recebem mais apoio dos diretores com quem trabalham. A presença de líderes emocionalmente inteligentes também faz diferença. Quando os líderes escolares têm habilidades emocionais, os professores relatam que se sentem mais inspirados, menos frustrados e esgotados e mais satisfeitos com o trabalho. Por sua vez, o relacionamento dos professores com os alunos é mais caloroso; suas aulas são mais bem organizadas, gerenciadas, e oferecem mais suporte; além disso, os mestres usam mais práticas que cultivam a criatividade, a escolha e a autonomia. Quando as crianças se relacionam melhor com os professores, elas ficam mais mobilizadas e comprometidas com a escola, se ajustam melhor socialmente e estão dispostas a assumir mais desafios e a persistir diante das dificuldades. Os alunos fazem menos bagunça, se concentram mais e têm melhor desempenho acadêmico.

A aprendizagem socioemocional não pode ser abordada apenas numa reunião matinal de dez minutos ou todas as quintas-feiras, no quarto tempo. Não pode ser isolada em reuniões ocasionais para alunos ou em workshops para professores. A SEL tem que ser algo cotidiano, precisa se tornar parte do DNA da escola. Deve haver uma linguagem comum entre todas as partes interessadas. A SEL deve ser integrada à liderança, ao ensino, às reuniões do corpo docente, ao envolvimento familiar, a procedimentos de contratação e políticas.

No que diz respeito ao ensino em sala de aula, os alunos observam seus professores de perto, prestando atenção em cada expressão facial, cada gesto, cada mudança de tom de voz. Estão constantemente absorvendo informações sobre o modo como os professores se sentem diante de determinados assuntos, do trabalho e dos alunos. Esse subtexto emocional existe em todas as lições – quer o professor tenha ou não essa intenção.

Para um aprendizado efetivo dos alunos, eles precisam sentir o investimento emocional do professor. História pode ser entediante ou estimulante. Geometria pode ser confusa ou inspiradora. Línguas estrangeiras podem isolar os alunos ou abrir portas para novos mundos empolgantes. As matérias em si não mudam, a emoção que o professor infunde na aula, sim.

Nas melhores escolas em que o método RULER foi aplicado, todo adulto faz a mesma coisa – e não apenas os professores, diretores e orientadores, mas também o pessoal de segurança, funcionários de refeitório, zeladores e motoristas de ônibus escolares. Há uma escola em Seattle onde a funcionária que controla a frequência dos estudantes tem um Gráfico das Emoções enorme na parede atrás de sua mesa. As crianças muitas vezes chegam à escola às pressas, atrasadas e agitadas. Quando entram em seu escritório, a funcionária as desacelera, e elas indicam seus sentimentos. Só isso já acalma os estudantes. Juntos, eles exploram diferentes estratégias para ajudá-los a se preparar emocionalmente para entrar na sala de aula. Em algumas escolas, há até mesmo um Gráfico das Emoções nos ônibus, e quando as crianças embarcam, fazem um check-in e consideram se é um espaço emocional útil para começar o dia escolar.

Até o imóvel em que funciona a escola deve fazer parte do esforço. Lembro-me de instituições de ensino que visitei onde, logo na entrada, as declarações de visão e missão deixam claro que a SEL faz parte da educação, e há um Gráfico das Emoções enorme com sentimentos em vários idiomas. Dentro das salas de aula ficam expostos trabalhos que refletem um forte compromisso com as diversas origens dos alunos, incluindo autorretratos cercados por adjetivos que representam suas melhores versões.

A disposição dos assentos também tem sua influência. Você se sentiria criativo ou inspirado se passasse o dia todo sentado olhando para a nuca de um colega? A arquitetura escolar típica envia uma mensagem emocionalmente rígida. As escolas precisam permitir alguma flexibilidade e reconhecer a necessidade humana de conexão com os companheiros.

Também colaboramos com organizações como a Playworks, que ajuda as escolas a descobrir como integrar a SEL ao recreio, com jogos e esportes. Além disso, trabalhamos com o Boys & Girls Clubs of America para expandir as oportunidades de desenvolvimento de habilidades emocionais para o período pós-escola. Frequentemente penso em como me sentia assustado e inseguro no parquinho durante o recreio e nas atividades após o horário escolar, e me pergunto o que teria sido diferente se os adultos nesses espaços fossem cientistas da emoção.

Isso tudo significa que a SEL vai para a casa junto com os alunos. Quando eu era criança, as conversas com meus pais sobre a escola eram mais ou menos assim:

"Como foi a escola?"

"Tudo bem."

Fim de discussão.

Mas em escolas que envolvem as famílias, as conversas são mais como a conversa a seguir, que foi compartilhada comigo por uma mãe:

"Ei, mãe, acabei de aprender uma palavra nova, *alienação*, porque estamos estudando o movimento dos direitos civis. Tivemos que pensar sobre o que nos faz sentir alienados. Pensei na época em que não fui escolhido para fazer parte do time de beisebol. Era a pior sensação do mundo ser deixado de fora sem saber por quê. O que faz você se sentir alienada, mãe?"

"Na verdade, querido, é uma pergunta muito boa. Eu me sinto assim muitas vezes no trabalho. Eu sou a única policial feminina na minha delegacia, então não sou convidada para fazer muitas coisas com os outros policiais."

Essa mãe me contou que não tinha realmente pensado sobre como se sentia isolada no trabalho até que seu filho a estimulou a falar. Isso não só ajudou os dois a se aproximarem, mas também se tornou um momento importante para ela, do ponto de vista pessoal. Como resultado, ela decidiu conversar com seu superior sobre o assunto.

AS MELHORES INICIATIVAS SEL SÃO PROATIVAS, NÃO REATIVAS

Ser proativo significa que não esperamos que surjam problemas para depois lidar com eles – adotamos medidas para evitá-los.

Não são muitos os alunos do jardim de infância que levantam a mão e dizem: "Desculpe-me, não me sinto apoiado emocionalmente nesta sala de aula." A maioria dos alunos do ensino médio não vai até o diretor reclamar: "Sinto-me ansioso e com medo durante a maior parte das minhas aulas e preciso de algumas estratégias para lidar com isso." Portanto, as escolas têm que tomar a iniciativa. Têm que deixar claro para todos os alunos que as habilidades emocionais são parte integrante de sua educação.

Como isso funciona? Em termos práticos, em algum momento durante as primeiras semanas de aula, um professor pode dizer: "Todos nós sabemos que as emoções são importantes, então vamos falar sobre os sentimentos que queremos experimentar como alunos nesta sala de aula." Isso abre a discussão para a construção de seu *Estatuto de Inteligência*

Emocional. O objetivo do exercício é fazer com que os estudantes descrevam como querem se sentir, incluindo o modo como podem se ajudar mutuamente a sentir essas emoções, para dar-lhes controle sobre o ambiente da sala de aula. Em algumas escolas, isso significa uma mudança de mentalidade, desviando o foco da obediência de regras para a criação de um espaço emocionalmente seguro. É um ato de esperança, uma mudança de uma voz passiva para uma voz ativa.

As crianças mais novas dizem que gostariam de se sentir mais felizes, seguras e calmas. Alunos mais velhos têm necessidades mais matizadas: querem se sentir fortalecidos, respeitados, motivados, apoiados, confiáveis.

Independentemente do nível escolar, os alunos adoram tudo isso, afinal, questionamentos sobre a opinião deles são uma novidade. Todos os dias, ano após ano, suas emoções são reprimidas e, de repente, surge um professor perguntando o que eles estão sentindo, como querem se sentir e o que farão para alcançar esse objetivo.

Líderes, professores e funcionários passam pelo mesmo processo. Normalmente, eles dizem que desejam se sentir mais valorizados, apreciados, inspirados, conectados e apoiados. Muitas das emoções desejadas por eles são as mesmas nomeadas pelos alunos. Isso me faz pensar: haveria algo faltando no ambiente escolar conforme foi construído durante décadas e séculos, algo de que alunos *e* professores precisam?

As informações coletadas são então transformadas em uma exibição visual, geralmente um pôster grande e criativo, que todos assinam. Após a conclusão dessa atividade, quando as rotinas são formadas, adultos e crianças ficam mais dispostos a compartilhar sentimentos e a falar quando sentirem necessidade.

Aqui está um exemplo: "Estávamos jogando no recreio e outra garota – ela era nova na escola – se aproximou e tentou se juntar a nós", contou Callie, uma menina de 8 anos de Seattle. "Nós realmente não queríamos que ela brincasse com a gente, mas então pensamos sobre o estatuto da sala de aula e em como concordamos que todos deveriam se sentir *incluídos*. Se não a deixássemos brincar, estaríamos contrariando o estatuto e ela se sentiria mal. Se a mesma coisa acontecesse conosco, nos sentiríamos abandonados e solitários. Então, abrimos espaço para ela entrar na brincadeira. Tínhamos muito mais em comum com ela do que pensávamos."

AS ABORDAGENS MAIS EFICAZES INTEGRAM A SEL AO CURRÍCULO E FORNECEM DESENVOLVIMENTO DE HABILIDADES EM *TODOS* OS NÍVEIS DE ENSINO PARA ALCANÇAR *TODAS* AS CRIANÇAS

É claro que a maneira como a SEL é ensinada e aprendida depende da idade, mas nunca é cedo demais ou tarde demais para começar. Quando os alunos vão para a escola depois de múltiplos eventos traumáticos ou após viverem em abrigos para sem-teto ou em moradias temporárias, como acontece com um em cada dez estudantes de escolas públicas da cidade de Nova York, eles geralmente exigem apoio adicional de um psicólogo escolar, assistente social ou conselheiro.

A SEL precisa ser culturalmente receptiva. Por exemplo, na cidade de Nova York, existem mais de 160 idiomas falados pelos alunos e suas famílias. Programas desenvolvidos dentro de uma cultura ocidental podem não abordar subgrupos culturais de forma adequada e, ao mesmo tempo, até alienar alunos de origens diferentes, porque a forma como as pessoas expressam e regulam as emoções varia muito entre as culturas.

As intervenções mais abrangentes se concentram no desenvolvimento de habilidades sociais e emocionais por meio de tópicos de sala de aula, conversas e atividades que se relacionam aos interesses, às necessidades, aos relacionamentos e à vida dos alunos – dentro e fora da escola. Por exemplo, em uma escola que se utiliza da metodologia RULER que visitei em Tulsa, foi utilizado na aula um livro sobre o Holocausto, chamado *O menino do pijama listrado*, para ensinar habilidades emocionais. Os alunos rastrearam e analisaram as emoções de diferentes personagens ao longo da história, fornecendo evidências do texto para as possíveis causas e consequências das emoções e seu impacto na tomada de decisão e nos relacionamentos de cada personagem. Os alunos também fizeram conexões com sua vida e com a própria comunidade.

O desenvolvimento também é importante. A forma como nosso cérebro processa emoções e habilidades emocionais está inseparavelmente ligada a nosso desenvolvimento social e cognitivo. Por exemplo, aos 5 anos, as crianças podem aprender sobre a tristeza e o orgulho; no quinto ano, sobre a desesperança e sobre o júbilo; e no ensino fundamental II, sobre o ciúme e a inveja.

No ensino médio, a SEL precisa atender às necessidades específicas de desenvolvimento dos adolescentes, que desejam mais autonomia à medida que exploram tópicos como identidade, relacionamentos e tomada de decisão. Em uma escola de ensino médio de Los Angeles, os alunos criaram um Gráfico das Emoções para rastrear seus sentimentos no final de cada aula por duas semanas e, em seguida, analisaram os dados, considerando as causas e consequências dos sentimentos. O objetivo era procurar padrões de emoções relacionados à hora do dia, ao dia da semana e à área de estudo da disciplina. Os alunos também monitoraram o sono, exercícios e hábitos alimentares para ajudá-los a fazer maiores inferências a partir dos próprios dados. Em seguida, elaboraram estratégias úteis de regulação da emoção e fizeram outras recomendações sobre como poderiam buscar um melhor desempenho. O projeto culminou num plano pessoal para acentuar o bem-estar. Também foi um ótimo exemplo de como a SEL pode se integrar perfeitamente às aulas de artes, de línguas, matemática, ciências ou saúde – e ao mundo real.

No cerne de nossa abordagem para o ensino médio está o desejo de ajudar os alunos a responder a três perguntas de grande relevância. A primeira é: Quem sou eu? Aqui, os alunos exploram seus traços de personalidade e motivação, entre outras competências. A segunda pergunta é: O que eu quero da minha trajetória no ensino médio? Aqui, os alunos exploram seus objetivos para relacionamentos, atividades acadêmicas e atividades extracurriculares. A terceira pergunta é: O que eu preciso para atingir meus objetivos e apoiar meu bem-estar?

Os estudantes continuam aprendendo estratégias para desenvolver empatia e gerenciar conflitos interpessoais. Jorge e Ali eram grandes amigos num colégio de Chicago. Como acontece com outros jovens de 15 anos, suas brincadeiras muitas vezes se tornavam físicas. No caminho para o treino de futebol, Ali estava enviando uma mensagem de texto para uma nova namorada. Jorge tentou ver, mas Ali queria privacidade. Ele ergueu o celular bem acima da cabeça, gritando: "Cara, pare com isso! Você é pior do que meu irmão mais novo."

Jorge forçou o braço de Ali para baixo, pegou o telefone e correu pela porta do vestiário, provocando Ali para alcançá-lo. A mochila de Ali ficou presa na maçaneta da porta e, enquanto ele lutava para se libertar, Jorge decidiu jogar um tênis sujo nele.

Imediatamente, Ali se desvencilhou da mochila, deixando-a balançando na maçaneta. Correu em direção a Jorge com uma raiva que surpreendeu a todos no vestiário. Os treinadores tiveram que tirar Ali de cima de Jorge quando ele estava prestes a dar um soco na cara dele.

Os garotos foram levados à diretoria.

"Gente, sei que são bons amigos", disse o diretor assistente ao entrar na sala. "E vocês sabem que temos ferramentas para lidar com isso. Você, Ali, vai sentar fora do escritório, e Jorge, você vai pegar aquela cadeira desocupada na sala de espera. Vamos fazer algumas respirações calmantes e, em seguida, vão completar esses Diagramas emocionalmente inteligentes, então voltarei daqui a uns cinco minutos."

As listas de instruções para o preenchimento do diagrama exigiam que cada garoto dissesse como o outro poderia ter se sentido, a possível causa dos sentimentos e como cada um deles expressava e regulava suas emoções. O ato de tomar as perspectivas um do outro ajudou Jorge e Ali a passarem do quadrante vermelho para o verde, para que pudessem começar a pensar com clareza.

Quando terminaram, o diretor assistente os reuniu e disse: "Muito bem, vamos ouvir o que cada um de vocês escreveu. E lembrem-se, sem interrupções nem julgamento."

O primeiro foi Ali, que explicou que, no Iraque, onde ele nasceu, atirar um sapato em alguém era o pior insulto possível. Enquanto ele falava, Jorge percebeu seu erro. "Eu realmente sinto muito. De verdade, eu não sabia. Não vou voltar a fazer isso. Eu prometo", disse ele.

Jorge e Ali colaboraram com estratégias que poderiam usar no futuro para administrar seus sentimentos de maneira mais eficaz. Como acompanhamento, os dois trabalharam numa apresentação para a turma, comparando as culturas do Oriente Médio e da Espanha, tornando aquele incidente uma prática restauradora para eles e para a turma.

Além desse trabalho que desenvolvemos em sala de aula, colaboramos com o Facebook para construir o InspirED, um centro de recursos gratuito para elevar a voz dos estudantes e capacitar alunos do ensino médio na criação de mudanças positivas na escola e na comunidade. Os alunos seguem um processo de quatro etapas, com recursos e ferramentas que apoiam cada fase: (1) Avaliação do clima escolar com uma variedade de medidas; (2) Brainstorming de projetos livres para servir suas comunidades escolares; (3) Compromisso e conclusão de um plano; e (4) Análise de sucessos e impacto.

AS MELHORES ABORDAGENS SEL PRESTAM ATENÇÃO NOS RESULTADOS

O monitoramento do progresso e do impacto da SEL é parte integrante da implementação. Está funcionando? As pessoas estão transmitindo as lições? Os resultados esperados estão se aprimorando?

Durante a última década, acumularam-se evidências do impacto positivo do método RULER nas habilidades de inteligência emocional dos alunos, na capacidade de resolução de problemas sociais, nos hábitos de trabalho e notas; no clima da sala de aula e da escola, incluindo menos ocorrências de bullying; e no estresse do professor, esgotamento e suporte educacional para os alunos. Duas metanálises também demonstraram que um processo sistemático de integração da SEL é o elemento comum entre as escolas que relatam melhores relações entre professores e alunos, uma diminuição nos desafios emocionais e comportamentos problemáticos e um aumento no sucesso acadêmico. O benefício pode até ser medido em dólares. Em 2015, uma análise de custo-benefício de seis implementações da SEL em escolas americanas descobriu que a proporção era de cerca de onze para um. Uma análise de custo-benefício compara o custo monetário de um investimento (implementação de um programa de aprendizagem socioemocional) com o valor monetário de seus resultados (por exemplo, realização educacional). Isso significa que, para cada dólar investido, em média, há um retorno econômico de 11 dólares, algo substancial.

A diferença entre escolas que incorporam a SEL e aquelas que não o fazem pode ser estudada infinitamente. Contudo há um exemplo que nunca deixa de me comover.

Um menino chamado Jordan foi transferido para uma escola que utilizava o método RULER. Ele vinha de uma instituição de ensino onde havia sido terrivelmente intimidado. Como parte de uma lição do RULER, foi pedido que ele escrevesse um poema sobre a palavra *isolado*, usando-a no contexto de seus sentimentos – quase como uma carta para os agressores que antes o atormentavam. Jordan escreveu o poema, mas estava com medo de compartilhá-lo, pois temia voltar a sofrer bullying. Sua professora, que era treinada no método RULER, perguntou se ela poderia compartilhar o poema com seus colegas professores. Com relutância, ele concordou e recebeu elogios, o que lhe deu coragem para ler seu poema em voz alta para a turma.

Aqui está o poema, reproduzido com a permissão do autor:

Você é feio
Eu sei
Já me disseram
Você é bobo
Eu sei
Eu percebi
Você parece um alienígena
Eu sei, já me falaram
Você tem olhos grandes
Eu sei, já me olhei no espelho
Você não pode ser piloto
Você não é inteligente o suficiente
É possível. Eu considerei isso
Cada insulto que você inventa é estranho, mas é verdade
Você aponta minhas muitas falhas

E me ajuda a melhorar
Ao destacar minhas muitas fraquezas, você também destaca meus pontos fortes
Minha feiura leva à minha personalidade gentil
Minha tolice traz risadas para o mundo
Minha semelhança com os alienígenas dos filmes apenas destaca minha inteligência
Meus olhos grandes expressam meus sentimentos e ampliam minha visão
Posso não chegar a ser piloto, mas poderia ser
Veja, cada insulto que você inventa me dá uma visão de sua mente
E embora eu tenha muitos problemas, sinto pena de você
Ah, por quê? Por que sinto pena de você?
Porque sua mente não pode se libertar
A muralha de insultos que você constrói limita sua mente e seus sentimentos
Logo, se não parar, você se tornará desumano
E terá o maior problema de todos
Solidão
Pense nisso

Segundos depois de Jordan recitar o último verso, seus colegas se levantaram da cadeira, com lágrimas nos olhos, aplaudindo – aplausos de pé que ele nunca esperara.

"Não podemos acreditar que isso aconteceu com você", disse um deles. "Aqui não é desse jeito." Assim que percebeu que a nova escola era um abrigo, um porto seguro, Jordan desabrochou.

De fato, quando visitei a escola um ano depois, esbarrei com ele na cantina. Jordan falou comigo, animado: "Estou escrevendo muito e acho que quero ser poeta." Quando assenti, ele voltou com uma pilha grande de papéis e um sorriso aberto. Antes de se afastar, me disse com confiança: "Pode me procurar nas prateleiras."

Se Jordan estivesse numa escola que não fosse dedicada ao estudo das emoções, talvez tivesse encontrado um professor sensível que reconheceria o que ele precisava depois de sua horrível experiência anterior.

Mas talvez não. Nesse caso, ele provavelmente passaria o resto da vida sem enfrentar o que tinha acontecido com ele, sem saber que poderia e deveria se sentir seguro e contribuir com dignidade para a sociedade. Se realmente acreditamos na nossa missão, o poema de Jordan é uma prova de que os principais resultados vão muito além das pontuações de provas e precisam incluir como os alunos se sentem na escola.

E como todos os problemas que vemos nas escolas se desdobram quando nossos filhos chegam à faculdade? Mais ou menos da forma que se imagina.

De acordo com um relatório do Center for Collegiate Mental Health, entre 2009 e 2015, o número de alunos que visitaram os centros de aconselhamento do campus aumentou em mais de 30%. Ansiedade e depressão são os principais motivos que levam os estudantes a procurar ajuda.

Em 2018, a Organização Mundial da Saúde divulgou os resultados de um estudo com quase 14 mil alunos de dezenove faculdades em oito países. Mais de um em cada três alunos relatou sintomas consistentes, condizentes com pelo menos um transtorno de saúde mental, principalmente depressão, ansiedade e abuso de substâncias. O Estudo de Mentes Saudáveis de 2018 descobriu que 23% dos estudantes universitários estão tomando medicação psiquiátrica, em comparação a 18% em 2016. Em outra pesquisa, 87% dos estudantes universitários disseram que "se sentiam oprimidos" e 63% disseram que "se sentiam muito solitários".

Em minha pesquisa não clínica, especialmente nas instituições da Ivy League, descobri que no início de um semestre os universitários experimentam uma mistura saudável de emoções agradáveis e desagradáveis – empolgação e ansiedade, felicidade e exaustão, orgulho e medo. No meio do período, contudo, eles se sentem principalmente estressados, oprimidos e frustrados. Quando sondo as razões, eles dizem coisas como "Não acredito que seja possível ter sucesso sem ficar estressado", "Devo perseverar a todo custo" ou "Tenho que ser o número um".

Suas estratégias para administrar essas emoções – privação de sono, videogame em excesso, hábitos alimentares inadequados, consumo de drogas e álcool – não estão ajudando. Recentemente, pedi aos universitários que compartilhassem como esperavam se sentir na faculdade. A resposta mais relevante foi "amado". Quando perguntei por quê, eles responderam: "Sinto-me um robô", "Sinto-me um impostor", "Não sei quem sou". Eu fiquei chocado.

Nossa abordagem tradicional tem sido lidar com os problemas de saúde mental dos alunos apenas depois que uma tragédia acontece. Eles são diagnosticados com ansiedade ou depressão ou afirmam estar pensando em suicídio. Em seguida, recebem medicamentos ou terapia. Mas as faculdades, assim como as escolas de ensino fundamental e médio, precisam adotar uma abordagem preventiva. Como haverá recursos suficientes para fornecer aconselhamento para todos os estudantes universitários?

Integrar a SEL ao ensino superior é um grande desafio. Ao contrário do ambiente do jardim de infância ao ensino médio, em que é mais fácil adotar uma abordagem sistêmica, a estrutura da universidade apresenta maiores obstáculos para o ensino de habilidades emocionais, dado o tamanho da população de estudantes e a natureza distante das relações entre docentes, conselheiros universitários e alunos.

Como resultado da forma como o ensino superior está estruturado, abundam as abordagens fragmentadas: algumas faculdades criaram "estações de relaxamento", que incluem cadeiras de massagem e pufes, enquanto outras oferecem aulas de ioga e meditação. Entretanto, não há uma abordagem mais sistêmica.

Descobri que os alunos muitas vezes chegam à faculdade com uma mentalidade interessante sobre o treinamento das emoções. Por exemplo, por quase uma década lecionei uma disciplina na universidade chamada Inteligência Emocional. Ela é classificada como um curso acadêmico, mas meu objetivo é ensinar aos alunos práticas baseadas em evidências para apoiar seu bem-estar e ajudá-los a desenvolver as chamadas *soft skills* que os empregadores pedem atualmente. No entanto, recebo críticas severas de muitos alunos. Aqui está o que ouvi em algumas de minhas aulas:

"Não precisei dessas habilidades para entrar em Yale."

"Agora você quer que eu coloque a regulação da emoção na minha já longa lista de tarefas?"

"Eu me matriculei nesse curso para aprender sobre a ciência da inteligência emocional, não para praticar exercícios de respiração!"

Nesse ponto, precisei de um MetaMomento para não dizer: "Você pode não ter precisado dessas habilidades para entrar, mas vai precisar delas para sair." Em vez disso, expliquei que apenas 42% dos principais empregadores acreditam que os recém-formados estão adequadamente preparados para o mercado de trabalho, especialmente no que diz respeito a habilidades sociais e emocionais. A pesquisa "The Class of 2030 and Life-Ready Learning", conduzida em colaboração com a Microsoft e a McKinsey & Company's Education Practice, sugere que de 30% a 40% dos empregos de hoje exigem competências sociais e emocionais. Também explico que entre os estudantes universitários há uma "restrição de faixa" de pontuações de QI, o que significa que isso não tem mais valor preditivo. Em outras palavras, não é o QI alto que faz com que alguém chegue a algum lugar. São as habilidades sociais e emocionais que dão aos estudantes universitários de hoje uma vantagem competitiva.

Se os universitários desejam obter os benefícios da SEL, eles devem se convencer de que aprender e praticar essas habilidades faz diferença. Em Yale, minha colega Emma Seppälä, autora de *The Happiness Track* [A trilha da felicidade], e eu pilotamos algumas implementações SEL. Em nosso primeiro estudo com mais de duzentos alunos de graduação, após um programa de seis semanas, os estudantes relataram menos estresse e esgotamento, mais autocompaixão e aceitação de suas emoções e maior envolvimento na escola. Num estudo-piloto realizado por um aluno de pós-graduação em saúde pública, 67 estudantes foram divididos em dois grupos. Um deles (o grupo do programa) foi solicitado a monitorar seu humor, usando nosso aplicativo do Gráfico das Emoções, até seis vezes por dia, durante quatro semanas. O outro (o grupo de controle) fez "o de sempre" (até depois do estudo, quando obtiveram o mesmo acesso ao aplicativo). O grupo do programa SEL também assistiu a uma aula semanal de duas horas focada no desenvolvimento de habilidades de inteligência emocional, praticando o autocuidado e estabelecendo metas. Em comparação com os alunos do grupo de controle, os do grupo do programa tiveram reduções significativas na depressão, no estresse e na ansiedade, além de um aumento significativo na autoavaliação da atenção plena (por exemplo, sentir-se mais presente). Este ano, estamos lançando nosso primeiro estudo clínico randomizado controlado para testar a eficácia de nossa abordagem.

O mais revelador do estudo foram os depoimentos dos participantes:

"Aprendi que ser vulnerável abre oportunidades maravilhosas para amizades e conexões mais profundas. Aprendi que às vezes é preciso ser tão gentil consigo quanto se é com os outros, e ser tão compreensivo com os outros quanto às vezes somos com nós mesmos."

"Gostaria que esta aula pudesse continuar pelo maior tempo possível, porque temo que essa paz que sinto se dissipe, mas preciso ter esperança de carregar essas lições comigo para sempre."

"Calma, serenidade, foco e felicidade geral estão ao meu alcance, desde que eu interiorize a sabedoria reunida neste workshop."

"Essa aula me fez sentir como se estivesse acordando de um longo sonho. Tinha a sensação de não estar realmente vivo ou 'aqui' por muitos anos, e agora sinto que despertei. Se eu tivesse que descrever a maneira como via minha vida em cores, antes seria um cinza-claro, e agora seria um branco brilhante. Quase como se eu tivesse uma nova tela em branco para colocar cores vibrantes, este workshop me ensinou que é possível melhorar e desintoxicar-se colocando atenção e consciência como dois dos princípios mais básicos da vida."

O que ouço em tudo isso é uma história de advertência: não estamos fazendo justiça a essas crianças no apoio a seu desenvolvimento emocional. Assim, quando se tornam jovens adultos na faculdade, sofrem por causa da falta de uma prévia educação das emoções.

Quer seja por causa do cyberbullying ou de abusos, da pressão para usar drogas ou para ser magro, por pais superprotetores ou negligentes, por diferenças de aprendizagem ou questões de identidade, o cérebro de nossos filhos está sobrecarregado de emoção, interrompendo os caminhos para o raciocínio superior e o aprendizado, a menos que saibam como lidar com todas as emoções que acompanham essas situações. E quando as crianças estão numa roda-viva de realizações – principalmente nos últimos anos da escola –, essa preocupação acaba indo para o final da lista.

SEL é o colete salva-vidas universal que mantém os alunos à tona e abertos ao aprendizado. Quando as crianças aprendem em ambientes psicologicamente seguros que nutrem suas habilidades emocionais, elas podem passar do desamparo à resiliência, da ansiedade à ação, da dispersão ao foco, do isolamento à conexão.

No entanto, como defendeu minha colega Dena Simmons, diretora-assistente de nosso Centro, o ensino das habilidades emocionais deve se basear num contexto maior de esforços de equidade e justiça para garantir que *todas* as crianças, especialmente as marginalizadas, tenham a oportunidade de prosperar e ter maior controle sobre o rumo de sua vida. Assim, podemos criar jovens que sejam academicamente fortes, bem como gentis, compassivos, resilientes e bem-sucedidos, tudo ao mesmo tempo. Podemos criar crianças capazes de colaborar, levar adiante seus projetos e se recuperar após um fracasso. Podemos servir de modelo e ensinar que confiança, vulnerabilidade, paixão e realização estão intimamente ligadas.

Com o passar dos anos, nosso Centro deixou de trabalhar com escolas e distritos individuais para construir abordagens em âmbito municipal e estadual. Na cidade de Nova York, treinamos e orientamos quase todos os superintendentes. Atualmente, o método RULER está integrado a cerca de um quarto das 1.700 escolas públicas. Em Connecticut, com apoio generoso da Dalio Foundation, Hartford Foundation for Public Giving, Seedlings Foundation e Tauck Family Foundation, entre outras, e em colaboração com legisladores e organizações como a Associação de Superintendentes de Escolas Públicas de Connecticut e Associação de Educação de Connecticut, lançamos uma iniciativa chamada "Tornando Connecticut o primeiro estado educacional emocionalmente inteligente!". Nosso objetivo é incluir os princípios e práticas da SEL em todos os programas escolares e pós-escolares do estado, para garantir que os mais de 500 mil alunos, 85 mil educadores e funcionários e famílias se beneficiem de uma educação em habilidades emocionais.

Até que a SEL permeie toda a rede escolar e os líderes comunitários se tornem uma força vocal e energizada em prol da aprendizagem social e emocional, ela não ocupará seu devido lugar. Esta é a dura lição que tio Marvin e eu aprendemos: somente quando todos demonstrarem que o estudo das emoções é importante é que os políticos, conselhos e administradores escolares prestarão atenção e farão o esforço necessário para levá-lo a sério. Esse compromisso adentra a sala de aula, o refeitório, o ginásio, o parquinho, o ônibus escolar, os diretores, professores, auxiliares e orientadores, os pais, em benefício de toda a sociedade.

Quando damos asas à sabedoria das emoções, podemos criar crianças saudáveis que realizarão seus sonhos e farão do mundo um lugar melhor.

11 Emoções no trabalho

É FÁCIL VER POR QUE O LOCAL DE TRABALHO pode ser um ambiente emocionalmente desafiador.

Afinal, passamos metade de nossas horas despertos lá, cercados por pessoas que não escolhemos e que não necessariamente compartilham nossos hábitos, valores ou gostos. No entanto, precisamos nos dar bem com elas e encontrar uma maneira de cooperar e colaborar, ou então corremos o risco de ser adultos infelizes – e possivelmente malsucedidos. Os meios necessários para sustentar a nós e a nossa família dependem de como atuamos nessa arena. E, ao contrário da escola, no trabalho não há formatura. Estamos nisso há muito tempo, décadas. Entramos na juventude e sairemos, ao menos a maioria de nós, à beira da velhice.

Não é de admirar que os riscos emocionais sejam tão altos.

Pensamos no trabalho como algo que é conduzido por conjuntos de habilidades e informações, por inteligência e experiência, pela avidez de conquistas e realizações. Todas essas coisas são fatores importantes, claro. Mas as emoções são a força mais poderosa no local de trabalho – assim como em todos os empreendimentos humanos. Elas influenciam tudo, desde a eficácia na liderança até a construção e manutenção de relacionamentos complexos, da inovação ao relacionamento com o cliente. No Capítulo 2, discutimos como as habilidades cognitivas – no que nos concentramos, a que dedicamos esforços, o que lembramos, como tomamos decisões, nossos níveis de criatividade e engajamento – dependem de nosso estado emocional. E, como vimos do Capítulo 4 ao 8, nossa capacidade de usar essas emoções com sabedoria – para reconhecer, compreender, rotular, expressar e regulá-las com eficácia – muitas vezes determina a qualidade dos relacionamentos, da saúde e do desempenho.

Vamos começar então pensando no momento do despertar. Você fica feliz com a ideia de sair da cama e ir para o trabalho ou tem vontade de cobrir a cabeça com o cobertor e se esconder? Imagine os colegas com quem você interage com mais frequência. Você sorri ao pensar nesses encontros ou geme por dentro? No escritório, loja ou fábrica, as horas voam enquanto você mergulha nos desafios e prazeres de seu trabalho, ou você fica olhando para o relógio e reza por um treinamento de incêndio? Todos esses são sinais inconfundíveis do seu estado emocional no trabalho, o que terá grande impacto em como você se sente e se comporta mesmo quando não está trabalhando.

Agora pergunte a si mesmo: com que precisão você é capaz de identificar suas emoções e as dos outros enquanto está no trabalho? Que sentimentos você experimenta com mais frequência a cada dia? Está ciente do que faz com que você – e seus colegas – fiquem nos quadrantes amarelo, vermelho, azul e verde? Quais são as regras não escritas em seu local de trabalho para orientar a forma como as emoções são expressas? Que tipos de manifestação são aceitáveis? Quais são desaprovadas? Quanto trabalho emocional é necessário para atender às suas demandas profissionais? Você é hábil em regular suas emoções e em apoiar os outros a regular as deles?

Uma mulher que conheço tinha o hábito de chegar cedo ao escritório e começar a trabalhar enquanto o lugar estava silencioso e vazio. Ela amava a solidão e realizava muitas coisas num curto espaço de tempo, mas assim que os outros funcionários marcavam o ponto, a história mudava. Ao ser obrigada a interagir com os colegas, ela ficava cada vez mais esgotada, e as horas começavam a se arrastar. Muitas vezes, após o expediente, o marido sugeria que jantassem fora, porém em geral tudo que ela queria fazer era ir para casa e relaxar sozinha, com um livro e uma taça de vinho.

Depois de passar por nosso treinamento, a mulher percebeu o que estava acontecendo: ela começava a trabalhar no quadrante amarelo, energizada e positiva, mas gradualmente mudava para o verde e, então, no fim do dia, ia para o azul – baixa energia e negatividade. Essa mudança emocional estava afetando seu casamento e sua vida familiar. Era hora de começar a regular os sentimentos ao longo do dia, de empregar as estratégias necessárias para evitar chegar ao fim do dia no azul. Dessa forma, ela teria recursos cognitivos suficientes para se dedicar ao trabalho e *também* manter um relacionamento saudável com o marido.

Isso apenas ressalta quanto nossas vidas profissional e emocional se cruzam e se misturam. Não importa se você é o CEO da General Motors ou se trabalha num lava-rápido, as necessidades emocionais – pertencer e se sentir visto e ouvido – são as mesmas. E, só porque você tem 25 anos, é brilhante e acabou de ser contratado pelo Goldman Sachs ou pelo Facebook, isso não significa que você se destaca pela inteligência emocional ou que será capaz de funcionar perfeitamente em casa *ou* no trabalho.

Hoje em dia, quando tantos empregos exigem comunicação, as habilidades emocionais determinam nossos resultados. Se não conseguirmos reconhecer e compreender os sentimentos, rotulá-los e, em seguida, expressá-los e regulá-los com sucesso, teremos dificuldades. Muitos de nós interagem com outras pessoas – colegas, clientes, nossos pares em outras empresas –, e se não conseguirmos ser empáticos e usar essa informação para corregular as emoções *delas*, não seremos eficazes. Se não conseguirmos encontrar motivos para uma colaboração amigável, será quase impossível para a maioria de nós fazer bem nosso trabalho.

À primeira vista, todas as interações no local de trabalho são sobre trabalho – estamos numa reunião de planejamento, trocamos informações sobre um novo projeto, estamos compartilhando pesquisas sobre uma joint-venture, negociando um contrato, explorando uma parceria.

No entanto, essas interações acontecem em meio a relacionamentos que muitas vezes são forjados em momentos não relacionados ao trabalho: um pouco de conversa fiada no elevador, trocando dicas de restaurantes, compartilhando alguma fofoca de escritório e assim por diante. O local de trabalho é uma comunidade como qualquer outra. As amizades profissionais nascidas de momentos pessoais tornam nosso trabalho mais fácil e agradável, ou o contrário.

É uma alegria estar perto de seu novo colega e isso tornou seu trabalho mais agradável do que você imaginava? Maravilhoso. Seu chefe é um manipulador que gosta de praticar bullying e de dificultar sua vida? Não tão bom. Esses são minidramas típicos do ambiente de trabalho e, goste ou não, você está envolvido emocionalmente. Para o bem ou para o mal, você terá que lidar com isso. O desenvolvimento da inteligência emocional ajudará. E a criação de um ecossistema emocionalmente inteligente trará benefícios ainda maiores.

Tudo o que acontece no trabalho é, no fundo, um momento de emoção. "Eu mereço uma promoção" significa que acho que valho mais para você do que você imagina (e se eu não conseguir esse novo cargo, vou me sentir desvalorizado e procurar outro emprego). O teor de nossos encontros cara a cara, a localização de meu escritório, a forma como você me cumprimenta no elevador – tudo isso são expressões de como você se sente em relação a mim, o que determinará como me sinto em relação a você.

"Profissional" é um termo totalmente impróprio – por trás do verniz de nossa missão corporativa, as questões profissionais são tudo *menos* profissionais.

Uma pesquisa mostra que nossas emoções e nossos humores são transferidos de uma pessoa para outra e de uma pessoa para uma equipe inteira – tanto de modo consciente como inconsciente. Isso é chamado de "contágio emocional" e seu estudo data da década de 1890. Alguém sorri e você sorri de volta, ou alguém franze a testa e sua expressão muda, e de repente você se sente feliz ou triste sem saber por quê. Sigal Barsade, professora da Wharton School, Universidade da Pensilvânia, conduziu o primeiro estudo para testar se o contágio de emoções ocorria em grupos e se subsequentemente previa o comportamento das pessoas na equipe. Os participantes do estudo foram alocados aleatoriamente em quatro grupos diferentes, cada um representando um quadrante no Gráfico das Emoções. Um cúmplice treinado, agindo como participante, foi designado para cada grupo para provocar o sentimento apropriado. Os participantes foram informados de que estavam interpretando um gestor responsável pela negociação de um bônus para um funcionário. Cada equipe também sabia que dispunha de uma quantia fixa de dinheiro e que precisava considerar o que era melhor para o funcionário e para a empresa. Os resultados mostraram não apenas que o cúmplice provocou o contágio emocional, mas também influenciou o comportamento subsequente. Para ser mais preciso, os participantes nos quadrantes amarelo e verde relataram menos conflito, maior cooperação e melhor desempenho individual, e até alocaram dinheiro de forma mais uniforme em comparação com os participantes nos quadrantes vermelho e azul.

À medida que desenvolvemos habilidades emocionais, esperamos nos tornar mais conscientes de como criamos contágio emocional ativamente e compreender seu impacto sobre os outros. Também precisamos nos perguntar: Estou gerando a melhor emoção para alcançar os melhores resultados para o grupo?

Recentemente, entrevistei meu colega David Caruso a respeito do papel das emoções na liderança eficaz. "É fundamental", segundo ele, "combinar a emoção com a tarefa a ser realizada". Ele contou sobre uma reunião de desenvolvimento de produto da qual participou, em que o gerente foi enérgico e positivo. Seu humor era contagiante e útil durante a parte de brainstorming da reunião. Mais tarde, porém, quando o grupo voltou a atenção para planos detalhados de produtos e dados de mercado, o mesmo entusiasmo não foi tão útil. A vibração de alta energia e confiança que encorajava novas ideias criativas resultou num cronograma de lançamento excessivamente otimista e repleto de erros, provocados pela precipitação. Era um exemplo de emoção que não contribuía para a solução dos problemas. Após perceber o que tinha dado errado, a líder da equipe mudou o tom emocional da sala, mas o fez de uma forma que mal era detectável: usou seu tom de voz e a cadência da fala para diminuir o nível de energia e deu exemplos que demonstravam como era importante acertar os detalhes. Isso permitiu que o gerente de produto desacelerasse seu pensamento, se tornasse mais reflexivo e verificasse suas suposições. "As emoções", afirmou Caruso, "fluem por todas as organizações." Os líderes devem compreender como elas influenciam a maneira como as pessoas tomam decisões, pensam e trabalham para cumprir seus objetivos.

A própria organização também deve capacitar indivíduos para influenciar as emoções. "Ter as habilidades é uma coisa", compartilhou comigo Jochen Menges, um acadêmico de liderança nas Universidades de Cambridge e Zurique. "Ser capaz de aplicar as habilidades no trabalho é outra." De acordo com sua pesquisa, locais de trabalho emocionalmente inteligentes são diferenciados pelo modo como as pessoas se *comportam* no trabalho, e esse comportamento é fortemente influenciado pela *estrutura* – a maneira como as pessoas são organizadas, as hierarquias – e pela *cultura* – o que as pessoas acreditam ser apropriado. Se quem está no comando não emprega a inteligência emocional para se comunicar e gerenciar os outros, quem o fará?

Contudo, se a inteligência emocional é tão necessária no ambiente de trabalho, como podemos adquiri-la? Na escola, as habilidades emocionais podem ser integradas às disciplinas já ensinadas. Afinal, a educação é o único propósito da escola. É mais complicado desenvolver novas habilidades emocionais no trabalho. Quando exatamente esse treinamento aconteceria? Durante os intervalos para o cafezinho? Durante o almoço? Num retiro anual? Não estamos trabalhando para aprender – estamos lá para *fazer*. Algumas empresas investiram milhões em programas de treinamento e desenvolvimento de inteligência emocional. Mas ainda estou para ver um programa *abrangente* numa organização, que de fato ajude os funcionários a melhorar sua inteligência emocional e que crie hábitos duradouros. Essa é uma das razões pelas quais fundei o Oji Life Lab, que oferece treinamento em inteligência emocional para empresas. Numa sequência cuidadosamente projetada de pequenas etapas de aprendizagem, os alunos desenvolvem habilidades emocionais por meio de uma ampla gama de atividades instigantes, incluindo vídeos com ritmo ágil, um Gráfico das Emoções interativo, reflexões pessoais e exercícios envolventes. O programa inclui até conversas em vídeo com um orientador, tanto em grupo quanto individualmente. Ao explorar as habilidades emocionais ao longo do tempo, as pessoas retêm mais e desenvolvem hábitos que se tornam automáticos.

Mesmo quando o pensamento organizacional moderno tenta introduzir essas habilidades no local de trabalho, os empregadores costumam se ressentir por tomar tempo e por não verem resultados. Muitos gestores ainda não entendem que o resultado final depende de uma força de trabalho motivada, energizada e comprometida com um objetivo comum.

Recentemente, passei algum tempo como consultor numa empresa em que o relacionamento entre os dois principais gerentes estava causando um sério problema. Ambos eram qualificados e bons em seus trabalhos. Porém um deles era uma mulher ansiosa por natureza, e ela levava a sério cada reação e feedback. O outro era um homem barulhento e franco que sempre dizia tudo o que vinha à mente, sem parar para pensar em como seria recebido. Dá para ver como essa dupla podia entrar em rota de colisão, e foi o que aconteceu. Nenhum deles tinha habilidades emocionais para reconhecer o que estava acontecendo e tentar controlar a situação, conversando e regulando as reações mútuas. Cada interação era tensa e não tão produtiva quanto deveria ser.

Isso deixou nas mãos da diretora o esforço para mediar temperamentos tão diferentes. Não era exatamente como a chefe queria gastar seu tempo, mas se ela não ajudasse aqueles dois a controlar as emoções, o trabalho em seu departamento teria sido afetado.

Essas interações ocorrem constantemente em situações de negócios. Pense no que acontece quando você sente que um colega está de péssimo humor. Isso muda imediatamente o clima do escritório. Ninguém quer chegar muito perto. A comunicação falha. Há uma nuvem de nervosismo pairando no ar, sugando a energia psíquica do lugar.

Pode acontecer de um supervisor abafar todo o entusiasmo e podar a criatividade. Nas reuniões, ele recebe todas as opiniões divergentes com um olhar penetrante e uma careta. Seus subordinados pensam: por que tentar? Logo o desânimo dá lugar à falta de engajamento. Os funcionários se distraem na internet em vez de desenvolver novas ideias. Em pouco tempo, estão em busca de novos empregos.

As escolas de administração dedicam um semestre inteiro a estudar casos significativos de negócios que se extinguem. Mas alguém questiona se a falta de inteligência emocional e habilidades relacionadas tiveram alguma relação com essas histórias? É importante que estabeleçam essa relação diante de todas as pesquisas sobre o impacto de habilidades emocionais deficientes no modo como funcionários se sentem e agem. Por isso, algumas instituições educacionais, incluindo a Escola de Administração de Yale e a Escola de Pós-graduação de Administração da Universidade de Zurique, começaram a investir no desenvolvimento da inteligência emocional dos alunos. Contudo ninguém está acostumado a levar em conta a inteligência emocional ao pensar no sucesso e no fracasso deles, e não é algo surpreendente, pois não há números nos quais confiar, nem tabelas nem gráficos para fornecer respostas confiáveis (por enquanto).

Quando você analisa as pesquisas sobre a vida interior dos trabalhadores, os resultados são preocupantes.

Com o apoio da Faas Foundation, que financia esforços para criar ambientes corporativos saudáveis, seguros e justos, uma equipe de nosso Centro, liderada pela pesquisadora sênior Zorana Ivcevic Pringle, conduziu numerosos estudos sobre o papel das emoções no local de trabalho. Num estudo, entrevistamos mil pessoas e, em outro, 15 mil pessoas. Ambos os estudos tiveram uma amostra demograficamente representativa de todos os Estados Unidos.

Dentre as muitas perguntas, fizemos as seguintes: como você se sente no trabalho? Como são suas experiências no trabalho? Os participantes forneceram respostas a essas perguntas *em suas próprias palavras*, além de preencher as pesquisas.

Aqui está o que encontramos:

- Cerca de 50% dos trabalhadores usaram as palavras *estressado, frustrado* ou *sobrecarregado* para descrever os sentimentos no trabalho.
- Cerca de um terço dos trabalhadores indicou que se sente feliz ou orgulhoso em menos de 50% do tempo que permanece no trabalho.
- Muitas das coisas que afirmaram que os levavam a sentir emoções desagradáveis estavam relacionadas a outras pessoas – colegas que não encaravam o trabalho com seriedade, administradores sem boas habilidades de tomada de decisão, colegas de trabalho relaxados e pessoas sem empatia/capacidade de ouvir.

Também pedimos aos participantes que escolhessem três palavras para descrever como gostariam de se sentir no trabalho. "Feliz" foi a principal escolha. Isso não é surpresa. Ao longo de meu treinamento com vários grupos, sempre que pergunto como as pessoas gostariam de se sentir, a primeira palavra que sai da boca de todos é "feliz". É a opção padrão, aquela que deixamos escapar sem pensar muito.

As opções número dois e três foram as mais reveladoras. Depois de *felizes*, os entrevistados disseram que queriam se sentir *empolgados, alegres, apreciados, apoiados, realizados, respeitados, inspirados, habilidosos*. A palavra *valorizado* era outra opção importante, e as mulheres tinham duas vezes mais chances de usá-la do que os homens. Essa lista indica o que costuma faltar em um típico local de trabalho.

Outra pesquisa dá respaldo a nossas descobertas:

- De acordo com um levantamento da Gallup de 2018, com base em uma amostra aleatória de 30.628 funcionários em tempo integral e parcial nos Estados Unidos, mais da metade "não está engajada" no trabalho, enquanto outros 13% dizem que têm experiências de trabalho terríveis. O custo estimado para as empresas é de 450 bilhões de dólares por ano em perda de produtividade.
- No setor sem fins lucrativos, 45% dos jovens funcionários insistem que seu próximo emprego *não será* no setor sem fins lucrativos, citando o esgotamento como um dos principais motivos.
- 35% dos trabalhadores pesquisados afirmam que perdem

rotineiramente de três a cinco dias de trabalho por mês devido ao estresse no ambiente profissional.
- 45% dos médicos dizem que se sentem esgotados. Recentemente, pedi a um grande grupo de residentes médicos que considerasse um dia típico e como eles se sentiam ao longo dele. Em seguida, solicitei que resumissem a experiência numa palavra. Então, 70% dos residentes compartilharam termos como *entediado, energizado, sobrecarregado, estressado* e *melancólico*. Apenas 30% usaram palavras como *contente* ou *calmo*.
- De acordo com um estudo da Universidade Stanford, mais de 120 mil mortes anuais podem ser atribuídas ao estresse no local de trabalho, responsável por até 190 bilhões de dólares em custos de saúde. Os fatores de estresse incluem a falta de seguro-saúde, conflitos trabalho-família e tratamento injusto.

Uma pesquisa recente mostra que quando se trata de esgotamento e engajamento, o problema costuma ser uma mistura das duas coisas. Julia Moeller, ex-pesquisadora em nosso Centro e agora professora assistente na Universidade de Leipzig, conduziu um estudo que se concentrou na taxa de *burnout* dos melhores trabalhadores. Esses funcionários sofrem esgotamento justamente por conta de seus altos níveis de engajamento; são tão comprometidos com o emprego e tão bons nele que acabam tendo mais responsabilidades do que conseguem lidar. Em vez de recusar as atribuições extras, continuam a aceitá-las até ficarem completamente sobrecarregados. Num artigo relacionado à *Harvard Business Review*, de Moeller e Emma Seppälä, que lideram o trabalho de bem-estar de estudantes universitários de nosso Centro, eles descreveram uma mulher cuja tarefa era organizar uma conferência ambiciosa para sua empresa e que fez um ótimo trabalho, mas que nas semanas anteriores ao evento seus níveis de estresse ficaram tão altos que ela sofreu de graves sintomas de *burnout*, que incluíam sentir-se física e emocionalmente exausta, deprimida e com problemas de sono. Foi instruída a tirar uma folga do trabalho. Não chegou a ir à conferência e precisou de uma longa recuperação antes de restabelecer seus níveis anteriores de desempenho e de bem-estar. Os sintomas de esgotamento resultaram do estresse de longo prazo e da exaustão de seus recursos ao longo do tempo.

Enquanto isso, como elucidou a pesquisa da Gallup, metade de todos os trabalhadores sente exatamente o contrário: estão desmotivados. Claramente, há um equilíbrio emocional preciso que deve ser atingido – os funcionários devem estar suficientemente envolvidos para fazer um bom trabalho, mas não em excesso a ponto de sofrer esgotamento.

Parte da forma de evitar o esgotamento é encorajar os funcionários a falar quando se sentirem pressionados ou injustamente sobrecarregados. Mas isso não acontece isoladamente. A liberdade para se expressar, de modo positivo ou negativo, deve fazer parte da experiência cotidiana. Quando leciono no programa de Educação Executiva de Yale, muitas vezes pergunto: "Você se sente confortável para expressar suas emoções autênticas no trabalho?"

"Não!", é o que a maioria responde, sem hesitação.

"Acho que depende de com quem se está falando ou com quem se está negociando numa reunião", disse um membro da plateia.

"Eu diria coisas a um integrante da equipe ou colega que certamente *não* diria ao CEO", acrescentou outro espectador. "Eu nunca diria: 'Jeremy, você realmente me envergonhou naquela reunião, deixe-me dizer por quê.'"

Todos estavam repetindo a mesma coisa: que no trabalho raramente, ou nunca, expressariam como se sentem para aqueles que poderiam tomar alguma providência quanto a isso.

Devido a meu papel de diretor de um centro de pesquisa, conheço o impacto da supressão de emoções no local de trabalho.

Você sabe o que me mantém acordado à noite? É a forma como meus funcionários se sentem. Isso deve perturbar o sono de cada CEO, supervisor, gestor e chefe do mundo. É o principal determinante de praticamente tudo o que vai acontecer numa organização – de bom e de ruim. Se estamos num local de trabalho emocionalmente inteligente, a maioria dos desafios (embora não todos) são administráveis; se não estamos, tudo é uma dificuldade.

Antes de contratar alguém, sei que essa pessoa tem a experiência, o talento e a inteligência necessários para fazer o trabalho. No entanto, tenho pouca ou nenhuma ideia se esses candidatos possuem habilidades emocionais. Saberão conviver com os novos colegas de trabalho e colaborar, sem que rivalidades ou competitividade atrapalhem? Podem se adaptar a um novo ambiente e contribuir, mas não perturbar? Serão capazes de ter empatia com os clientes e entender como interagir de uma forma que atenda às suas necessidades e às da organização? Do contrário, estamos condenados ao fracasso. Se os lugares são feitos de pessoas, como Benjamin Schneider, da Universidade de Maryland, certa vez escreveu em um famoso ensaio, então certamente uma organização ficaria muito melhor se os funcionários tivessem habilidades emocionais.

Conforme uma empresa cresce, ela se torna ainda mais vulnerável à falta de habilidades emocionais. Aqui está um exemplo. Anos atrás, contratei alguém como supervisor, e essa pessoa decidiu que seria de grande ajuda me proteger de quaisquer reclamações relacionadas ao trabalho que sua equipe pudesse apresentar. Talvez ele pensasse que estava me fazendo um favor. Talvez, para alguns executivos mal orientados, isso pudesse parecer uma coisa boa. Mas foi um desastre. Por vários motivos, meus colegas estavam cada vez mais insatisfeitos com seus empregos, mas ninguém me contava. A situação continuou assim por um tempo, até que esse supervisor saiu e os funcionários se sentiram à vontade para expressar os sentimentos que foram proibidos de compartilhar. Tínhamos nos tornado um ambiente emocionalmente disfuncional, e isso transparecia no próprio trabalho. Demorou mais de um ano para que tudo voltasse a ser como antes. Se uma instituição que se autodenomina um Centro de Inteligência Emocional pode ser afetada por habilidades emocionais deficientes, isso pode ocorrer em toda parte.

A lição para mim foi que eu precisava me tornar mais vulnerável, expressando meus sentimentos com mais frequência e para mais colegas. Só se eu fizesse isso primeiro eles se sentiriam seguros para se expressar diante de mim. Tive que aprender a agir com menos autoridade e mais humanidade.

Outro exemplo do meu local de trabalho: anos atrás, tive uma funcionária que sempre parecia desinteressada e apática. Ela era difícil de ler, mas fazia o trabalho. Por isso me esforcei ao máximo para aceitar a situação e regular minhas emoções quando estava perto dela. Então tivemos uma reunião com o superintendente da uma escola, e essa funcionária sentou-se ali, parecendo visivelmente entediada. Eu fiquei furioso o tempo todo. Foi tão ruim que, após o término da reunião, o superintendente me perguntou: "Qual é o problema com aquela mulher?" Tive de garantir que estávamos interessados em trabalhar com ele. Isso mostra como o estado emocional de uma pessoa e a falta de habilidades – mesmo de um subordinado – podem contaminar todo o local de trabalho.

Levei semanas para descobrir como falar sobre a situação com a mulher. Eu não sabia o que dizer nem tinha abertura para discutir com a funcionária o que ela nos transmitia. No entanto, assim que consegui fazer isso, descobri que ela estava sofrendo de depressão e que precisava de ajuda. Nessa situação, era tentador ser um juiz de emoção – *O que há de errado com essa mulher, ela é rude ou algo assim?* –, em vez de um cientista da emoção que genuinamente queria saber o que estava acontecendo. Naquela época, ainda não havíamos criado um estatuto para o Centro, semelhante àqueles indicados para famílias e escolas, descritos nos capítulos anteriores. Hoje, quando há um desacordo ou algo parece errado, o estatuto serve como guia para identificar e abordar até mesmo os sentimentos desagradáveis.

Como disse Jack Welch, o lendário guru da administração da General Electric: "Sem dúvida, a inteligência emocional é mais rara do que a inteligência saída dos livros, mas minha experiência diz que ela é até mais importante na formação de um líder. Simplesmente não dá para ignorá-la."

A inteligência emocional atraiu considerável atenção entre os estudiosos do comportamento organizacional. Stéphane Côté, professor da Rotman School of Management da Universidade de Toronto, resumiu algumas décadas de pesquisas que demonstram que a inteligência emocional, medida como um conjunto de habilidades, se correlaciona com uma ampla gama de resultados importantes no local de trabalho, incluindo os seguintes:

- Criatividade e inovação
- Compromisso organizacional
- Satisfação no trabalho
- Avaliações positivas no atendimento ao cliente
- Desempenho gerencial
- Apoio social dos membros da equipe
- Emergência de liderança – até que ponto alguém que não está numa posição de liderança oficial exerce influência sobre os colegas
- Liderança transformacional, incluindo maior motivação e inspiração
- Desempenho, especialmente em tarefas que exigem mais trabalho emocional
- Remuneração por mérito

É importante observar que gestores e líderes emocionalmente inteligentes nem sempre precisam ser chefes "legais". Com frequência, eles têm que usar habilidades emocionais para realizar tarefas difíceis e delicadas. Inteligência emocional no local de trabalho não significa apenas fornecer conforto e simpatia; às vezes, requer a capacidade de fornecer feedback difícil para ajudar as pessoas a desenvolver maior autoconsciência e habilidades. Pode ser necessário ter a habilidade de travar conversas desafiadoras sobre assuntos delicados que vão causar mágoa. Isso também exige habilidades emocionais. Elas nos ajudam a criar locais de trabalho bem-sucedidos e a corrigi-los quando as coisas dão errado, algo inevitável.

Há pouco tempo, nossa equipe desenvolveu uma medida para avaliar o comportamento emocionalmente inteligente dos supervisores, a fim de examinar se as habilidades do supervisor eram preditivas dos sentimentos e comportamento dos funcionários. As perguntas da pesquisa incluíram "Meu supervisor entende como suas decisões e seus comportamentos afetam o modo como os outros se sentem no trabalho?" e "Meu supervisor é bom em ajudar as pessoas a se sentirem melhor quando estão decepcionadas ou chateadas?". Pesquisas anteriores descobriram que os funcionários tendem a concordar em suas respostas sobre o comportamento do supervisor.

Aqui está o que descobrimos: quando há um supervisor com fortes habilidades emocionais, a sensação de inspiração, respeito e felicidade é cerca de 50% superior, assim como frustração, raiva e estresse são 30% a 40% inferiores. Da mesma forma, também descobrimos que o envolvimento dos funcionários, os sentimentos de propósito e significado no trabalho, a criatividade e a inovação são significativamente maiores, assim como o esgotamento, o comportamento antiético, o medo de falar sobre um problema ou sobre uma maneira melhor de fazer algo são todos significativamente menores quando há um gestor com fortes habilidades emocionais. Outro achado digno de nota: os funcionários que têm medo de falar ou se sentem forçados a fazer algo antiético têm uma probabilidade maior de faltar ao trabalho e mais intenções de deixar o emprego, sem mencionar o preço que pagam em sua saúde mental.

Rotatividade é aquilo que a maioria dos profissionais inteligentes realmente temem. É um imenso desgaste para qualquer organização. Depois de consultar muitas firmas, posso garantir que se a rotatividade anda maior do que o normal isso ocorre, em geral, porque existe um chefe ruim em alguma área. Como costumam dizer: "As pessoas não largam empregos, largam chefes ruins." Embora muitos líderes empresariais digam que um chefe ruim é aquele que não entrega resultados e que um chefe bom é aquele que supera as expectativas, eu acrescentaria que um chefe ruim é aquele que tem pouca inteligência emocional, enquanto o chefe bom tem muita. Costumamos usar o termo *cultura corporativa* como um sinônimo para o DNA de uma empresa. Grande parte disso é seu estado emocional, que começa pela inteligência emocional daqueles no comando. E para que líderes com altos níveis de inteligência emocional tenham sucesso, eles também precisam ser colocados em organizações com uma cultura que lhes permita utilizar sua inteligência emocional.

Se você é um daqueles chefes que pensam que as questões emocionais são bobagem e que não há espaço para isso no escritório, na fábrica ou na loja, posso quase garantir que você anda com dificuldades para manter os bons funcionários. Se você não consegue lidar de forma saudável com as próprias emoções, é provável que não seja capaz de lidar com as de mais ninguém.

Assim, preciso acrescentar que há muitos profissionais bem-sucedidos que são espetacularmente ruins em habilidades emocionais. Não quero falar mal dos mortos, mas Steve Jobs era famoso por ser difícil no trato pessoal, mas é uma árdua tarefa superá-lo na condição de executivo. As grandes empresas dos Estados Unidos estão repletas de praticantes de bullying e megalomaníacos ocupando amplos escritórios. São pessoas bem-sucedidas apenas se a única medida para o sucesso for ganhar dinheiro.

Assim, é *possível* que você consiga abrir caminho para o topo de um negócio próspero praticando bullying, mas vai ficar solitário quando chegar lá. E se olhar em volta e pensar que seus funcionários estão bem, você está cego ao fato de que poderiam estar produzindo num nível ainda mais elevado se você se desse ao trabalho de prestar atenção no estado emocional do ambiente corporativo. Imagine o que Steve Jobs poderia ter inspirado em seus funcionários se possuísse inteligência emocional. Talvez a Apple não estivesse sofrendo da falta de inovação e criatividade que experimentou nos anos após a morte dele.

Quando faço seminários para líderes corporativos, mostro os dados e digo: "Vejam bem, os funcionários dizem que se sentem inspirados em 25% do tempo quando têm supervisores com baixa inteligência emocional e 75% do tempo sob gestores com alta inteligência emocional. O que isso nos diz?" É uma diferença enorme. Pense na produtividade e em todas as ideias criativas que surgirão num ambiente de trabalho emocionalmente inteligente e pergunte a si mesmo por que isso não acontece naquelas outras empresas.

No meu trabalho com o mundo corporativo, o que aprendi é que criar uma mudança nesses ambientes é uma tarefa dificílima, porém não é diferente dos obstáculos que tio Marvin e eu enfrentamos ao tentar promover mudanças nas escolas. As crianças eram sempre receptivas. Os adultos, nem tanto. No trabalho, os funcionários estão mais propensos a adotar a ideia de melhorar as habilidades emocionais enquanto os supervisores são céticos.

Houve ocasiões em que fui contratado para fazer seminários em empresas e ouvi comentários como estes, vindos do chefão que cuidava de todas as contratações: "Ah, não, eu não vou passar pelo treinamento. Quero que ensine às pessoas que se reportam a mim a lidar com as emoções para que se tornem funcionários melhores. Não acho que preciso mudar nada. Já demonstrei que sou bem-sucedido." Em outra ocasião, o executivo de um fundo hedge me disse: "Acha mesmo que vamos nos sentar em volta de uma mesa e compartilhar nossos sentimentos?" (Posteriormente, ao falar com outra pessoa da firma, soube que ele havia lhe dito certa vez: "Não importa como *você* se sente, seu trabalho é *me* representar.")

As pesquisas demonstram que indivíduos com grande poder tendem a ser menos responsivos às emoções de quem está à sua volta. Em um estudo, esses indivíduos reagiram com menos compaixão do que pessoas com menos poder ao ouvir a descrição de sofrimento feita por alguém.

Conversei recentemente com uma mulher que está liderando uma importante organização sem fins lucrativos. Ela é brilhante. O presidente do conselho é um sujeito famoso. Ela odeia o trabalho por um motivo: a forma como o CEO a faz se sentir. "É uma personalidade tão expansiva que acabo duvidando das minhas decisões", confessou ela. "Sempre me pergunto se talvez ele não esteja certo e eu errada, apenas porque ele exprime suas opiniões com tamanha força, enquanto sempre tenho minhas dúvidas. Ele diz coisas como 'Por que você é tão sensível?'. Vou para casa triste e ansiosa todas as noites. Ocupo um cargo executivo e comandei grandes empresas por mais de uma década, mas isso está me deixando maluca de tal forma que eu talvez tenha que pedir demissão."

Com o passar dos anos, ouvi muitas pessoas no mundo dos negócios que se sentiam assim. São contratadas para fazer um trabalho, mas estão sendo minadas e prejudicadas por um superior que acha que essa é uma boa maneira de manter o controle. Não é, claro. Isso causa danos a toda a organização.

Se essa mulher tivesse usado um MetaMomento para acalmar sua ansiedade e organizar seus pensamentos, poderia ter percebido que esse sujeito estava intencionalmente mexendo com ela, e então bolaria uma estratégia para lidar com a situação. Poderia ter se sentado com ele e expressado seus sentimentos, o que talvez tivesse sido produtivo ou não. No mínimo, ela logo saberia se deveria acalentar alguma esperança de melhora.

Se não estivesse disposta a fazer isso, meu conselho seria conseguir o apoio do resto do conselho e encontrar uma maneira de fazer o presidente recuar. E se o conselho não a apoiasse, ela deveria encontrar um emprego melhor, porque essa situação nunca iria mudar.

Felizmente, para todos os envolvidos, ela enfim encontrou estratégias para ajudá-la a regular seus sentimentos de raiva e ansiedade e teve uma conversa difícil com o presidente, expressando o que sentia e por quê. A mulher também se dirigiu ao conselho e informou que mudanças estruturais teriam que ser feitas se quisessem que ela ficasse. O CEO cedeu e mudou a maneira como a tratava, e o conselho aceitou suas sugestões. Por isso, ela ainda está lá – uma executiva muito mais feliz e eficaz.

Num artigo de 2014 intitulado "What's Love Got to Do with It?" ["O que o amor tem a ver com isso?"], os autores da pesquisa, Sigal Barsade, da Wharton School, Universidade da Pensilvânia, e Olivia O'Neill, da Universidade George Mason, mostraram dados que sustentam o poder de transformação dessa emoção no local de trabalho. Eles propuseram a ideia de que "sentimentos de afeto, compaixão, carinho e ternura pelos outros" são benéficos até mesmo entre colegas de trabalho, criando o que chamam de "uma cultura de amor companheiro".

Segundo eles, em empresas onde esse tipo de cultura é fraco,

> expressões de afeto, carinho, compaixão ou ternura entre os funcionários são mínimas ou inexistentes, apresentando tanto baixa intensidade quanto baixa cristalização. Funcionários em culturas com baixo amor companheiro mostram indiferença ou mesmo insensibilidade mútua, não oferecem nem esperam as emoções que o amor companheiro traz quando as coisas estão indo bem

e não dão espaço para lidar com a angústia no local de trabalho quando as coisas vão mal.

Antigamente, noções como essa pareceriam melindrosas no contexto das culturas corporativas. Hoje, entretanto, empresas respeitadas como Southwest Airlines, Pepsi, Whole Foods, Zappos e uma longa lista de outras adotam esses valores e até enumeram o *amor* e a *atenção* – usando essas palavras – em seus princípios de gestão. Um estudo liderado por Andrew Knight, professor da Universidade Washington em St. Louis, que entrevistou mais de 24 mil funcionários de 161 empresas, mostrou que naquelas em que prevalecem emoções positivas há níveis significativamente mais baixos de exaustão e menos licenças por doença. Outro estudo descobriu que a amplificação de emoções positivas no trabalho reduziu o esgotamento e o absenteísmo dos funcionários e aumentou o comprometimento. Porém a supressão das emoções negativas fez exatamente o oposto, diminuindo a satisfação dos clientes.

Outro estudo traz conclusões semelhantes: a fidelidade dos clientes, como a intenção de voltar e de recomendar uma loja a um amigo, é maior quando os funcionários demonstram emoções mais positivas. Mas elas devem ser genuínas. Se os funcionários fingirem bons sentimentos sem realmente senti-los, deixa de haver impacto no cliente.

A evidência é clara: as empresas que desejam permanecer relevantes e competitivas não podem ignorar o poder das emoções. Em nosso trabalho no Oji Life Lab, ouvimos muitas pessoas a respeito dos benefícios das habilidades emocionais exploradas neste livro. Profissionais que antes eram ansiosos no trabalho agora usam estratégias de regulação para encontrar alívio. Um médico compartilhou que antes de aprender as habilidades do método RULER, não lhe havia ocorrido que tinha arbítrio sobre a mudança de seus estados emocionais. Ele compartilhou: "A respiração atenta e a reavaliação mudaram drasticamente minha capacidade de estar presente e de trabalhar em colaboração com meus colegas, sobretudo quando há tensão na sala de cirurgia."

De acordo com Susan David, autora de *Emotional Agility* (Agilidade emocional), líderes de negócios em todo o mundo estão começando a perceber que, ao prestar atenção nas emoções, eles podem melhorar o bem-estar de seus funcionários e *também* o sucesso das organizações. E os alunos que hoje em dia desenvolvem inteligência emocional nas escolas logo se juntarão à força de trabalho, quando selecionarão seus futuros empregadores em parte embasados em como sentem que será trabalhar para eles.

No trabalho, muitas vezes enfrentamos uma escolha: ou temos uma função em que fazemos algo de que gostamos, num ambiente que parece favorável e criativo, ou é um lugar em que as satisfações emocionais são poucas (ou não existem), mas o dinheiro é bom demais para ser recusado. Há profissões que contam com a disposição de gente inteligente e educada para suportar altos níveis de estresse e exaustão em troca de um alto salário. Em algum momento, a maioria descobre que, independentemente de quanto recebam, o sofrimento não vale a pena.

Assim, quando estamos sendo cogitados para um emprego, entre as principais preocupações – além das perguntas habituais sobre salário, condições de trabalho, espaço para crescimento – devemos incluir aquelas sobre a atmosfera emocional de onde despenderemos tanto tempo e energia. Podemos mesmo ser diretos e perguntar: "Sinceramente, como *você* se sente trabalhando aqui?" Além de possivelmente assustar o entrevistador – embora talvez de uma forma boa –, com certeza vamos receber algumas respostas úteis e interessantes.

A mensagem para empregadores e gestores é inconfundível. No mercado de trabalho atual, os melhores funcionários gravitarão em torno de empresas que reconhecem o poder da emoção para promover ambientes positivos e produtivos. Vão largar empregos ruins, deixando para trás colegas de trabalho que podem ser não menos infelizes, mas que são – por quaisquer motivos – relutantes ou incapazes de encontrar emprego em outro lugar. Esse pensamento por si só deveria encorajar as empresas a levar a sério as habilidades emocionais.

Para criar uma revolução das emoções

No final dos meus seminários, muitas vezes peço às pessoas que imaginem um mundo onde todos os líderes, professores e crianças aprendam habilidades emocionais, onde faculdades e universidades, programas de preparação de professores, faculdades de medicina e direito, equipes esportivas, departamentos de polícia, corporações e assim por diante sejam treinados para valorizar a inteligência emocional. O que seria diferente se todos aprendessem a ser cientistas da emoção? Aqui está o que crianças, pais, professores e executivos têm dito ao longo dos anos:

- Todos ouviriam mais e julgariam menos.
- Menos crianças viveriam na pobreza.
- Haveria menos estigma e racismo.
- A inteligência emocional seria tão importante para a educação quanto a matemática, a alfabetização e a ciência.
- Todas as emoções seriam apreciadas, especialmente as negativas.
- Haveria menos autoengano.
- Os sentimentos seriam vistos como pontos fortes e não como fraquezas.
- Mais pessoas exibiriam suas melhores e mais autênticas versões.

- As escolas seriam espaços onde os alunos passam tempo refletindo sobre seu propósito e sua paixão, desenvolvendo as habilidades de que precisam para realizar seus sonhos.
- As pessoas deixariam o local de trabalho pensando que mal podem esperar para voltar no dia seguinte.
- Veríamos menos autodestruição e maior autocompaixão.
- Haveria menos bullying, uma noção maior de pertencimento e relacionamentos mais harmoniosos.
- As ocorrências de depressão e ansiedade seriam reduzidas drasticamente.
- Famílias e escolas trabalhariam juntas para apoiar o desenvolvimento saudável das crianças.

Minha favorita foi a resposta de um aluno do terceiro ano. Ele disse: "Haveria paz mundial!" Essa é a promessa quando se dá às crianças a permissão para sentir.

Com habilidades emocionais, criaremos um mundo mais inclusivo, compassivo e inovador. A ciência existe para mostrar por que esse é o elo que faltava para o bem-estar e o sucesso. Manter as habilidades emocionais separadas de nossa vida em casa, na escola e no trabalho prejudica a todos. Precisamos deflagrar uma revolução emocional, na qual a permissão para sentir nos mova de maneiras que ainda não imaginamos.

Quando a amizade entre a paixão e a razão pode existir livremente, isso significa maior igualdade, pois as habilidades emocionais nivelam o campo para todas as crianças, independentemente de etnia, classe ou gênero. Para adultos no local de trabalho, significa que a colaboração funciona perfeitamente; ninguém jamais precisará usar de novo palavras como "sinergia", "formação de equipe" ou "criação de um *pipeline* de liderança", porque as habilidades emocionais transformarão esses conceitos em reflexos.

Desenvolver habilidades emocionais não é participar de um workshop, fazer um retiro ou adotar um "programa". É um modo de vida. Trata-se de reconhecer que como as pessoas se sentem e o que fazemos com nossos sentimentos determina, em grande medida, a qualidade de nossa vida.

Um compromisso com o desenvolvimento de habilidades emocionais significa fornecer recursos extras para bairros e comunidades carentes, reduzindo, por fim, grandes áreas de danos. A comunicação pela perspectiva das habilidades emocionais não deixa espaço para masculinidade tóxica, objetificação feminina e preconceito de todos os tipos. Significa reverter as políticas que criam desigualdade generalizada, repensar a mídia saturada de violência e revisitar abordagens prejudiciais à disciplina, castigo e bullying. Isso significa que os formuladores de políticas devem se unir às famílias e aos educadores para cuidar dos "jardins" em que nossos filhos crescem.

Quando conto histórias sobre minha infância, as pessoas costumam dizer: "Mas você teve sucesso de alguma forma, mesmo com toda a dor. Se não fosse pela dor, não estaria fazendo o que faz hoje."

É possível. Talvez até provável.

"Mas eu tive sorte", digo. Então faço algumas perguntas.

Quantas crianças terão pais que reconhecem a própria incapacidade de ajudar o filho e procuram terapia para ele? Quantas terão um tio que por acaso é um pioneiro do pensamento sobre a importância da inteligência emocional e que pode fornecer amor e apoio incondicional? Quantas vão estudar artes marciais? Quantas vão dedicar a vida à ciência da emoção? Meu palpite é que não serão muitas. Se apenas esperarmos o melhor, muitas crianças vão ficar pelo caminho.

Habilidades emocionais são a chave para desbloquear o potencial dentro de cada um de nós. E no processo de desenvolvimento dessas habilidades, de coração para coração, de mente para mente, criamos uma cultura e sociedade diferentes de tudo que experimentamos até agora – e muito parecida com a que talvez ousemos imaginar.

Não é fácil mudar toda uma sociedade. Mas temos que tentar.

Nosso futuro – e o futuro de nossos filhos – depende disso.

Referências

PRÓLOGO

Adkins, A. Employee engagement in U.S. stagnant in 2015. 13 de janeiro de 2016. Gallup Inc. Disponível em: <https://news.gallup.com/poll/188144/employee-engagement-stagnant-2015.aspx>Gallup Inc. e Healthways Inc. Gallup-Healthways Well-being Index. 2014. Disponível em: <https://wellbeingindex.sharecare.com/>

Helliwell, J.; Layard, R. e Sachs, J. *World Happiness Report 2019.* Nova York: Sustainable Development Solutions Network, 2019.

Kelland, K. "Mental health crisis could cost the world $16 trillion by 2030". Reuters, 9 de outubro de 2018. Disponível em: <www.reuters.com/article/us-health-mental-global/mental-health-crisis-could-cost-the-world-16-trillion-by-2030-idUSKCN1MJ2QN>

Liga Antidifamação. Auditoria. U.S. anti-Semitic incidents surged in 2016-17. 2017. Disponível em: <www.adl.org/sites/default/files/documents/Anti-Semitic%20Audit%20Print_vf2.pdf>

Lipson, S. K.; Lattie, E. G. e Eisenberg, D. "Increased rates of mental health service utilization by US college students: 10-year population-level trends (2007– 2017)". *Psychiatric Services, 70*(1), pp. 60-63, maio de 2018. Disponível em: <doi.org/10.1176/appi.ps.201800332>

Substance Abuse and Mental Health Services Administration. *Key substance use and mental health indicators in the United States: Results from the 2017 National Survey on Drug Use and Health*. HHS Publication Nº SMA 18-5068, NSDUH Series H-53. Rockville, Maryland: Center for Behavioral Health Statistics and Quality, Substance Abuse and Mental Health Services, 2018. Disponível em: <www.samhsa.gov/data/>

1. PERMISSÃO PARA SENTIR

Associação de Psicologia Americana. *Stress in America: Generation Z*. Stress in America Survey. 2018. Disponível em: <www.apa.org/news/press/releases/stress/2018 /stress-gen-z.pdf>

Centers for Disease Control and Prevention. Suicide rates rising across the U.S. 7 de junho de 2018. Disponível em: <www.cdc.gov/media/releases/2018/p0607-suicide-prevention.html>

Floman, J. L.; Brackett, M. A.; Schmitt, L. e Baron, W. School climate, teacher affect, and teacher well-being: Direct and indirect effects. Apresentado na Convenção de Ciência Psicológica em São Francisco, Califórnia, maio de 2018.

Gallup Inc. State of America's schools: The path to winning again in education, maio de 2018. Disponível em: <www.gallup.com/services/178709/state-america-schools-report.aspx>

Goleman, D. *Inteligência emocional: A teoria revolucionária que redefiniu o que é ser inteligente*. Rio de Janeiro: Objetiva, 1997.

Lipson, S. K.; Lattie, E. G. e Eisenberg, D. "Increased rates of mental health service utilization by US college students: 10-year population-level trends (2007-2017)". *Psychiatric Services, 70*(1), pp. 60-63, maio de 2018. Disponível em: <doi.org/10.1176/appi.ps.201800332>

Moeller, J.; Ivcevic, Z.; Brackett, M. A. e White, A. E. "Mixed emotions: Network analyses of intra-individual co-occurrences within and across situations". *Emotion, 18*(8), pp. 1106-1121. Disponível em: <doi.org/10.1037/emo0000419>

Moeller, J.; Brackett, M.: Ivcevic, Z. e White, A. (Sob revisão) High school students' feelings: Discoveries from a large national survey and an experience sampling study. *Learning and Instruction.*

Salovey, P. e Mayer, J. D. "Emotional intelligence". *Imagination, Cognition and Personality,* 9(3), pp. 185-211, 1990. Disponível em: <doi.org/10.2190/DUGG-P24E-52WK-6CDG>

Steinberg, L. *Age of Opportunity: Lessons from the New Science of Adolescence.* Nova York: Houghton Mifflin Harcourt, 2014.

UNICEF. Child well-being in rich countries: A comparative overview, innocenti report card 11. Florença: Escritório de Pesquisa da UNICEF, 2013. Disponível em: <www.unicef-irc.org/publications/pdf/rc11_eng.pdf>

2. EMOÇÕES SÃO INFORMAÇÕES

Aldao, A.; Nolen-Hoeksema, S. e Schweizer, S. "Emotion-regulation strategies across psychopathology: A meta-analytic review". *Clinical Psychology Review,* 30(2), pp. 217-237, 2010. Disponível em: <doi:10.1016/j.cpr.2009.11.004>

Amabile, T. M.; Barsade, S. G.; Mueller, J. S. e Staw, B. M. "Affect and creativity at work". *Administrative Science Quarterly,* 50(3), pp. 367-403, 2005. Disponível em: <doi.org/10.2189/asqu.2005.50.3.367>

Anderson, N.; De Dreu, C. K. e Nijstad, B. A. "The routinization of innovation research: A constructively critical review of the state-of-the-science". *Journal of Organizational Behavior,* 25(2), pp. 147-173, 2010.

Appleton, A. A.; Holdsworth, E.; Ryan, M. e Tracy, M. "Measuring childhood adversity in life course cardiovascular research: A systematic review". *Psychosomatic Medicine,* 79(4), pp. 434-440, 2017.

Aristóteles. *The Complete Works of Aristotle: The Revised Oxford Translation.* J. Barnes (Ed.). Nova Jersey: Princeton University Press, 1984.

Aschbacher, K.; O'Donovan, A.; Wolkowitz, O. M.; Dhabhar, F. S.; Su, Y. e Epel, E. "Good stress, bad stress and oxidative stress: Insights from anticipatory cortisol reactivity". *Psychoneuroendocrinology,* 38(9), pp. 1698-1708, 2013.

Baas, M.; De Dreu, C. K. e Nijstad, B. A. "A meta-analysis of 25 years of mood--creativity research: Hedonic tone, activation, or regulatory focus?". *Psychological Bulletin, 134*(6), pp. 779-806, 2008. Disponível em: <doi.org/10.1037/a0012815>

Bal, E.; Harden, E.; Lamb, D.; Van Hecke, A. V.; Denver, J. W. e Porges, S. W. "Emotion recognition in children with autism spectrum disorders: Relations to eye gaze and autonomic state". *Journal of Autism and Developmental Disorders, 40*(3), pp. 358-370, 2010.

Barrett, L. F. *How Emotions Are Made: The Secret Life of the Brain.* Boston: Houghton Mifflin Harcourt, 2017.

Barrett, L. F.; Mesquita, B.; Ochsner, K. N. e Gross, J. J. "The experience of emotion". *Annual Review of Psychology, 58,* pp. 373-403, 2007. Disponível em: <doi.org/10.1146/annurev.psych.58.110405.085709>

Barsade, S. G. e Gibson, D. E. "Why does affect matter in organizations?". *Academy of Management Perspectives, 21*(1), pp. 36-59, 2007. Disponível em: <doi.org/10.5465/amp.2007.24286163>

Batson, C. D. *Altruism in Humans.* Oxford: Oxford University Press, 2011.

Bennett, M. P. e Lengacher, C. "Humor and laughter may influence health: III. Laughter and health outcomes". *Evidence-Based Complementary and Alternative Medicine, 5*(1), pp. 37-40, 2008.

Berna, C.; Leknes, S.; Holmes, E. A.; Edwards, R. R.; Goodwin, G. M. e Tracey, I. "Induction of depressed mood disrupts emotion regulation neurocircuitry and enhances pain unpleasantness". *Biological Psychiatry, 67*(11), pp. 1083-1090, 2007.

Berridge, K. C. "The debate over dopamine's role in reward: The case for incentive salience". *Psychopharmacology, 191*(3), pp. 391-431, 2007. Disponível em: <doi.org/10.1007/s00213-006-0578-x>

Blair, C. e Raver, C. C. "Poverty, stress, and brain development: New directions for prevention and intervention". *Academic Pediatrics, 16*(3), pp. S30-S36, 2016. Disponível em: <doi.org /10.1016/j.acap.2016.01.010>

Bodenhausen, G. V.; Sheppard, L. A. e Kramer, G. P. "Negative affect and social judgment: The differential impact of anger and sadness". *European Journal of Social Psychology, 24*(1), pp. 45-62, 1994.

Boekaerts, M. "The crucial role of motivation and emotion in classroom learning". In: H. Dumont; D. Istance e F. Benavides (Eds.), *The Nature of Learning: Using Research to Inspire Practice*, pp. 91-111. Paris: OCDE, 2010.

Bower, G. H. (1981). "Mood and memory". *American Psychologist*, 36(2), pp. 129-148, 1981. Disponível em: <doi.org/10.1037/0003-066x.36.2.129>

Bower, G. H. "How might emotions affect learning". In: S. Christianson (Ed.), *The Handbook of Emotion and Memory: Research and Theory*, pp. 3-31. Oxford: Psychology Press, 1992.

Bower, G. H. e Forgas, J. P. "Mood and social memory". In: J. P. Forgas (Ed.), *The Handbook of Affect and Social Cognition*, pp. 95-120. Mahwah, NJ: Erlbaum, 2001.

Bowers, T. "Stress, teaching and teacher health". *Education 3-13: International Journal of Primary, Elementary and Early Years Education*, 32, pp. 73-80, 2004. Disponível em: <doi.org/10.1080/03004270485200361>

Brackett, M. A.; Floman, J. L.; Ashton-James, C.; Cherkasskiy, L. e Salovey, P. "The influence of teacher emotion on grading practices: A preliminary look at the evaluation of student writing". *Teachers and Teaching*, 19(6), pp. 634-646, 2013.

Brackett, M. A.; Rivers, S. E. e Salovey, P. "Emotional intelligence: Implications for personal, social, academic, and workplace success". *Social and Personality Psychology Compass*, 5(1), pp. 88-103, 2011. Disponível em: <doi.org/10.1111/j.1751-9004.2010.00334.x>

Bradley, M. M. e Lang, P. J. "Emotion and motivation". In: J. T. Cacioppo; L. G. Tassinary e G. G. Berntson (Eds.), *Handbook of Psychophysiology*, pp. 602-642. Cambridge: Cambridge University Press, 2000.

Brooks, J. L. (Produtor e diretor). *Nos bastidores da notícia*. [Filme]. Estados Unidos: Twentieth Century Fox, 1987.

Burgdorf, J. e Panksepp, J. "The neurobiology of positive emotions". *Neuroscience & Biobehavioral Reviews*, 30(2), pp. 173-187, 2006. Disponível em: <doi.org/10.1016/j.neubiorev.2005.06.001>

Cantor, N. e Kihlstrom, J. F. Social intelligence. In: R. J. Sternberg e S. B. Kaufman (Eds.), *Handbook of Intelligence*, pp. 359-379. Cambridge: Cambridge University Press, 2000.

Chida, Y. e Steptoe, A. "The association of anger and hostility with future coronary heart disease: A meta-analytic review of prospective evidence". *Journal of the American College of Cardiology, 53*(11), pp. 936-946, 2009.

Christianson, S. A. *The Handbook of Emotion and Memory: Research and Theory.* Oxford: Psychology Press, 2014.

Cohen, T. R.; Panter, A. T. e Turan, N. "Guilt proneness and moral character". *Current Directions in Psychological Science, 21*(5), pp. 355-359, 2012. Disponível em: <doi.org/10.1177 /0963721412454874>

Cosmides, L. e Tooby, J. "Evolutionary psychology and the emotions". In: M. Lewis e J. M. Haviland-Jones (Eds.), *Handbook of Emotions*, pp. 91-115. Nova York: Guilford Publications, 2000.

Côté, S. e Miners, C. T. "Emotional intelligence, cognitive intelligence, and job performance". *Administrative Science Quarterly, 51*(1), pp. 1-28, 2006. Disponível em: <doi.org/10.2189/asqu.51.1.1>

Cozolino, L. *The Neuroscience of Human Relationships: Attachment and the Developing Social Brain.* Nova York: W. W. Norton & Company, 2014.

Crum, A. J.; Akinola, M.; Martin, A. e Fath, S. "The role of stress mindset in shaping cognitive, emotional, and physiological responses to challenging and threatening stress". *Anxiety, Stress, & Coping, 30*(4), pp. 379-395, 2017.

Crum, A. J.; Salovey, P. e Achor, S. "Rethinking stress: The role of mindsets in determining the stress response". *Journal of Personality and Social Psychology, 104*(4), pp. 716-733, 2013.

Damásio, A. R. *O erro de Descartes: Emoção, razão e o cérebro humano.* São Paulo: Companhia das Letras, 1996.

Darr, W. e Johns, G. "Work strain, health and absenteeism: A meta-analysis". *Journal of Occupational Health Psychology, 13*, pp. 293-318, 2008. Disponível em: <doi.org/10.1037/a0012639>

Darwin, C. *A expressão das emoções no homem e nos animais.* São Paulo: Companhia das Letras, 2000.

Dave, N. D., Xiang, L., Rehm, K. E. e Marshall, G. D. "Stress and allergic diseases". *Immunology and Allergy Clinics, 31*(1), pp. 55-68, 2011.

Davidson, R. J. e Begley, S. *O estilo emocional do cérebro*. Rio de Janeiro: Sextante, 2013.

Deci, E. L. e Ryan, R. M. "Self-determination theory: A macrotheory of human motivation, development, and health". *Canadian Psychology/Psychologie Canadienne*, 49(3), pp. 182-185, 2008.

DeLongis, A.; Folkman, S. e Lazarus, R. S. "The impact of daily stress on health and mood: Psychological and social resources as mediators". *Journal of Personality and Social Psychology*, 54(3), pp. 486-495, 1988.

Denson, T. F.; Spanovic, M. e Miller, N. "Cognitive appraisals and emotions predict cortisol and immune responses: A meta-analysis of acute laboratory social stressors and emotion inductions". *Psychological Bulletin*, 135(6), pp. 823-853, 2009.

DeSteno, D.; Gross, J. J. e Kubzansky, L. "Affective science and health: The importance of emotion and emotion regulation". *Health Psychology*, 32(5), p. 474, 2013. Disponível em: <doi.org/10.1037/a0030259>

Dhabhar, F. S. "Effects of stress on immune function: The good, the bad, and the beautiful". *Immunologic Research*, 58(2–3), pp. 193-210, 2014.

Dunbar, R. I. "The social brain hypothesis". *Evolutionary Anthropology: Issues, News, and Reviews*, 6(5), pp. 178-190, 1998.

Durlak, J. A.; Weissberg, R. P.; Dymnicki, A. B.; Taylor, R. D. e Schellinger, K. B. "The impact of enhancing students' social and emotional learning: A meta-analysis of school-based universal interventions". *Child Development*, 82(1), pp. 405-432, 2011. Disponível em: <doi.org/10.1111/j.1467-8624.2010.01564.x>

Ekman, P. "An argument for basic emotions". *Cognition & Emotion*, 6(3-4), pp. 169-200, 1992. Disponível em: <doi.org/10.1080/02699939208411068>

Ekman, P. E. e Davidson, R. J. *The Nature of Emotion: Fundamental Questions*. Oxford: Oxford University Press, 1994.

Elzinga, B. M. e Roelofs, K. "Cortisol-induced impairments of working memory require acute sympathetic activation". *Behavioral Neuroscience*, 119(1), pp. 98-103, 2005. Disponível em: <doi.org/10.1037/0735-7044.119.1.98>

Emanuele, E.; Politi, P.; Bianchi, M.; Minoretti, P.; Bertona, M. e Geroldi, D.

"Raised plasma nerve growth factor levels associated with early-stage romantic love". *Psychoneuroendocrinology, 31*(3), pp. 288-294, 2006.

Epel, E.; Prather, A. A.; Puterman, E. e Tomiyama, A. J. "Eat, drink, and be sedentary: A review of health behaviors' effects on emotions and affective states, and implications for interventions". In: L. F. Barrett, M. Lewis e J. M. Haviland- Jones (Eds.), *Handbook of Emotions*, pp. 685-706. Nova York: Guilford Publications, 2016.

Fischer, A. H. e Manstead, A. S. R. "Social functions or emotion and emotion regulation". In: L. F. Barrett, M. Lewis, e J. M. Haviland-Jones (Eds.), *Handbook of Emotions*, pp. 424-439. Nova York: Guilford Publications, 2016.

Floman, J. L.; Brackett, M.A.; Schmitt, L. e Baron, W. School climate, teacher affect, and teacher well-being: Direct and indirect effects. Apresentado na Convenção da Associação para a Ciência Psicológica em São Francisco, Califórnia. Maio de 2018.

Forgas, J. P. "On being happy and mistaken: Mood effects on the fundamental attribution error". *Journal of Personality and Social Psychology, 75*(2), pp. 318-331, 1998.

Forgas, J. P. "Can negative affect eliminate the power of first impressions? Affective influences on primacy and recency effects in impression formation". *Journal of Experimental Social Psychology, 47*(2), pp. 425-429, 2011.

Forgas, J. P. "Don't worry, be sad! On the cognitive, motivational, and interpersonal benefits of negative mood." *Current Directions in Psychological Science, 22*(3), pp. 225-232, 2013.

Forgas, J. P. "On the regulatory functions of mood: Affective influences on memory, judgments and behavior". In: J. P. Forgas e E. Harmon-Jones (Eds.), *Motivation and its Regulation: The Control Within*, pp. 169-192. Nova York: Psychology Press, 2014.

Forgas, J. P. e East, R. "On being happy and gullible: Mood effects on skepticism and the detection of deception". *Journal of Experimental Social Psychology*, 44(5), pp. 1362-1367, 2008.

Forgas, J. P. e George, J. M. "Affective influences on judgments and behavior in organizations: An information processing perspective". *Organizational*

Behavior and Human Decision Processes, 86(1), pp. 3-34, 2001. Disponível em: <doi.org/10.1006/obhd.2001.2971>

Fowler, J. H. e Christakis, N. A. "Dynamic spread of happiness in a large social network: Longitudinal analysis over 20 years in the Framingham Heart Study". *BMJ, 337,* a2338, 2008.

Fredrickson, B. L. "What good are positive emotions?" *Review of General Psychology, 2*(3), pp. 300-319, 1998.

Fredrickson, B. L. "Positive emotions broaden and build". In: P. Devine e A. Plant (Eds.), *Advances in Experimental Social Psychology*, vol. 47, pp. 1-53. Cambridge, MA: Academic Press, 2013.

Fredrickson, B. L. e Branigan, C. "Positive emotions broaden the scope of attention and thought-action repertoires". *Cognition & Emotion, 19*(3), pp. 313-332, 2005. Disponível em: <doi.org/10.1080/02699930441000238>

Fredrickson, B. L., Tugade, M. M., Waugh, C. E. e Larkin, G. R. "What good are positive emotions in crisis?" A prospective study of resilience and emotions following the terrorist attacks on the United States on September 11th, 2001. *Journal of Personality and Social Psychology, 84*(2), pp. 365-376, 2003.

Frevert, U. "The history of emotions". In: L. F. Barrett, M. Lewis e J. M. Haviland-Jones (Eds.), *Handbook of Emotions*, pp. 49-65. Nova York: Guilford Publications, 2016.

Gardner, H. (1992). *Multiple intelligences*, vol. 5, p. 56. Minnesota Center for Arts Education.

Goetz, J. L.; Keltner, D. e Simon-Thomas, E. "Compassion: An evolutionary analysis and empirical review". *Psychological Bulletin, 136*(3), pp. 351-374, 2010.

Goetzmann, W. N.; Kim, D.; Kumar, A. e Wang, Q. Weather-induced mood, institutional investors, and stock returns. *Review of Financial Studies, 28*(1), pp. 73-111, 2014.

Goleman, D. *Inteligência emocional*. Rio de Janeiro: Objetiva, 1996.

Greenberg, M. T.; Brown, J. L. e Abenavoli, R. M. *Teacher stress and health: Effects on teachers, students, and schools*. Edna Bennett Pierce Prevention

Research Center, Pennsylvania State University, setembro de 2016. Disponível em: <www.rwjf.org/en/library/research/2016/07/teacher-stress-and-health.html>

Gross, J. J. Emotion regulation: Affective, cognitive, and social consequences. *Psychophysiology, 39*(3), 281-291, 2002. Disponível em: <doi.org/10.1017/S0048577201393198>

Guhn, M.; Schonert-Reichl, K. A.; Gadermann, A. M.; Hymel, S. e Hertzman, C. "A population study of victimization, relationships, and well-being in middle childhood". *Journal of Happiness Studies, 14*(5), pp. 1529-1541, 2013.

Guilford, J. P. *The Nature of Human Intelligence.* Nova York: McGraw-Hill, 1967.

Haidt, J. "The emotional dog and its rational tail: A social intuitionist approach to moral judgment". *Psychological Review, 108*(4), pp. 814-834, 2001. Disponível em: <doi.org/10.1017/CBO9780511814273.055>

Haidt, J. *The Righteous Mind: Why Good People Are Divided by Politics and Religion.* Nova York: Vintage, 2012.

Hajcak, G.; Jackson, F.; Ferri, J. e Weinberg, A. "Emotion and attention". In: L. F. Barrett, M. Lewis e J. M. Haviland-Jones (Eds.), *Handbook of Emotions,* pp. 595-612. Nova York: Guilford Publications, 2016.

Hargreaves, A. "The emotional practice of teaching". *Teaching and Teacher Education, 14*(8), pp. 835-854, 1998. Disponível em: <doi.org/10.1016/S0742-051x(98)00025-0>

Hascher, T. "Learning and emotion: Perspectives for theory and research". *European Educational Research Journal, 9*(1), pp. 13-28, 2010. Disponível em: <doi.org/10.2304/eerj.2010.9.1.13>

Hawkley, L. C. e Cacioppo, J. T. "Loneliness matters: A theoretical and empirical review of consequences and mechanisms". *Annals of Behavioral Medicine, 40*(2), pp. 218-227, 2010.

Hirshleifer, D. e Shumway, T. "Good day sunshine: Stock returns and the weather". *Journal of Finance, 58*(3), pp. 1009-1032, 2003.

Huntsinger, J. R. "Does emotion directly tune the scope of attention?" *Current Directions in Psychological Science, 22*(4), pp. 265-270, 2013. Disponível em: <doi.org/10.1177/0963721413480364>

Huntsinger, J. R.; Isbell, L. M. e Clore, G. L. "The affective control of thought: Malleable, not fixed". *Psychological Review*, *121*(4), pp. 600-618. Disponível em: <doi.org/10.1037/a0037669>

Hutcherson, C. A. e Gross, J. J. "The moral emotions: A social-functionalist account of anger, disgust, and contempt". *Journal of Personality and Social Psychology*, *100*(4), pp. 719-737, 2011. Disponível em: <doi.org/10.1037/a0022408>

IBM. IBM 2010 global CEO study: Creativity selected as most crucial factor for future success. 18 de maio de 2010. Disponível em: <www03.ibm.com/press/us/en/pressrelease/31670.wss>

Innes-Ker, Å. e Niedenthal, P. M. "Emotion concepts and emotional states in social judgment and categorization". *Journal of Personality and Social Psychology*, *83*(4), pp. 804-816, 2002.

Isbell, L. M. e Lair, E. C. "Moods, emotions, and evaluations as information". In: D. Carlston (Ed.), *Handbook of Social Cognition*, pp. 435-462. Oxford: Oxford University Press, 2013.

Isen, A. M. "On the relationship between affect and creative problem solving". In: S. W. Russ (Ed.), *Affect, Creative Experience, and Psychological Adjustment*, pp. 3-17. Oxfordshire, Reino Unido: Taylor & Francis, 1999.

Isen, A. M.; Daubman, K. A. e Nowicki, G. P. "Positive affect facilitates creative problem solving". *Journal of Personality and Social Psychology*, *52*(6), pp. 1122-1131, 1987. Disponível em: <doi.org/10.1037//0022-3514.52.6.1122>

Isen, A. M.; Niedenthal, P. M. e Cantor, N. "An influence of positive affect on social categorization". *Motivation and Emotion*, *16*(1), pp. 65-78, 1992.

Ivcevic, Z.; Bazhydai, M.; Hoffmann, J. e Brackett, M. A. "Creativity in the domain of emotions". In: J. C. Kaufman, V. P. Glaveanu e J. Baer (Eds.), *Cambridge Handbook of Creativity Across Different Domains*, pp. 525-549. Cambridge: Cambridge University Press, 2017.

Ivcevic, Z.; Brackett, M. A. e Mayer, J. D. "Emotional intelligence and emotional creativity". *Journal of Personality*, *75*(2), pp. 199-236, 2007.

John, A.; Glendenning, A. C.; Marchant, A.; Montgomery, P., Stewart, A.;

Wood, S. e Hawton, K. "Self-harm, suicidal behaviours, and cyberbullying in children and young people: Systematic review". *Journal of Medical Internet Research, 20*(4), p. 129, 2018.

Kabat-Zinn, J. *Full Catastrophe Living: Using the wisdom of your body and mind to face stress, pain, and illness.* Nova York: Delta, 1990.

Kahneman, D. *Rápido e devagar: Duas formas de pensar.* Rio de Janeiro: Objetiva, 2012.

Keltner, D. "Toward a consensual taxonomy of emotions". *Cognition and Emotion, 33*(1), pp. 1-6, 2019. Disponível em: <doi.org/10.1080/02699931.2019.1574397>

Keltner, D. e Gross, J. J. "Functional accounts of emotions". *Cognition and Emotion, 13*(5), pp. 467-480, 1999. Disponível em: <doi.org/10.1080/026999399379140>

Keltner, D. e Haidt, J. "Social functions of emotions at four levels of analysis". *Cognition and Emotion, 13*(5), pp. 505-521, 1999. Disponível em: <doi.org/10.1080/026999399379168>

Keltner, D. e Kring, A. M. "Emotion, social function, and psychopathology". *Review of General Psychology, 2*(3), pp. 320-342, 1998.

Keltner, D.; Ellsworth, P. C. e Edwards, K. "Beyond simple pessimism: Effects of sadness and anger on social perception". *Journal of Personality and Social Psychology, 64*(5), pp. 740-752, 1993.

Kemp, A. H.; Gray, M. A.; Silberstein, R. B.; Armstrong, S. M. e Nathan, P. J. "Augmentation of serotonin enhances pleasant and suppresses unpleasant cortical electrophysiological responses to visual emotional stimuli in humans". *Neuroimage, 22*(3), pp. 1084-1096, 2004. Disponível em: <doi.org/10.1016/j.neuroimage.2004.03.022>

Kensinger, E. A. e Schacter, D. L. "Memory and emotion". In: L. F. Barrett, M. Lewis e J. M. Haviland-Jones (Eds.), *Handbook of Emotions*, pp. 564-578. Nova York: Guilford Publications, 2016.

Kiecolt-Glaser, J. K.; McGuire, L.; Robles, T. F. e Glaser, R. "Emotions, morbidity, and mortality: New perspectives from psychoneuroimmunology". *Annual Review of Psychology, 53*(1), pp. 83-107, 2002.

Kim, K. H.; Cramond, B. e VanTassel-Baska, J. "The relationship between creativity and intelligence". In: J. C. Kaufman e R. J. Sternberg (Eds.), *The Cambridge Handbook of Creativity* (pp. 395-412). Nova York: Cambridge University Press, 2010.

Kubzansky, L. D. e Kawachi, I. "Going to the heart of the matter: Do negative emotions cause coronary heart disease?". *Journal of Psychosomatic Research, 48*(4–5), pp. 323-337, 2000. Disponível em: <doi.org/10.1016/S0022-3999(99)00091-4>

Kubzansky, L. D.; Huffman, J. C., Boehm, J. K.; Hernandez, R.; Kim, E. S.; Koga, H. K. e Labarthe, D. R. "Positive psychological well-being and cardiovascular disease: JACC health promotion series". *Journal of the American College of Cardiology, 72*(12), pp. 1382-1396, 2018. Disponível em: <doi.org/10.1016/j.jacc.2018.07.042>

LeDoux, J. "The emotional brain: The mysterious underpinnings of emotional life". *World and I, 12,* pp. 281-285, 1997.

Lempert, K. M. e Phelps, E. A. "Affect in economic decision making". In: L. F. Barrett, M. Lewis e J. M. Haviland-Jones (Eds.), *Handbook of Emotions*, pp. 98-112. Nova York: Guilford Publications, 2016.

Lerner, J. S.; Li, Y.; Valdesolo, P. e Kassam, K. S. "Emotion and decision making". *Annual Review of Psychology, 66,* pp. 799-823, 2015. Disponível em: <doi.org/10.1146/annurev-psych-010213-115043>

Lerner, J. S.; Small, D. A. e Loewenstein, G. "Heart strings and purse strings: Carryover effects of emotions on economic decisions". *Psychological Science, 15*(5), pp. 337-341, 2004.

Lewis, M. "The emergence of human emotions". In: L. F. Barrett, M. Lewis e J. M. Haviland-Jones (Eds.), *Handbook of Emotions*, pp. 272-292. Nova York: Guilford Publications, 2016.

Lopes, P. N.; Salovey, P.; Côté, S.; Beers, M. e Petty, R. E. Emotion regulation abilities and the quality of social interaction. *Emotion, 5*(1), pp. 113-118, 2005. Disponível em: <doi.org/10.1037/1528-3542.5.1.113>

Lumley, M. A.; Cohen, J. L.; Borszcz, G. S.; Cano, A.; Radcliffe, A. M.; Porter, L. S. e Keefe, F. J. "Pain and emotion: A biopsychosocial review of recent research". *Journal of Clinical Psychology, 67*(9), pp. 942-968, 2011.

Lupien, S. J.; McEwen, B. S.; Gunnar, M. R. e Heim, C. "Effects of stress throughout the lifespan on the brain, behaviour and cognition". *Nature Reviews Neuroscience, 10,* pp. 434-445, 2009. Disponível em: <doi.org/10.1038/nrn2639>

Lyubomirsky, S. e Lepper, H. S. "A measure of subjective happiness: Preliminary reliability and construct validation". *Social Indicators Research, 46*(2), pp. 137-155, 1999. Disponível em: <doi.org/10.1023/A:1006824100041>

Lyubomirsky, S.; King, L. e Diener, E. "The benefits of frequent positive affect: Does happiness lead to success?". *Psychological Bulletin, 131*(6), pp. 803-855, 2005. Disponível em: <doi.org/10.1037/0033-2909.131.6.803>

Mackintosh, N. e Mackintosh, N. J. *IQ and Human Intelligence.* Oxford: Oxford University Press, 2011.

Martin, R. A. e Ford, T. *The Psychology of Humor: An Integrative Approach.* Cambridge, MA: Academic Press, 2018.

Mayer, J. D.; Caruso, D. R. e Salovey, P. "The ability model of emotional intelligence: Principles and updates". *Emotion Review, 8*(4), pp. 290-300, 2016. Disponível em: <doi.org/10.1177/1754073916639667>

Mayer, J. D.; Gaschke, Y. N., Braverman, D. L. e Evans, T. W. "Mood-congruent judgment is a general effect". *Journal of Personality and Social Psychology, 63*(1), pp. 119-132, 1992. Disponível em: <doi.org/10.1037/0022-3514.63.1.119>

Mayer, J. D.; McCormick, L. J. e Strong, S. E. Mood-congruent memory and natural mood: New evidence. *Personality and Social Psychology Bulletin, 21*(7), pp. 736-46, 1995. Disponível em: <doi.org/10.1177/0146167295217008>

Mayer, J. D.; Salovey, P. e Caruso, D. R. "Emotional intelligence: New ability or eclectic traits? *American Psychologist, 63*(6), pp. 503-517, 2008. Disponível em: <doi.org/10.1037/0003-066x.63.6.503>

McCrae, R. R. "Creativity, divergent thinking, and openness to experience". *Journal of Personality and Social Psychology, 52*(6), pp. 1258-1265, 1987. Disponível em: <doi.org/10.1037/ 0022–3514.52.6.1258>

McCraty, R. e Childre, D. "The grateful heart: The psychophysiology of appreciation. Em R. A. Emmons e M. E. McCullough (Eds.), *The Psychology of Gratitude* (p. 230). Oxford: Oxford University Press, 2004.

McEwen, B. S.; Bowles, N. P.; Gray, J. D.; Hill, M. N.; Hunter, R. G.; Karatsoreos, I. N. e Nasca, C. "Mechanisms of stress in the brain". *Nature Neuroscience*. *18*(10), pp. 1353-1363, 2015 Disponível em: <doi.org/10.1038/nn.4086>

McGonigal, K. *The Upside of Stress: Why stress is good for you, and how to get good at it*. Londres, Inglaterra: Penguin, 2016.

McIntyre, T.; McIntyre, S. e Francis, D. *Educator Stress*. Nova York: Springer, 2017.

Moeller, J.; Ivcevic, Z.; Brackett, M. A. e White, A. E. "Mixed emotions: Network analyses of intra-individual co-occurrences within and across situations". *Emotion, 18*(8), pp. 1106-1121, 2018.

Moore, S. E.; Norman, R. E.; Suetani, S.; Thomas, H. J.; Sly, P. D. e Scott, J. G. "Consequences of bullying victimization in childhood and adolescence: A systematic review and meta-analysis". *World Journal of Psychiatry, 7*(1), pp. 60-76, 2017.

Niedenthal, P. M.; Mermillod, M.; Maringer, M. e Hess, U. "The simulation of smiles (SIMS) model: Embodied simulation and the meaning of facial expression". *Behavioral and Brain Sciences, 33*(6), pp. 417-433, 2010.

Nowak, M. A. "Five rules for the evolution of cooperation". *Science, 314*(5805), pp. 1560-1563, 2006.

Nusbaum, E. C. e Silvia, P. J. "Are intelligence and creativity really so different? Fluid intelligence, executive processes, and strategy use in divergent thinking". *Intelligence, 39*(1), pp. 36-45, 2011.

Oatley, K.; Keltner, D. e Jenkins, J. M. *Understanding Emotions*. Hoboken, NJ: Blackwell Publishing, 2018.

Öhman, A.; Flykt, A. e Esteves, F. "Emotion drives attention: Detecting the snake in the grass". *Journal of Experimental Psychology: General, 130*(3), pp. 466-478, 2001. Disponível em: <doi:10.1037/AxJ96-3445.130.3.466>

Organização Mundial da Saúde. Cardiovascular diseases (CVDs). 17 de maio de 2017. Disponível em: <www.who.int/news-room/fact-sheets/detail/cardiovascular-diseases-(cvds)

Organização Mundial da Saúde. Dementia. 12 de dezembro de 2017. Disponível em: <www.who.int/news-room/fact-sheets/detail/dementia>

Organização Mundial da Saúde. Diabetes. 30 de outubro de 2018. Disponível em: <www.who.int/news-room/fact-sheets/detail/diabetes>

Organização Mundial da Saúde. Cancer. 12 de setembro de 2018. Disponível em: <www.who.int/news-room/fact-sheets/detail/cancer>

Oveis, C.; Horberg, E. J. e Keltner, D. "Compassion, pride, and social intuitions of self-other similarity". *Journal of Personality and Social Psychology,* 98(4), pp. 618-630, 2010.

Panksepp, J. "Brain emotional systems and qualities of mental life: From animal models of affect to implications for psychotherapeutics". In: D. Fosha, D. J. Siegel e M. F. Solomon (Eds.), *The Healing Power of Emotion: Affective Neuroscience, Development e Clinical Practice,* pp. 1-26. Nova York: W. W. Norton & Company, 2009.

Pekrun, R. e Linnenbrink-Garcia, L. "Academic emotions and student engagement. In: S. Christenson, A. Reschly e C. Wylie (Eds.), *Handbook of Research on Student Engagement,* pp. 259–282. Boston, MA: Springer, 2012.

Phelps, E. A. "Human emotion and memory: Interactions of the amygdala and hippocampal complex". *Current Opinion in Neurobiology,* 14(2), pp. 198-202, 2004. Disponível em: <doi.org/10.1016/j.conb.2004.03.015>

Psychologies. The link between emotions and health. 24 de agosto de 2011. Disponível em: <www.psychologies.co.uk/self/the-link-between-emotions-and-health.html>

Raven, J. C. e Court, J. H. *Raven's Progressive Matrices and Vocabulary Scales.* Oxford: Oxford Pyschologists Press, 1998.

Redelmeier, D. A. e Baxter, S. D. "Rainy weather and medical school admission interviews". *Canadian Medical Association Journal,* 181(12), p. 933, 2009.

Redwine, L.; Henry, B. L.; Pung, M. A.; Wilson, K.; Chinh, K.; Knight, B. e Mills, P. J. "A pilot randomized study of a gratitude journaling intervention on HRV and inflammatory biomarkers in Stage B heart failure patients". *Psychosomatic Medicine,* 78(6), pp. 667-676, 2016.

Rook, K. S. "Emotional health and positive versus negative social exchanges: A daily diary analysis". *Applied Developmental Science,* 5(2), pp. 86-97, 2001.

Roorda, D. L.; Koomen, H. M., Spilt, J. L. e Oort, F. J. "The influence of affective teacher–student relationships on students' school engagement and achievement: A meta-analytic approach". *Review of Educational Research,* 81(4), pp. 493-529, 2011. Disponível em: <doi.org/10.3102/0034654311421793>

Roseman, I. J. "Appraisal in the emotion system: Coherence in strategies for coping". *Emotion Review,* 5(2), pp. 141-149, 2013. Disponível em: <doi.org/10.1177/1754073912469591>

Salim, S.; Asghar, M.; Chugh, G.; Taneja, M.; xia, Z. e Saha, K. "Oxidative stress: A potential recipe for anxiety, hypertension and insulin resistance". *Brain Research, 1359,* pp. 178-185, 2010.

Salovey, P. e Mayer, J. D. "Emotional intelligence". *Imagination, Cognition and Personality,* 9(3), pp. 185-211, 1990. Disponível em: <doi.org/10.2190/DUGG-P24E-52WK-6CDG>

Salovey, P.; Rothman, A. J.; Detweiler, J. B. e Steward, W. T. "Emotional states and physical health". *American Psychologist,* 55(1), pp. 110-121, 2000.

Sands, M.; Ngo, N. e Isaacowitz, D. M. "The interplay of motivation and emotion: View from adulthood and old age". In: L. F. Barrett, M. Lewis e J. M. Haviland-Jones (Eds.), *Handbook of Emotions,* pp. 336-349. Nova York: Guilford Publications, 2016.

Sapolsky, R. M. "Stress and the brain: Individual variability and the inverted-U". *Nature Neuroscience,* 18(10), pp. 1344-1346, 2015.

Sbarra, D. A. e Coan, J. A. "Relationships and health: The critical role of affective science". *Emotion Review,* 10(1), 40–54, 2018. Disponível em: <doi.org/10.1177/1754073917696584>

Scarantino, A. "The philosophy of emotions and its impact on affective science". In: L. F. Barrett, M. Lewis e J. M. Haviland-Jones (Eds.), *Handbook of Emotions,* pp. 3-48. Nova York: Guilford Publications, 2016.

Schmeichel, B. J. e Inzlicht, M. "Incidental and integral effects of emotions on self-control". In: M. D. Robinson, E. R. Watkins e E. Harmon-Jones (Eds.),

Handbook of Cognition and Emotion, pp. 272-290. Nova York: Guilford Publications, 2013.

Schonert-Reichl, K. A.; Guhn, M.; Gadermann, A. M.; Hymel, S.; Sweiss, L. e Hertzman, C. "Development and validation of the Middle Years Development Instrument (MDI): Assessing children's well-being and assets across multiple contexts". *Social Indicators Research, 114*(2), pp. 345-369, 2013.

Schupp, H. T.; Flaisch, T.; Stockburger, J. e Junghöfer, M. "Emotion and attention: Event-related brain potential studies". *Progress in Brain Research, 156*, pp. 31-51, 2006. Disponível em: <doi.org/10.1016/S0079-6123(06)56002-9>

Schutz, P. A.; Pekrun, R. e Phye, G. D. *Emotion in education* (vol. 10). P. A. Schutz e R. Pekrun (Eds.). San Diego, CA: Academic Press, 2007.

Schwarz, N. e Clore, G. L. "Mood, misattribution, and judgments of well-being: Informative and directive functions of affective states". *Journal of Personality and Social Psychology, 45*(3), pp. 513-523, 1983. Disponível em: <doi.org/10.1037/0022-3514.45.3.513>

Schwarz, N. e Clore, G. L. "Mood as information: 20 years later". *Psychological Inquiry, 14*(3-4), pp. 296-303, 2003. Disponível em: <doi.org/10.1080/1047840x.2003.9682896>

Schwarz, N. e Clore, G. L. "Feelings and phenomenal experiences". In: A. W. Kruglanski e E. T. Higgins (Eds.), *Social Psychology: Handbook of Basic Principles*, pp. 385-407. Nova York: Guilford Press, 2007.

Selye, H. *Stress in Health and Disease*. Waltham, MA: Butterworth-Heinemann, 2013.

Selye, H.; Memedovic, S.; Grisham, J. R.; Denson, T. F. e Moulds, M. L. "The effects of trait reappraisal and suppression on anger and blood pressure in response to provocation". *Journal of Research in Personality, 44*(4), pp. 540-543, 2010.

Sharma, S. "Life events stress, emotional vital signs and hypertension". In: A. K. Dalal e G. Misra (Eds.), *New Directions in Health Psychology*, pp. 389-408. Nova Delhi, Índia: Sage Publications, 2016.

Shields, G. S.; Sazma, M. A. e Yonelinas, A. P. "The effects of acute stress on core executive functions: A meta-analysis and comparison with cortisol". *Neuroscience & Biobehavioral Reviews, 68*, pp. 651-668, 2016. Disponível em: <doi.org/10.1016/j.neubiorev.2016.06.038>

Shiota, M. N.; Campos, B.; Oveis, C., Hertenstein, M. J.; Simon-Thomas, E. e Keltner, D. "Beyond happiness: Building a science of discrete positive emotions". *American Psychologist, 72*(7), pp. 617-643, 2017. Disponível em: <doi.org/10.1037/a0040456>

Shonkoff, J.; Levitt, P.; Bunge, S.; Cameron, J.; Duncan, G.; Fisher, P. e Nox, N. "Supportive relationships and active skill-building strengthen the foundations of resilience": Working paper 13. Cambridge, Reino Unido: National Scientific Council on the Developing Child, 2015.

Silvia, P. J. e Beaty, R. E. "Making creative metaphors: The importance of fluid intelligence for creative thought. *Intelligence, 40*(4), pp. 343-351, 2012.

Silvia, P. J.; Martin, C. e Nusbaum, E. C. "A snapshot of creativity: Evaluating a quick and simple method for assessing divergent thinking". *Thinking Skills and Creativity, 4*(2), pp. 79-85, 2009. Disponível em: <doi.org/10.1016/j.tsc.2009.06.005>

Sinclair, R. C. e Mark, M. M. "The influence of mood state on judgment and action: Effects on persuasion, categorization, social justice, person perception, and judgmental accuracy". In: L. L. Martin e A. Tesser (Eds.), *The Construction of Social Judgments*, pp. 165-193. Hillsdale, NJ: Lawrence Erlbaum Associates, Inc., 1992.

Singer, J. A. e Salovey, P. *Remembered Self: Emotion and Memory in Personality.* Nova York: Simon & Schuster, 2010.

Stefanucci, J. K.; Gagnon, K. T. e Lessard, D. A. Follow your heart: "Emotion adaptively influences perception". *Social and Personality Psychology Compass,* 5(6), pp. 296-308, 2011.

Steinberg, L. "Cognitive and affective development in adolescence". *Trends in Cognitive Sciences, 9*(2), pp. 69-74, 2005. Disponível em: <doi.org/10.1016/j.tics.2004.12.005>

Sternberg, R. J. "The theory of successful intelligence". *Review of General*

Psychology, 3(4), pp. 292-316, 1999. Disponível em: <doi.org/10.1037/1089-2680.3.4.292>

Sy, T. e Côté, S. "Emotional intelligence: A key ability to succeed in the matrix organization". *Journal of Management Development, 23*(5), pp. 437-455, 2004. Disponível em: <doi.org/10.1108/02621710410537056>

Tamir, M.; Mitchell, C. e Gross, J. J. "Hedonic and instrumental motives in anger regulation". *Psychological Science, 19*(4), pp. 324-328, 2008.

Tan, H. B. e Forgas, J. P. "When happiness makes us selfish, but sadness makes us fair: Affective influences on interpersonal strategies in the dictator game". *Journal of Experimental Social Psychology, 46*(3), pp. 571-576, 2010.

Tangney, J. P.; Stuewig, J. e Mashek, D. J. "Moral emotions and moral behavior". *Annual Review of Psychology, 58*, pp. 345-372, 2007. Disponível em: <doi.org/10.1146/annurev.psych.56.091103.070145>

Tarullo, A. R. e Gunnar, M. R. "Child maltreatment and the developing HPA axis". *Hormones and Behavior, 50*(4), pp. 632-639, 2006.

Thorndike, E. L. "Intelligence and its uses". *Harper's Magazine, 140*, pp. 227-235, 1920.

Torrance, E. P. "The nature of creativity as manifest in its testing". In: R. J. Sternberg (Ed.), *The Nature of Creativity: Contemporary Psychological Perspectives*, pp. 43-75. Cambridge: Cambridge University Press, 1988.

Tversky, A. e Kahneman, D. "Judgment under uncertainty: Heuristics and biases". *Science, 185*(4157), pp. 1124-1131, 1974.

Van Kleef, G. A.; Anastasopoulou, C. e Nijstad, B. A. "Can expressions of anger enhance creativity? A test of the emotions as social information (EASI) model". *Journal of Experimental Social Psychology, 46*(6), pp. 1042-1048, 2010.

Van Kleef, G. A.; Oveis, C.; Van Der Löwe, I.; LuoKogan, A.; Goetz, J. e Keltner, D. "Power, distress, and compassion: Turning a blind eye to the suffering of others". *Psychological Science, 19*(12), pp. 1315-1322, 2008.

Vingerhoets, A. J. e Bylsma, L. M. "The riddle of human emotional crying: A challenge for emotion researchers". *Emotion Review, 8*(3), pp. 207-217, 2016.

Waber, D. P.; De Moor, C.; Forbes, P. W.; Almli, C. R., Botteron, K. N. e Leonard, G. "Brain Development Cooperative Group. The NIH MRI study of normal brain development: Performance of a population based sample of healthy children aged 6 to 18 years on a neuropsychological battery". *Journal of the International Neuropsychological Society*, 13(5), pp. 729-746, 2007. Disponível em: <doi.org/10.1017/S1355617707070841>

Wechsler, D. *Manual for the Wechsler Adult Intelligence Scale.* Oxford: Psychological Corp, 1955.

Weng, H. Y.; Fox, A. S.; Hessenthaler, H. C.; Stodola, D. E. e Davidson, R. J. "The role of compassion in altruistic helping and punishment behavior". *PLoS One*, 10(12), e0143794, 2015.

Wolke, D.; Copeland, W. E.; Angold, A. e Costello, E. J. "Impact of bullying in childhood on adult health, wealth, crime, and social outcomes". *Psychological Science*, 24(10), pp. 1958-1970, 2013.

Woodman, T.; Davis, P. A.; Hardy, L.; Callow, N.; Glasscock, I. e Yuill-Proctor, J. "Emotions and sport performance: An exploration of happiness, hope, and anger". *Journal of Sport and Exercise Psychology*, 31(2), pp. 169-188, 2009.

Wright, B. L. e Loving, T. J. "Health implications of conflict in close relationships". *Social and Personality Psychology Compass*, 5(8), pp. 552-562, 2011.

Yang, H. e Yang, S. "Sympathy fuels creativity: The beneficial effects of sympathy on originality". *Thinking Skills and Creativity*, 21, pp. 132-143, 2016.

Yiend, J. "The effects of emotion on attention: A review of attentional processing of emotional information. *Cognition and Emotion*, 24(1), pp. 3-47, 2010. Disponível em: <doi.org/10.1080/02699930903205698>

Yip, J. A. e Côté, S. "The emotionally intelligent decision maker: Emotion-understanding ability reduces the effect of incidental anxiety on risk taking". *Psychological Science*, 24(1), pp. 48-55, 2013. Disponível em: <doi.org/10.1177/0956797612450031>

Yip, J. A.; Stein, D. H.; Côté, S. e Carney, D. R. "Follow your gut? Emotional intelligence moderates the association between physiologically measured somatic markers and risk-taking". *Emotion*. Publicação avançada na internet. 2019. Disponível em: <doi.org/10.1037/emo0000561>

Zadra, J. R. e Clore, G. L. "Emotion and perception: The role of affective information". *Wiley Interdisciplinary Reviews: Cognitive Science, 2*(6), pp. 676-685, 2011.

Zelazo, P. D. e Müller, U. "Executive function in typical and atypical development". In: U. Goswami (Ed.), *Blackwell Handbook of Childhood Cognitive Development* (pp. 445-469). Hoboken, NJ: Blackwell Publishers, 2002.

Zeman, J.; Cassano, M.; Perry-Parrish, C. e Stegall, S. "Emotion regulation in children and adolescents". *Journal of Developmental & Behavioral Pediatrics, 27*(2), pp. 155-168, 2006. Disponível em: <doi.org/10.1097/00004703-200604000-00014>

Zimmermann, P. e Iwanski, A. "Emotion regulation from early adolescence to emerging adulthood and middle adulthood: Age differences, gender differences, and emotion-specific developmental variations". *International Journal of Behavioral Development, 38*(2), pp. 182-194, 2014. Disponível em: <doi.org/10.1177/0165025413515405>

3. COMO SE TORNAR UM CIENTISTA DA EMOÇÃO

Associação de Psicologia Americana. *The road to resilience.* 2002. Disponível em: <www.apa.org/helpcenter/road-resilience>

Boyce, T. W. *The Orchid and the Dandelion: Why Some Children Struggle and How All Can Thrive.* Nova York: Alfred A. Knopf, 2019.

Brackett, M. A.; Mayer, J. D. e Warner, R. M. "Emotional intelligence and its relation to everyday behaviour". *Personality and Individual Differences, 36*(6), pp. 1387-1402, 2004. Disponível em: <doi.org/10.1016/S0191-8869(03)00236-8>

Brackett, M. A. e Rivers, S. E. "Transforming students' lives with social and emotional learning". In: R. Pekrun e L. Linnenbrink-Garcia (Eds.), *International Handbook of Emotions in Education*, pp. 368-388. Nova York: Routledge, 2014.

Brackett, M. A.; Rivers, S. E.; Bertoli, M. C. e Salovey, P. "Emotional intelligence". In: L. F. Barrett, M. Lewis, e J. M. Haviland-Jones (Eds.), *Handbook of Emotions*, pp. 513-531. Nova York: Guilford Publications, 2016.

Brackett, M. A.; Rivers, S. E.; Shiffman, S.; Lerner, N. e Salovey, P. "Relating emotional abilities to social functioning: A comparison of self-report and performance measures of emotional intelligence." *Journal of Personality and Social Psychology*, 91(4), pp. 780-795, 2006. Disponível em: <doi.org/10.1037/0022-3514.91.4.780>

Brackett, M. A. e Salovey, P. "Measuring emotional intelligence with the Mayer-Salovey-Caruso Emotional Intelligence Test (MSCEIT)". In: G. Geher (Ed.), *Measuring Emotional Intelligence: Common Ground and Controversy*, pp. 179-94. Happauge, Nova York: Nova Science Publishers, Inc., 2004.

Côté, S.; Lopes, P. N.; Salovey, P. e Miners, C. T. "Emotional intelligence and leadership emergence in small groups". *Leadership Quarterly*, 21(3), pp. 496-508, 2010. Disponível em: <doi.org/10.1016/j.leaqua.2010.03.012>

Crombie, D.; Lombard, C. e Noakes, T. "Increasing emotional intelligence in cricketers: An intervention study". *International Journal of Sports Science & Coaching*, 6(1), pp. 69-86, 2011. Disponível em: <doi.org/10.1260/1747-9541.6.1.69>

Damasio, A. *A estranha ordem das coisas: As origens biológicas dos sentimentos e da cultura*. São Paulo: Companhia das Letras, 2018.

Duckworth, A. *Garra: O poder da paixão e da perseverança*. Rio de Janeiro: Intrínseca, 2016.

Dunn, E. W.; Brackett, M. A.; Ashton-James, C.; Schneiderman, E. e Salovey, P. "On emotionally intelligent time travel: Individual differences in affective forecasting ability". *Personality and Social Psychology Bulletin*, 33(1), pp. 85-93, 2007. Disponível em: <doi.org /10.1177/0146167206294201>

Dweck, C. *Mindset: A nova psicologia do sucesso*. Rio de Janeiro: Objetiva, 2017.

Fernandez-Berrocal, P.; Alcaide, R.; Extremera, N. e Pizarro, D. "The role of emotional intelligence in anxiety and depression among adolescents". *Individual Differences Research*, 4(1), pp. 16-27, 2006. Disponível em: <http://emotional.intelligence.uma.es/documentos/pdf60among_adolescents.pdf>

Ivcevic, Z. e Brackett, M. "Predicting school success: Comparing conscientiousness, grit, and emotion regulation ability". *Journal of Research in Personality*, 52, pp. 29-36, 2014. Disponível em: <doi.org/10.1016/j.jrp.2014.06.005>

Ivcevic, Z.; Brackett, M. A. e Mayer, J. D. "Emotional intelligence and emotional creativity". *Journal of Personality*, 75(2), pp. 199-236, 2007. Disponível em: <doi.org/10.1111/j.1467-6494.2007.00437.x>

Kumar, S. "Establishing linkages between emotional intelligence and transformational leadership". *Industrial Psychiatry Journal*, 23(1), pp. 1-3, 2014. Disponível em: <doi.org/10.4103/0972-6748.144934>

Martins, A.; Ramalho, N. e Morin, E. "A comprehensive meta-analysis of the relationship between emotional intelligence and health". *Personality and Individual Differences*, 49(6), pp. 554-564, 2010. Disponível em: <doi.org/10.1016/j.paid.2010.05.029>

Miao, C.; Humphrey, R. H. e Qian, S. "A meta-analysis of emotional intelligence and work attitudes". *Journal of Occupational and Organizational Psychology*, 90(2), pp. 177-202, 2017. Disponível em: <doi.org/10.1111/joop.12167>

Reuben, E.; Sapienza, P. e Zingales, L. *Can we teach emotional intelligence.* (Manuscrito não publicado.) Nova York: Columbia Business School, Columbia University, 2009.

Rivers, S. E.; Brackett, M. A.; Reyes, M. R.; Mayer, J. D.; Caruso, D. R. e Salovey, P. "Measuring emotional intelligence in early adolescence with the MS-CEIT-YV: Psychometric properties and relationship with academic performance and psychosocial functioning". *Journal of Psychoeducational Assessment*, 30(4), pp. 344-366, 2012. Disponível em: <doi.org/10.1177/0734282912449443>

Salovey, P. e Mayer, J. D. "Emotional intelligence". *Imagination, Cognition and Personality*, 9(3), pp. 185-211, 1990. Disponível em: <doi.org/10.2190/DUGG-P24E-52WK-6CDG>

Schutte, N. S.; Malouff, J. M.; Bobik, C.; Coston, T. D.; Greeson, C.; Jedlicka, C. e Wendorf, G. "Emotional intelligence and interpersonal relations". *Journal of Social Psychology*, 141(4), pp. 523-536, 2001. Disponível em: <doi.org/10.1080/00224540109600569>

Sharot, T. "The optimism bias". *Current Biology*, 21(23), R941–R945, 2011. Disponível em: <doi.org/10.1016/j.cub.2011.10.030>

Tsai, J. L.; Louie, J. Y.; Chen, E. E. e Uchida, Y. "Learning what feelings to desire: Socialization of ideal affect through children's storybooks". *Personality and Social Psychology Bulletin,* 33(1), pp. 17-30, 2007. Disponível em: <doi.org/10.1177/0146167206292749>

Yip, J. A. e Côté, S. "The emotionally intelligent decision maker: Emotion-understanding ability reduces the effect of incidental anxiety on risk taking". *Psychological Science,* 24(1), pp. 48-55, 2013. Disponível em: <doi.org/10.1177/0956797612450031>

Zhang, H. H. e Wang, H. "A meta-analysis of the relationship between individual emotional intelligence and workplace performance". *Acta Psychologica Sinica,* 43(2), pp. 188-202, 2011. Disponível em: <http://en.cnki.com.cn/Article_en/CJFDTOTAL-xLxB201102009.htm>

4. RECONHECER A EMOÇÃO

Ackerman, J. M.; Shapiro, J. R.; Neuberg, S. L.; Kenrick, D. T.; Becker, D. V.; Griskevicius, V. e Schaller, M. "They all look the same to me (unless they're angry) from out-group homogeneity to out-group heterogeneity". *Psychological Science,* 17(10), pp. 836-840, 2006.

Adams Jr.; R. B.; Hess, U. e Kleck, R. E. "The intersection of gender-related facial appearance and facial displays of emotion". *Emotion Review,* 7(1), pp. 5-13, 2015.

Ambady, N. e Weisbuch, M. "Nonverbal behavior". In: S. T. Riske, D. T. Gilbert e G. Lindzey (Eds.), *Handbook of Social Psychology,* vol. 5, pp. 464-497. Hoboken, NJ: John Wiley & Sons, 2010.

Aviezer, H.; Hassin, R. R.; Ryan, J.; Grady, C., Susskind, J.; Anderson, A. e Bentin, S. "Angry, disgusted, or afraid? Studies on the malleability of emotioperception". *Psychological Science,* 19(7), pp. 724-732, 2008.

Bar-Haim, Y.; Lamy, D.; Pergamin, L.; Bakermans-Kranenburg, M. J. e Van Ijzendoorn, M. H. "Threat-related attentional bias in anxious and nonanxious individuals: a meta-analytic study". *Psychological Bulletin,* 133(1), pp. 1-24, 2007.

Barrett, L. F. *How Emotions Are Made: The Secret Life of the Brain.* Boston, MA: Houghton Mifflin Harcourt, 2017.

Barrett, L. F.; Mesquita, B. e Gendron, M. "Context in emotion perception". *Current Directions in Psychological Science, 20*(5), pp. 286-290, 2011.

Baumeister, R. F.; Bratslavsky, E.; Finkenauer, C. e Vohs, K. D. "Bad is stronger than good". *Review of General Psychology, 5*(4), pp. 323-370, 2001.

Becker, M. W. e Leinenger, M. "Attentional selection is biased toward mood-congruent stimuli". *Emotion, 11*(5), pp. 1248-1254, 2011.

Brackett, M. A.; Patti, J.; Stern, R.; Rivers, S. E.; Elbertson, N. A.; Chisholm, C. e Salovey, P. "A sustainable, skill-based approach to building emotionally literate schools". In: M. Hughes, H. L. Thompson e J. B. Terrell (Eds.), *Handbook for Developing Emotional and Social Intelligence: Best Practices, Case Studies, and Strategies*, pp. 329-358. São Francisco, CA: Pfeiffer/John Wiley & Sons, 2009.

Brackett, M. A. e Rivers, S. E. "Transforming students' lives with social and emotional learning". Em R. Pekrun e L. Linnenbrink-Garcia (Eds.), *International Handbook of Emotions in Education*, pp. 368-388. Nova York: Routledge, 2014.

Bryant, G. A.; Fessler, D. M.; Fusaroli, R.; Clint, E.; Amir, D.; Chávez, B. e Fux, M. "The perception of spontaneous and volitional laughter across 21 societies". *Psychological Science, 29*(9), pp. 1515-1525, 2018.

Caruso, D. R. e Salovey, P. *Liderança com inteligência emocional: liderando e administrando com competência e eficácia*. São Paulo: M. Books, 2007.

Clark, M. S.; Von Culin, K. R.; Clark-Polner, E. e Lemay Jr., E. P. "Accuracy and projection in perceptions of partners' recent emotional experiences: Both minds matter". *Emotion, 17*(2), pp. 196-207, 2017.

Clore, G. L. e Huntsinger, J. R. "How emotions inform judgment and regulate thought". *Trends in Cognitive Sciences, 11*(9), pp. 393-399, 2007.

Cohen, D. e Gunz, A. "As seen by the other: Perspectives on the self in the memories and emotional perceptions of Easterners and Westerners". *Psychological Science, 13*(1), pp. 55-59, 2002.

Cordaro, D. T.; Keltner, D.; Tshering, S.; Wangchuk, D. e Flynn, L. M. "The voice conveys emotion in ten globalized cultures and one remote village in Bhutan". *Emotion, 16*(1), pp. 117-128, 2016.

Cordaro, D. T.; Sun, R.; Keltner, D.; Kamble, S.; Huddar, N. e McNeil, G. "Universals and cultural variations in 22 emotional expressions across five cultures". *Emotion*, 18(1), pp. 75-93, 2018.

Dalili, M. N.; Penton-Voak, I. S.; Harmer, C. J. e Munafo, M. R. "Meta-analysis of emotion recognition deficits in major depressive disorder". *Psychological Medicine*, 45(6), pp. 1135-1144, 2015.

Darwin, C. e Prodger, P. *A expressão das emoções no homem e nos animais*. São Paulo: Companhia das Letras, 2000.

Demenescu, L. R.; Kortekaas, R.; den Boer, J. A. e Aleman, A. "Impaired attribution of emotion to facial expressions in anxiety and major depression". *PloS One*, 5(12), e15058, 2010.

Ekman, P. "An argument for basic emotions". *Cognition & Emotion*, 6(3–4), pp. 169-200, 1992.

Ekman, P. e Friesen, W. V. "Constants across cultures in the face and emotion". *Journal of Personality and Social Psychology*, 17(2), pp. 124-129, 1971.

Ekman, P.; Friesen, W. V. e Ellsworth, P. *Emotion in the Human Face: Guidelines for Research and an Integration of Findings*. Nova York: Pergamon, 1972.

Elfenbein, H. A. e Ambady, N. "Universals and cultural differences in recognizing emotions". *Current Directions in Psychological Science*, 12(5), pp. 159-164, 2003.

Forgas, J. P. e Bower, G. H. "Mood effects on person-perception judgments". In: W. G. Parrott (Ed.), *Emotions in Social Psychology: Essential Readings*, pp. 204-215. Filadélfia: Psychology Press, 2001.

Füstös, J.; Gramann, K.; Herbert, B. M. e Pollatos, O. "On the embodiment of emotion regulation: Interoceptive awareness facilitates reappraisal". *Social Cognitive and Affective Neuroscience*, 8(8), pp. 911-917, 2012.

Gendron, M.; Roberson, D.; van der Vyver, J. M. e Barrett, L. F. "Perceptions of emotion from facial expressions are not culturally universal: Evidence from a remote culture". *Emotion*, 14(2), pp. 251-262, 2014.

Gilovich, T.; Medvec, V. H. e Savitsky, K. "The spotlight effect in social judgment: An egocentric bias in estimates of the salience of one's own actions and appearance". *Journal of Personality and Social Psychology*, 78(2), pp. 211-222, 2000.

Hertenstein, M. J.; Holmes, R.; McCullough, M. e Keltner, D. "The communication of emotion via touch". *Emotion*, 9(4), pp. 566-573, 2009.

Hertenstein, M. J.; Keltner, D.; App, B.; Bulleit, B. A. e Jaskolka, A. R. "Touch communicates distinct emotions". *Emotion*, 6(3), pp. 528-533, 2006.

Hess, U.; Adams Jr, R. B. e Kleck, R. E. "Facial appearance, gender, and emotion expression". *Emotion*, 4(4), pp. 378-388, 2004.

Hess, U.; Adams, R. B.; Grammer, K. e Kleck, R. E. "Face gender and emotion expression: Are angry women more like men?" *Journal of Vision*, 9(12), artigo 19, 2009.

Isbell, L. M. e Lair, E. C. "Moods, emotions, and evaluations as information". In: D. Carlston (Ed.), *The Oxford Handbook of Social Cognition*, pp. 435-462. Nova York: Oxford University Press, 2013.

Ito, T.; Yokokawa, K.; Yahata, N.; Isato, A.; Suhara, T. e Yamada, M. "Neural basis of negativity bias in the perception of ambiguous facial expression". *Scientific Reports*, 7(1), p. 420, 2017.

Izard, C. E.; Woodburn, E. M.; Finlon, K. J.; Krauthamer-Ewing, E. S.; Grossman, S. R. e Seidenfeld, A. "Emotion knowledge, emotion utilization, and emotion regulation". *Emotion Review*, 3(1), pp. 44-52, 2011.

Joseph, D. L. e Newman, D. A. "Emotional intelligence: An integrative meta-analysis and cascading model". *Journal of Applied Psychology*, 95(1), pp. 54-78, 2010.

Knapp, M. L.; Hall, J. A. e Horgan, T. G. *Nonverbal Communication in Human Interaction*. Boston, MA: Cengage Learning, 2013.

Knyazev, G. G.; Bocharov, A. V.; Slobodskaya, H. R. e Ryabichenko, T. I. "Personality-linked biases in perception of emotional facial expressions". *Personality and Individual Differences*, 44(5), pp. 1093-1104, 2008.

Krumhuber, E. e Kappas, A. "Moving smiles: The role of dynamic components for the perception of the genuineness of smiles". *Journal of Nonverbal Behavior*, 29(1), pp. 3-24, 2005.

Lewis, M. D. "Bridging emotion theory and neurobiology through dynamic systems modeling". *Behavioral and Brain Sciences*, 28(2), pp. 169-194, 2005.

Matsumoto, D. "American-Japanese cultural differences in judgements of expression intensity and subjective experience". *Cognition & Emotion, 13*(2), pp. 201-218, 1999.

Matsumoto, D. e Ekman, P. "American-Japanese cultural differences in intensity ratings of facial expressions of emotion". *Motivation and Emotion, 13*(2), pp.143-157, 1989.

Mesquita, B.; De Leersnyder, J. e Boiger, M. "The cultural psychology of emotions". In: L. F. Barrett, M. Lewis e J. M. Haviland-Jones (Eds.), *Handbook of Emotions*, pp. 393-411. Nova York: Guilford Publications, 2016.

Nathanson, L.; Rivers, S. E.; Flynn, L. M. e Brackett, M. A. "Creating emotionally intelligent schools with RULER". *Emotion Review, 8*(4), pp. 305-310, 2016.

Pope, A. *Ensaio sobre a crítica.* Rio de Janeiro: Imprensa Régia, 1810.

Roseman, I. J. "Appraisal in the emotion system: Coherence in strategies for coping". *Emotion Review, 5*(2), pp. 141-149, 2013.

Rosenthal, R. "Covert communication in laboratories, classrooms, and the truly real world". *Current Directions in Psychological Science, 12*(5), pp. 151-154, 2003.

Rozin, P. e Royzman, E. B. "Negativity bias, negativity dominance, and contagion". *Personality and Social Psychology Review, 5*(4), pp. 296-320, 2001.

Russell, J. A. "A circumplex model of affect". *Journal of Personality and Social Psychology, 39*(6), pp. 1161-1178, 1980.

Schönenberg, M. e Jusyte, A. "Investigation of the hostile attribution bias toward ambiguous facial cues in antisocial violent offenders". *European Archives of Psychiatry and Clinical Neuroscience, 264*(1), pp. 61-69, 2014.

Wang, Q.; Chen, G.; Wang, Z.; Hu, C. S.; Hu, X. e Fu, G. "Implicit racial attitudes influence perceived emotional intensity on other-race faces". *PloS One, 9*(8), e105946, 2014.

Weiss, B.; Dodge, K. A.; Bates, J. E. e Pettit, G. S. "Some consequences of early harsh discipline: Child aggression and a maladaptive social information processing style". *Child Development, 63*(6), pp. 1321-1335, 1992.

Widmeyer, W. N. e Loy, J. W. "When you're hot, you're hot! Warm-cold effects in first impressions of persons and teaching effectiveness". *Journal of Educational Psychology, 80*(1), pp. 118-121, 1988.

5. COMPREENDER A EMOÇÃO

Bowers, M. E. e Yehuda, R. "Intergenerational transmission of stress in humans". *Neuropsychopharmacology, 41*(1), pp. 232-244, 2016.

Brackett, M. A.; Patti, J.; Stern, R.; Rivers, S. E.; Elbertson, N. A.; Chisholm, C. e Salovey, P. "A sustainable, skill-based approach to building emotionally literate schools". In: M. Hughes, H. L. Thompson e J. B. Terrell (Eds.), *Handbook for Developing Emotional and Social Intelligence: Best Practices, Case Studies, and Strategies*, pp. 329-358. São Francisco, Califórnia: Pfeiffer/John Wiley & Sons, 2009.

Brackett, M. A. e Rivers, S. E. "Transforming students' lives with social and emotional learning". In: R. Pekrun e L. Linnenbrink-Garcia (Eds.), *International Handbook of Emotions in Education*, pp. 368-388. Nova York: Routledge, 2014.

Campos, B.; Shiota, M. N.; Keltner, D.; Gonzaga, G. C. e Goetz, J. L. "What is shared, what is different? Core relational themes and expressive displays of eight positive emotions". *Cognition & Emotion, 27*(1), pp. 37-52, 2013.

Clore, G. L. e Schiller, A. J. "New light on the affect-cognition connection". In: L. F. Barrett, M. Lewis e J. M. Haviland-Jones (Eds.), *Handbook of Emotions*, pp. 532-546. Nova York: Guilford Publications, 2016.

Cordaro, D. T.; Brackett, M.; Glass, L. e Anderson, C. L. "Contentment: Perceived completeness across cultures and traditions". *Review of General Psychology, 20*(3), pp. 221-235, 2016.

Dekel, R. e Goldblatt, H. "Is there intergenerational transmission of trauma? The case of combat veterans' children". *American Journal of Orthopsychiatry, 78*(3), pp. 281-289, 2008.

Fredrickson, B. L. "Positive emotions broaden and build". In: P. Devine e A. Plant (Eds.), *Advances in Experimental Social Psychology*, vol. 47, pp. 1-53. Cambridge, MA: Academic Press, 2013.

Genzel, B.; Rarick, J. R. D. e Morris, P. A. "Stress and emotion: Embodied, in context, and across the lifespan". In: L. F. Barrett, M. Lewis e J. M. Haviland-Jones (Eds.), *Handbook of Emotions*, pp. 707-735. Nova York: Guilford Publications, 2016.

Kelley, H. H. e Michela, J. L. "Attribution theory and research". *Annual Review of Psychology, 31*(1), pp. 457-501, 1980.

Lazarus, R. S. "Progress on a cognitive-motivational-relational theory of emotion". *American Psychologist, 46*(8), pp. 819-834, 1991.

Lewis, M. "Self-conscious emotions: Embarrassment, pride, shame, guilt, and hubris". In: L. F. Barrett, M. Lewis e J. M. Haviland-Jones (Eds.), *Handbook of Emotions*, pp. 792-814. Nova York: Guilford Publications, 2016.

Lupien, S. J.; McEwen, B. S.; Gunnar, M. R. e Heim, C. "Effects of stress throughout the lifespan on the brain, behavior and cognition". *Nature Reviews Neuroscience, 10*, pp. 434-445, 2009.

Mendes, W. B. "Emotion and the autonomic nervous system". In: L. F. Barrett, M. Lewis, e J. M. Haviland-Jones (Eds.), *Handbook of Emotions*, pp. 166-181. Nova York: Guilford Publications, 2016.

Moeller, J.; Ivcevic, Z.; Brackett, M. A. e White, A. E. "Mixed emotions: Network analyses of intra-individual co-occurrences within and across situations". *Emotion, 18*(8), pp. 1106-1121, 2018.

Moors, A.; Ellsworth, P. C.; Scherer, K. R. e Frijda, N. H. "Appraisal theories of emotion: State of the art and future development". *Emotion Review, 5*(2), pp. 119-124, 2013.

Nathanson, L.; Rivers, S. E.; Flynn, L. M. e Brackett, M. A. "Creating emotionally intelligent schools with RULER". *Emotion Review, 8*(4), pp. 305-310, 2016.

Parrott, W. G. e Smith, R. H. "Distinguishing the experiences of envy and jealousy". *Journal of Personality and Social Psychology, 64*(6), pp. 906-920, 1993.

Roseman, I. J. "Appraisal determinants of discrete emotions". *Cognition & Emotion, 5*(3), pp. 161-200, 1991.

Roseman, I. J. "Appraisal in the emotion system: Coherence in strategies for coping". *Emotion Review, 5*(2), pp. 141-149, 2013.

Russell, J. A. "A circumplex model of affect". *Journal of Personality and Social Psychology, 39*(6), pp. 1161-1178, 1980.

Salovey, P. (Ed.). *The Psychology of Jealousy and Envy.* Nova York: Guilford Press, 1991.

Scherer, K. R.; Schorr, A. e Johnstone, T. (Eds.). *Appraisal Processes in Emotion: Theory, Methods, Research.* Nova York: Oxford University Press, 2001.

Shields, G. S.; Sazma, M. A. e Yonelinas, A. P. "The effects of acute stress on core executive functions: A meta-analysis and comparison with cortisol. *Neuroscience & Biobehavioral Reviews, 68,* pp. 651-668, 2016.

Steinberg, L. "Cognitive and affective development in adolescence." *Trends in Cognitive Sciences, 9*(2), pp. 69-74, 2005.

Tracy, J. L. e Robins, R. W. "Appraisal antecedents of shame and guilt: Support for a theoretical model". *Personality and Social Psychology Bulletin, 32*(10), pp. 1339-1351, 2006.

Weiner, B. "An attributional theory of achievement motivation and emotion". *Psychological Review, 92*(4), pp. 548-573, 1985.

Weisinger, H. e Pawliw-Fry, J. P. *Performing Under Pressure: The Science of Doing Your Best When it Matters Most.* Nova York: Crown Publishing, 2015.

Zeman, J.; Cassano, M.; Perry-Parrish, C. e Stegall, S. "Emotion regulation in children and adolescents". *Journal of Developmental & Behavioral Pediatrics, 27*(2), pp. 155-168, 2006.

Zimmermann, P. e Iwanski, A. "Emotion regulation from early adolescence to emerging adulthood and middle adulthood: Age differences, gender differences, and emotion-specific developmental variations". *International Journal of Behavioral Development, 38*(2), pp. 182-194, 2014.

6. ROTULAR A EMOÇÃO

Barrett, L. F. "Solving the emotion paradox: Categorization and the experience of emotion". *Personality and Social Psychology Review, 10*(1), pp. 20-46, 2006.

Barrett, L. F. *How Emotions Are Made: The Secret Life of the Brain.* Boston: Houghton Mifflin Harcourt, 2017.

Barrett, L. F. "The theory of constructed emotion: An active inference account of interception and categorization". *Social Cognitive and Affective Neuroscience, 12*(1), pp. 1-23, 2017.

Barrett, L. F.; Gross, J.; Christensen, T. C. e Benvenuto, M. "Knowing what you're feeling and knowing what to do about it: Mapping the relation between emotion differentiation and emotion regulation". *Cognition and Emotion, 15*(6), pp. 713-724, 2001.

Baumeister, R. F.; Bratslavsky, E.; Finkenauer, C. e Vohs, K. D. "Bad is stronger than good. *Review of General Psychology, 5*(4), pp. 323-370, 2001.

Bird, G. e Cook, R. "Mixed emotions: The contribution of alexithymia to the emotional symptoms of autism". *Translational Psychiatry, 3*(7), e285, 2013.

Camras, L. A.; Fatani, S. S.; Fraumeni, B. R. e Shuster, M. M. "The development of facial expressions: Current perspectives on infant emotions". In: L. F. Barrett, M. Lewis e J. M. Haviland-Jones (Eds.), *Handbook of Emotions*, pp. 255-271. Nova York: Guilford Publications, 2016.

Cosmides, L. e Tooby, J. "Evolutionary psychology and the emotions". In: M. Lewis e J. M. Haviland-Jones (Eds.), *Handbook of Emotions* (pp. 91–115). Nova York: Guilford Publications, 2000.

Creswell, J. D.; Way, B. M.; Eisenberger, N. I. e Lieberman, M. D. "Neural correlates of dispositional mindfulness during affect labeling". *Psychosomatic Medicine, 69*(6), pp. 560-565, 2007.

Demaree, H. A.; Everhart, D. E.; Youngstrom, E. A. e Harrison, D. W. "Brain lateralization of emotional processing: Historical roots and a future incorporating 'dominance'". *Behavioral and Cognitive Neuroscience Reviews, 4*(1), pp. 3-20, 2005.

Durkin, K. e Conti-Ramsden, G. "Young people with specific language impairment: A review of social and emotional functioning in adolescence". *Child Language Teaching and Therapy, 26*(2), pp. 105-121, 2010.

Durlak, J. A.; Weissberg, R. P.; Dymnicki, A. B., Taylor, R. D. e Schellinger,

K. B. "The impact of enhancing students' social and emotional learning: A meta-analysis of school-based universal interventions". *Child Development, 82*(1), pp. 405-432, 2011.

Eisenberg, N.; Sadovsky, A. e Spinrad, T. L. "Associations of emotion-related regulation with language skills, emotion knowledge, and academic outcomes". *New Directions for Child and Adolescent Development, 2005*(109), pp. 109-118, 2005.

Elert, E. "21 emotions for which there are no English words [infographic]". *Popular Science*. 4 de janeiro de 2013. Disponível em: <www.popsci.com/science/article/201301/emotions-which-there-are-no-english-words-infographic>

Harris, P. L.; de Rosnay, M. e Pons, F. "Understanding emotion". In: L. F. Barrett, M. Lewis e J. M. Haviland-Jones (Eds.), *Handbook of Emotions*, pp. 293-306. Nova York: Guilford Publications, 2016.

Hart, B. e Risley, T. R. *Meaningful Differences in the Everyday Experience of Young American Children*. Baltimore, MD: Paul H. Brookes Publishing, 1995.

Hussein, B. A. S. "The Sapir-Whorf hypothesis today". *Theory and Practice in Language Studies, 2*(3), pp. 642-646, 2012.

Izard, C. E.; Woodburn, E. M.; Finlon, K. J.; Krauthamer-Ewing, E. S.; Grossman, S. R. e Seidenfeld, A. "Emotion knowledge, emotion utilization, and emotion regulation". *Emotion Review, 3*(1), pp. 44-52, 2011.

Izard, C.; Fine, S.; Schultz, D.; Mostow, A.; Ackerman, B. e Youngstrom, E. "Emotion knowledge as a predictor of social behavior and academic competence in children at risk". *Psychological Science, 12*(1), pp. 18-23, 2001.

Kashdan, T. B.; Barrett, L. F. e McKnight, P. E. "Unpacking emotion differentiation: Transforming unpleasant experience by perceiving distinctions in negativity". *Current Directions in Psychological Science, 24*(1), pp. 10-16, 2015.

Kircanski, K.; Lieberman, M. D. e Craske, M. G. "Feelings into words: Contributions of language to exposure therapy. *Psychological Science, 23*(10), pp. 1086-1091, 2012.

Larsen, J. K.; Brand, N.; Bermond, B. e Hijman, R. "Cognitive and emotional characteristics of alexithymia: A review of neurobiological studies". *Journal of Psychosomatic Research,* 54(6), pp. 533-541, 2003.

Lewis, M. "The emergence of human emotions". In: L. F. Barrett, M. Lewis e J. M. Haviland-Jones (Eds.), *Handbook of Emotions,* pp. 272-292. Nova York: Guilford Publications, 2016.

Li, J.; Wang, L. e Fischer, K. "The organization of Chinese shame concepts?" *Cognition and Emotion,* 18(6), pp. 767-797, 2004.

Lieberman, M. D.; Eisenberger, N. I.; Crockett, M. J.; Tom, S. M.; Pfeifer, J. H. e Way, B. M. "Putting feelings into words". *Psychological Science,* 18(5), pp. 421-428, 2007.

Lieberman, M. D.; Inagaki, T. K.; Tabibnia, G. e Crockett, M. J. "Subjective responses to emotional stimuli during labeling, reappraisal, and distraction". *Emotion,* 11(3), pp. 468-480, 2011.

Lindquist, K. A.; Gendron, M. e Satpute, A. B. "Language and emotion: Putting words into feelings and feelings into words". In: L. F. Barrett, M. Lewis e J. M. Haviland-Jones (Eds.), *Handbook of Emotions,* pp. 579-594. Nova York: Guilford Publications, 2016.

Mohammad, S. M. e Turney, P. D. "Emotions evoked by common words and phrases: Using mechanical turk to create an emotion lexicon". In: Proceedings of the NAACL HLT 2010 workshop on computational approaches to analysis and generation of emotion in text (pp. 26-34). Junho de 2010. Stroudsburg, PA: Association for Computational Linguistics.

Pennebaker, J. W. "Putting stress into words: Health, linguistic, and therapeutic implications". *Behaviour Research and Therapy,* 31(6), pp. 539–548, 1993.

Pennebaker, J. W. "Expressive writing in psychological science". *Perspectives on Psychological Science,* 13(2), pp. 226-229, 2018.

Robson, D. The "untranslatable" emotions you never knew you had. BBC. 26 de janeiro de 2017. Disponível em: <www.bbc.com/future/story/20170126-the-untranslatable-emotions-you-never-knew-you-had>

Rozin, P. e Royzman, E. B. "Negativity bias, negativity dominance, and contagion". *Personality and Social Psychology Review,* 5(4), pp. 296-320, 2001.

Schrauf, R. W. e Sanchez, J. "The preponderance of negative emotion words in the emotion lexicon: A cross-generational and cross-linguistic study". *Journal of Multilingual and Multicultural Development*, 25(2-3), pp. 266-284, 2004.

Sperry, D. E., Sperry, L. L. e Miller, P. J. (No prelo). Reexamining the verbal environments of children from different Socioeconomic backgrounds. *Child Development*.

St. Clair, M. C.; Pickles, A.; Durkin, K. e Conti-Ramsden, G. "A longitudinal study of behavioral, emotional and social difficulties in individuals with a history of specific language impairment (SLI)". *Journal of Communication Disorders*, 44(2), pp. 186-199, 2011.

Taylor, G. J. e Bagby, R. M. "An overview of the alexithymia construct." In: R. Bar-On e J. D. A. Parker (Eds.), *The Handbook of Emotional Intelligence: Theory, Development, Assessment, and Application at Home, School, and in the Workplace*, pp. 40-67. São Francisco, Califórnia: Jossey-Bass, 2000.

Toivonen, R.; Kivelä, M.; Saramäki, J.; Viinikainen, M.; Vanhatalo, M. e Sams, M. "Networks of emotion concepts". *PLoS One*, 7(1), e28883, 2012.

Torre, J. B. e Lieberman, M. D. "Putting feelings into words: Affect labeling as implicit emotion regulation". *Emotion Review*, 10(2), pp. 116-124, 2018.

Torrisi, S. J.; Lieberman, M. D.; Bookheimer, S. Y. e Altshuler, L. L. "Advancing understanding of affect labeling with dynamic causal modeling". *NeuroImage*, 82, pp. 481-488, 2013.

Tugade, M. M.; Fredrickson, B. L. e Feldman Barrett, L. "Psychological resilience and positive emotional granularity: Examining the benefits of positive emotions on coping and health". *Journal of Personality*, 72(6), pp. 1161-1190, 2004.

Weisleder, A. e Fernald, A. "Talking to children matters: Early language experience strengthens processing and builds vocabulary". *Psychological Science*, 24(11), pp. 2143-2152, 2013.

Widen, S. C. "The development of children's concepts of emotion". In: L. F. Barrett, M. Lewis e J. M. Haviland-Jones (Eds.), *Handbook of Emotions*, pp. 307-318. Nova York: Guilford Publications, 2016.

Wierzbicka, A. *English: Meaning and Culture*. Nova York: Oxford University Press, 2006.

Yew, S. G. K. e O'Kearney, R. "Emotional and behavioural outcomes later in childhood and adolescence for children with specific language impairments: Meta-analyses of controlled prospective studies". *Journal of Child Psychology and Psychiatry, 54*(5), pp. 516-524, 2013.

7. EXPRESSAR A EMOÇÃO

Barrett, L. F. *How Emotions Are Made: The Secret Life of the Brain*. Boston: Houghton Mifflin Harcourt, 2017.

Barrett, L. F.; Lewis, M. e Haviland-Jones, J. M. (Eds.). *Handbook of Emotions*. Nova York: Guilford Publications, 2016.

Brody, L. R. "On understanding gender differences in the expression of emotion". In: S. L. Ablon, D. P. Brown, E. J. Khantzian e J. E. Mack (Eds.), *Human Feelings: Explorations in Affect Development and Meaning*, pp. 87-121. Hillsdale, NJ: Analytic Press, Inc, 1993.

Brody, L. R. "The socialization of gender differences in emotional expression: Display rules, infant temperament, and differentiation". *Gender and Emotion: Social Psychological Perspectives, 2*, pp. 24-47, 2000. Disponível em: <doi.org/10.1017/CBO9780511628191.003>

Buck, R. "Nonverbal communication of affect in preschool children: Relationships with personality and skin conductance". *Journal of Personality and Social Psychology, 35*(4), pp. 225-236, 1977.

Buck, R. *The Communication of Emotion*. Nova York: Guilford Press, 1984.

Chaplin, T. M. e Aldao, A. "Gender differences in emotion expression in children: A meta-analytic review". *Psychological Bulletin, 139*(4), pp. 735-765, 2013.

Chaplin, T. M.; Hong, K.; Bergquist, K. e Sinha, R. "Gender differences in response to emotional stress: an assessment across subjective, behavioral, and physiological domains and relations to alcohol craving". *Alcoholism: Clinical and Experimental Research, 32*(7), pp. 1242-1250, 2008.

Danner, D. D.; Snowdon, D. A. e Friesen, W. V. "Positive emotions in early life and longevity: Findings from the nun study". *Journal of Personality and Social Psychology, 80*(5), pp. 804-813, 2001.

Darwin, C. e Prodger, P. *A expressão das emoções no homem e nos animais.* São Paulo: Companhia das Letras, 2000.

Domagalski, T. A. e Steelman, L. A. "The impact of gender and organizational status on workplace anger expression". *Management Communication Quarterly, 20*(3), pp. 297-315, 2007.

Ekman, P. "Lie catching and microexpressions". In: C. Martin (Ed.), *The Philosophy of Deception*, pp. 118-137. Oxford: Oxford University Press, 2009.

Finkenauer, C. e Rimé, B. "Keeping emotional memories secret: Health and subjective well-being when emotions are not shared". *Journal of Health Psychology, 3*(1), pp. 47-58, 1998.

Friesen, W. V. "Cultural differences in facial expressions in a social situation: An experimental test of the concept of display rules". (Dissertação de doutorado sem publicação). 1972. Universidade da Califórnia–São Francisco, São Francisco, CA.

Grandey, A. A. "Smiling for a wage: What emotional labor teaches us about emotion regulation". *Psychological Inquiry, 26*(1), pp. 54-60, 2015.

Grandey, A.; Foo, S. C.; Groth, M. e Goodwin, R. E. "Free to be you and me: A climate of authenticity alleviates burnout from emotional labor". *Journal of Occupational Health Psychology, 17*(1), pp. 1-14, 2012.

Gross, J. J. e John, O. P. "Revealing feelings: Facets of emotional expressivity in self-reports, peer ratings, and behavior". *Journal of Personality and Social Psychology, 72*(2), pp. 435-448, 1997.

Hagenauer, G. e Volet, S. E. "I don't hide my feelings, even though I try to": Insight into teacher educator emotion display. *Australian Educational Researcher, 41*(3), pp. 261-281, 2014.

Hall, J. A.; Carter, J. D. e Horgan, T. "Gender differences in nonverbal communication of emotion". In: A. H. Fischer (Ed.), *Studies in Emotion and Social Interaction. Second series. Gender and Emotion: Social Psychological*

Perspectives, pp. 97-117. Nova York: Cambridge University Press, 2000. Disponível em: <doi.org/10.1017/CBO9780511628191.006>

Hall, J. A. e Schmid Mast, M. "Are women always more interpersonally sensitive than men? Impact of goals and content domain". *Personality and Social Psychology Bulletin, 34*(1), pp. 144-155, 2008.

Harker, L. e Keltner, D. "Expressions of positive emotion in women's college yearbook pictures and their relationship to personality and life outcomes across adulthood". *Journal of Personality and Social Psychology, 80*(1), pp. 112-124, 2001.

Hertenstein, M. J.; Hansel, C. A.; Butts, A. M. e Hile, S. N. "Smile intensity in photographs predicts divorce later in life". *Motivation and Emotion, 33*(2), pp. 99-105, 2009.

Hochschild, A. R. *The Managed Heart: Commercialization of Human Feeling.* Oakland, CA: University of California Press, 2012.

Johnston, V. S. *Why We Feel: The Science of Human Emotions.* Nova York: Perseus Publishing, 1999.

Kirschbaum, C.; Kudielka, B. M.; Gaab, J.; Schommer, N. C. e Hellhammer, D. H. "Impact of gender, menstrual cycle phase, and oral contraceptives on the activity of the hypothalamus-pituitary-adrenal axis". *Psychosomatic Medicine, 61*(2), pp. 154-162, 1999.

Kotchemidova, C. "From good cheer to 'drive-by smiling': A social history of cheerfulness". *Journal of Social History, 39*(1), pp. 5-37, 2005.

Kring, A. M. e Gordon, A. H. "Sex differences in emotion: Expression, experience, and physiology". *Journal of Personality and Social Psychology, 74*(3), pp. 686-703, 1998.

LaFrance, M.; Hecht, M. A. e Paluck, E. L. "The contingent smile: A meta-analysis of sex differences in smiling". *Psychological Bulletin, 129*(2), pp. 305-334, 2003.

Lease, S. H. "Assertive behavior: A double-edged sword for women at work?" *Clinical Psychology: Science and Practice, 25*(1), e12226, 2018.

Leitenberg, H.; Greenwald, E. e Cado, S. "A retrospective study of longterm methods of coping with having been sexually abused during childhood". *Child Abuse e Neglect, 16*(3), pp. 399-407, 1992.

Levenson, R. W.; Carstensen, L. L. e Gottman, J. M. "Influence of age and gender on affect, physiology, and their interrelations: A study of long-term marriages". *Journal of Personality and Social Psychology*, 67(1), pp. 56-68, 1994.

Machiavelli, N. *O príncipe*. Porto Alegre: L&PM, 2018.

Matsumoto, D. "Cultural similarities and differences in display rules". *Motivation and Emotion*, 14(3), pp. 195-214, 1990.

Nelson, J. A., Leerkes, E. M.; O'Brien, M.; Calkins, S. D. e Marcovitch, S. "African American and European American mothers' beliefs about negative emotions and emotion socialization practices". *Parenting*, 12(1), pp. 22-41, 2012.

Oatley, K.; Keltner, D. e Jenkins, J. M. *Understanding Emotions*. Hoboken, NJ: Blackwell Publishing, 2006.

Pennebaker, J. W. *Emotion, Disclosure, & Health*. Washington, D.C.: American Psychological Association, 1995.

Pennebaker, J. W. "Writing about emotional experiences as a therapeutic process". *Psychological Science*, 8(3), pp. 162-166, 1997.

Pennebaker, J. W.; Kiecolt-Glaser, J. K. e Glaser, R. "Disclosure of traumas and immune function: Health implications for psychotherapy". *Journal of Consulting and Clinical Psychology*, 56(2), pp. 239-245, 1988.

Randolph, S. M.; Koblinsky, S. A. e Roberts, D. D. "Studying the role of family and school in the development of African American preschoolers in violent neighborhoods". *Journal of Negro Education*, pp. 282-294, 1996.

Roorda, D. L.; Koomen, H. M.; Spilt, J. L. e Oort, F. J. "The influence of affective teacher–student relationships on students' school engagement and achievement: A meta-analytic approach". *Review of Educational Research*, 81(4), pp. 493-529, 2011.

Sheldon, K. M.; Titova, L.; Gordeeva, T. O.; Osin, E. N.; Lyubomirsky, S. e Bogomaz, S. "Russians inhibit the expression of happiness to strangers: Testing a display rule model". *Journal of Cross-Cultural Psychology*, 48(5), pp. 718-733, 2017.

Tracy, J. L. e Matsumoto, D. "The spontaneous expression of pride and shame: Evidence for biologically innate nonverbal displays". *Proceedings of the National Academy of Sciences, 105*(33), 11655-11660, 2008.

Tronick, E. Z. "Emotions and emotional communication in infants. *American Psychologist, 44*(2), pp. 112-119, 1989.

Tsai, J. L., Ang, J. Y. Z., Blevins, E., Goernandt, J., Fung, H. H., Jiang, D. e Haddouk, L. "Leaders' smiles reflect cultural differences in ideal affect". *Emotion, 16*(2), pp. 183-195, 2016.

Uono, S. e Hietanen, J. K. "Eye contact perception in the West and East: A cross-cultural study". *Plos One, 10*(2), e0118094, 2015.

Waldstein, D. "Serena Williams accuses official of sexism in U.S. Open loss to Naomi Osaka". *The New York Times.* 8 de setembro de 2018. Disponível em: <www.nytimes.com /2018/09/08/sports/serena-williams-vs-naomi-osaka-us-open.html>

Wallbott, H. G. "Bodily expression of emotion". *European Journal of Social Psychology, 28*(6), pp. 879-896, 1998.

Walsh, K., Fortier, M. A. e DiLillo, D. "Adult coping with childhood sexual abuse: A theoretical and empirical review". *Aggression and Violent Behavior, 15*(1), pp. 1-13, 2010.

8. REGULAR A EMOÇÃO

Alderman, L. "Breathe. Exhale. Repeat: The benefits of controlled breathing". *The New York Times.* 9 de novembro de 2016. Disponível em: <www.nytimes.com/2016 /11/09/well/mind/breathe-exhale-repeat-the-benefits-of-controlled-breathing.html>

Alvaro, P. K.; Roberts, R. M. e Harris, J. K. "A systematic review assessing bidirectionality between sleep disturbances, anxiety, and depression". *Sleep, 36*(7), pp. 1059-1068, 2013.

Astin, J. A. "Stress reduction through mindfulness meditation". *Psychotherapy and Psychosomatics, 66*(2), pp. 97-106, 1997.

Bariola, E.; Gullone, E. e Hughes, E. K. "Child and adolescent emotion regulation: The role of parental emotion regulation and expression". *Clinical Child and Family Psychology Review, 14*(2), p. 198, 2011.

Bariso, J. "13 signs of high emotional intelligence". Inc. 28 de fevereiro de 2018. Disponível em: <www.inc.com/justin-bariso/13-things-emotionally--intelligent-people-do.html>

Barrett, L. F.; Gross, J., Christensen, T. C. e Benvenuto, M. "Knowing what you're feeling and knowing what to do about it: Mapping the relation between emotion differentiation and emotion regulation". *Cognition & Emotion, 15*(6), pp. 713-724, 2001.

Beilharz, J.; Maniam, J. e Morris, M. "Diet-induced cognitive deficits: The role of fat and sugar, potential mechanisms and nutritional interventions". *Nutrients, 7*(8), pp. 6719-6738, 2015.

Black, D. S. e Slavich, G. M. "Mindfulness meditation and the immune system: A systematic review of randomized controlled trials". *Annals of the New York Academy of Sciences, 1373*(1), pp. 13-24, 2016.

Brooks, A. W. "Get excited: Reappraising pre-performance anxiety as excitement". *Journal of Experimental Psychology: General, 143*(3), pp. 1144-1158, 2014.

Brown, K. W. e Ryan, R. M. "The benefits of being present: Mindfulness and its role in psychological well-being". *Journal of Personality and Social Psychology, 84*(4), pp. 822-848, 2003.

Burg, J. M. e Michalak, J. "The healthy quality of mindful breathing: Associations with rumination and depression". *Cognitive Therapy and Research, 35*(2), pp. 179-185, 2011.

Butler, E. A. e Randall, A. K. "Emotional coregulation in close relationships". *Emotion Review, 5*(2), pp. 202-210, 2013.

Cho, H.; Ryu, S.; Noh, J. e Lee, J. "The effectiveness of daily mindful breathing practices on test anxiety of students". *PloS One, 11*(10), e0164822, 2016.

Cohen, S. "Social relationships and health". *American Psychologist, 59*(8), p. 676, 2004.

Consolo, K.; Fusner, S. e Staib, S. "Effects of diaphragmatic breathing on stress levels of nursing students". *Teaching and Learning in Nursing*, 3(2), pp. 67-71, 2008.

Crum, A. "Evaluating a mindset training program to unleash the enhancing nature of stress". In: *Academy of Management Proceedings*, vol. 2011, nº 1, pp. 1-6. Briarcliff Manor, NY: Academy of Management, 2011.

Crum, A. J.; Akinola, M.; Martin, A. e Fath, S. "The role of stress mindset in shaping cognitive, emotional, and physiological responses to challenging and threatening stress". *Anxiety, Stress, & Coping*, 30(4), pp. 379-395, 2017.

Crum, A. e Lyddy, C. "Destressing stress: The power of mindsets and the art of stressing mindfully". In: A. Ie, C. Ngnoumen e E. J. Langer (Eds.), *The Wiley Blackwell Handbook of Mindfulness*, vol. 1, pp. 948-963. Malden, MA: John Wiley & Sons, 2014.

Crum, A. J.; Salovey, P. e Achor, S. "Rethinking stress: The role of mindsets in determining the stress response. *Journal of Personality and Social Psychology*, 104(4), pp. 716-733, 2013.

Deslandes, A.; Moraes, H.; Ferreira, C.; Veiga, H.; Silveira, H.; Mouta, R. e Laks, J. "Exercise and mental health: Many reasons to move". *Neuropsychobiology*, 59(4), pp. 191-198, 2009.

Dobson, K. S. e Dozois, D. J. (Eds.). *Handbook of Cognitive-Behavioral Therapies*. Nova York: Guilford Publications, 2019.

Drabant, E. M.; McRae, K.; Manuck, S. B.; Hariri, A. R. e Gross, J. J. "Individual differences in typical reappraisal use predict amygdala and prefrontal responses". *Biological Psychiatry*, 65(5), pp. 367-373, 2009.

Evans, C. A. e Porter, C. L. "The emergence of mother–infant co-regulation during the first year: Links to infants' developmental status and attachment". *Infant Behavior and Development*, 32(2), pp. 147-158, 2009.

Feldman, G.; Greeson, J. e Senville, J. "Differential effects of mindful breathing, progressive muscle relaxation, and loving-kindness meditation on decentering and negative reactions to repetitive thoughts". *Behaviour Research and Therapy*, 48(10), pp. 1002-1011, 2010.

Gross, J. J. "Antecedent-and response-focused emotion regulation: Divergent consequences for experience, expression, and physiology". *Journal of Personality and Social Psychology, 74*(1), pp. 224-237, 1998.

Gross, J. J. "The emerging field of emotion regulation: An integrative review". *Review of General Psychology, 2*(3), pp. 271-299, 1998.

Gross, J. J. "Emotion regulation in adulthood: Timing is everything". *Current Directions in Psychological Science, 10*(6), pp. 214-219, 2001.

Grossman, P.; Niemann, L.; Schmidt, S. e Walach, H. "Mindfulness-based stress reduction and health benefits: A meta-analysis". *Journal of Psychosomatic Research, 57*(1), pp. 35-43, 2004.

Herrero, J. L.; Khuvis, S.; Yeagle, E.; Cerf, M. e Mehta, A. D. "Breathing above the brainstem: Volitional control and attentional modulation in humans". *Journal of Neurophysiology, 119*(1), pp. 145-159, 2017.

Hofmann, S. G.; Heering, S.; Sawyer, A. T. e Asnaani, A. "How to handle anxiety: The effects of reappraisal, acceptance, and suppression strategies on anxious arousal". *Behaviour Research and Therapy, 47*(5), pp. 389-394, 2009.

Hülsheger, U. R.; Alberts, H. J.; Feinholdt, A. e Lang, J. W. "Benefits of mindfulness at work: The role of mindfulness in emotion regulation, emotional exhaustion, and job satisfaction". *Journal of Applied Psychology, 98*(2), pp. 310-325, 2013.

Jamieson, J. P.; Crum, A. J.; Goyer, J. P.; Marotta, M. E. e Akinola, M. "Optimizing stress responses with reappraisal and mindset interventions: An integrated model". *Anxiety, Stress, & Coping, 31*(3), pp. 245-261, 2018.

Jamieson, J. P.; Mendes, W. B.; Blackstock, E. e Schmader, T. "Turning the knots in your stomach into bows: Reappraising arousal improves performance on the GRE". *Journal of Experimental Social Psychology, 46*(1), pp. 208-212, 2010.

Johnson, D. R. "Emotional attention set-shifting and its relationship to anxiety and emotion regulation". *Emotion, 9*(5), pp. 681-690, 2009.

Kingston, J.; Chadwick, P.; Meron, D. e Skinner, T. C. "A pilot randomized control trial investigating the effect of mindfulness practice on pain tolerance, psychological well-being, and physiological activity". *Journal of Psychosomatic Research*, 62(3), pp. 297-300, 2007.

Kross, E. e Ayduk, O. "Self-distancing: Theory, research, and current directions". In: J. Olsen (Ed.), *Advances in Experimental Social Psychology*, vol. 55, pp. 81-136. Cambridge, MA: Academic Press, 2017.

Kross, E.; Bruehlman-Senecal, E.; Park, J.; Burson, A.; Dougherty, A.; Shablack, H. e Ayduk, O. "Self-talk as a regulatory mechanism: How you do it matters". *Journal of Personality and Social Psychology*, 106(2), pp. 304-324, 2014.

LeDoux, J. *O cérebro emocional: Os misteriosos alicerces da vida emocional*. Rio de Janeiro: Objetiva, 1998.

Levenson, R. W. "The autonomic nervous system and emotion". *Emotion Review*, 6(2), pp. 100-112, 2014.

Ma, X.; Yue, Z. Q.; Gong, Z. Q.; Zhang, H.; Duan, N. Y.; Shi, Y. T. e Li, Y. F. "The effect of diaphragmatic breathing on attention, negative affect and stress in healthy adults". *Frontiers in Psychology*, 8, p. 874, 2017.

Mangelsdorf, S. C.; Shapiro, J. R. e Marzolf, D. "Developmental and temperamental differences in emotion regulation in infancy". *Child Development*, 66(6), pp. 1817-1828, 1995.

Mauss, I. B.; Troy, A. S. e LeBourgeois, M. K. "Poorer sleep quality is associated with lower emotion-regulation ability in a laboratory paradigm". *Cognition e Emotion*, 27(3), pp. 567-576, 2013.

McRae, K.; Ciesielski, B. e Gross, J. J. "Unpacking cognitive reappraisal: Goals, tactics, and outcomes". *Emotion*, 12(2), pp. 250-255, 2012.

McRae, K.; Jacobs, S. E.; Ray, R. D.; John, O. P. e Gross, J. J. "Individual differences in reappraisal ability: Links to reappraisal frequency, well--being, and cognitive control". *Journal of Research in Personality*, 46(1), pp. 2-7, 2012.

Minkel, J. D.; McNealy, K.; Gianaros, P. J.; Drabant, E. M.; Gross, J. J.; Manuck, S. B. e Hariri, A. R. "Sleep quality and neural circuit function supporting emotion regulation". *Biology of Mood & Anxiety Disorders*, 2(1), p. 22, 2012.

Morris, A. S.; Silk, J. S.; Steinberg, L.; Myers, S. S. e Robinson, L. R. "The role of the family context in the development of emotion regulation". *Social Development*, 16(2), pp. 361-388, 2007.

Moser, J. S.; Dougherty, A.; Mattson, W. I.; Katz, B.; Moran, T. P.; Guevarra, D. e Kross, E. "Third-person self-talk facilitates emotion regulation without engaging cognitive control: Converging evidence from ERP and fMRI". *Scientific Reports*, 7(1), p. 4519, 2017.

Ochsner, K. N. e Gross, J. J. "Cognitive emotion regulation: Insights from social cognitive and affective neuroscience". *Current Directions in Psychological Science*, 17(2), pp. 153-158, 2008.

Parkinson, B. e Totterdell, P. "Classifying affect-regulation strategies". *Cognition & Emotion*, 13(3), p. 277-303, 1999.

Pbert, L.; Madison, J. M.; Druker, S.; Olendzki, N.; Magner, R.; Reed, G. e Carmody, J. "Effect of mindfulness training on asthma quality of life and lung function: A randomized controlled trial". *Thorax*, 67(9), pp. 769-776, 2012.

Petruzzello, S. J.; Landers, D. M.; Hatfield, B. D.; Kubitz, K. A. e Salazar, W. "A meta-analysis on the anxiety-reducing effects of acute and chronic exercise". *Sports Medicine*, 11(3), pp. 143-182, 1991.

Porter, C. L. "Coregulation in mother-infant dyads: Links to infants' cardiac vagal tone". *Psychological Reports*, 92(1), pp. 307-319, 2003.

Shakespeare, W. *A tragédia de Hamlet, príncipe da Dinamarca*. São Paulo: Penguin-Companhia das Letras, 2018.

Spencer, S. J.; Korosi, A.; Layé, S.; Shukitt-Hale, B. e Barrientos, R. M. "Food for thought: How nutrition impacts cognition and emotion". *Science of Food*, 1(1), p. 7, 2017.

Steel, P. "The nature of procrastination: A meta-analytic and theoretical review of quintessential self-regulatory failure". *Psychological Bulletin*, 133(1), pp. 65-94, 2007.

Ströhle, A. "Physical activity, exercise, depression and anxiety disorders". *Journal of Neural Transmission*, 116(6), pp. 777-784, 2009.

Tsuno, N.; Besset, A. e Ritchie, K. "Sleep and depression". *Journal of Clinical Psychiatry, 66*(10), pp. 1254-1269, 2005.

Umberson, D. e Karas Montez, J. "Social relationships and health: A flashpoint for health policy". *Journal of Health and Social Behavior, 51* (Suppl), S54–S66, 2010.

Wehner, M. "Talking to yourself isn't crazy, it's a stress relief". *New York Post.* 27 de julho de 2017. Disponível em: <https://nypost.com/2017/07/27/talking-to-yourself-isnt-crazy-its-stress-relief/>

Wielgosz, J.; Schuyler, B. S.; Lutz, A. e Davidson, R. J. "Long-term mindfulness training is associated with reliable differences in resting respiration rate". *Scientific Reports, 6,* 27533, 2016.

9. EMOÇÕES NO LAR

AVG Technologies. Kids competing with mobile phones for parents' attention [Web log message], 24 de junho de 2015. Disponível em: <https://now.avg.com/digital-diaries-kids-competing-with-mobile-phones-for-parents-attention>

Baumeister, R. F.; Bratslavsky, E.; Finkenauer, C. e Vohs, K. D. "Bad is stronger than good". *Review of General Psychology, 5*(4), pp. 323-370, 2001. Disponível em: <doi:10.1037//10892680.5.4.323>

Bigelow, K. M. e Morris, E. K. "John B. Watson's advice on child rearing: Some historical context". *Behavioral Development Bulletin, 10*(1), pp. 26-30, 2001. Disponível em: <http:// dx.doi.org/10.1037/h0100479>

Bowlby, J. *A Secure Base: Parent-Child Attachment and Healthy Human Development.* Nova York: Basic Books, 1988.

Boyce, T. W. *The Orchid and the Dandelion: Why Some Children Struggle and How All Can Thrive.* Nova York: Alfred A. Knopf, 2019.

Cacioppo, J. T. e Gardner, W. L. "Emotion". *Annual Review of Psychology, 50*(1), pp. 191-214, 1999. Disponível em: <doi:10.1146/annurev.psych.50.1.191>

Chaplin, T. M. e Aldao, A. "Gender differences in emotion expression in children: A meta-analytic review". *Psychological Bulletin, 139*(4), pp. 735-765, 2013. Disponível em: <doi:10.1037/a0030737>

DeClaire, J. e Gottman, J. *Inteligência emocional e a arte de educar nossos filhos: Como aplicar os conceitos revolucionários da inteligência emocional para uma nova compreensão da relação entre pais e filhos.* Rio de Janeiro: Objetiva, 1997.

Denham, S. A.; Cook, M. e Zoller, D. "Baby looks *very* sad": Implications of conversations about feelings between mother and preschooler. *British Journal of Developmental Psychology, 10*(3), pp. 301-315, 1992. Disponível em: < doi.org/10.1111/j.2044835x.1992.tb00579.x>

Departamento de Educação dos Estados Unidos, Centro Nacional de Estatísticas Educacionais. Student reports of bullying and cyber-bullying: Results from the 2013 School Crime Supplement to the National Crime Victimization Survey (NCES Nº 2015-056), 2015. Disponível em: <https://nces.ed.gov/pubs2015/2015056.pdf>

Fogel, A. *Developing Through Relationships.* Chicago, IL: University of Chicago Press, 1993.

Hooven, C.; Gottman, J. M. e Katz, L. F. "Parental meta-emotion structure predicts family and child outcomes". *Cognition & Emotion, 9*(2–3), pp. 229-264, 1995. Disponível em: < doi.org/10.1080/02699939508409010>

Johnson, D. J. "Parents' perceptions of smartphone use and parenting practices". (Dissertação de mestrado). Universidade de Nevada, Las Vegas. 2017. Disponível no banco de dados Digital Scholarship@UNLV (Nº 3141)

McDaniel, B. T. e Radesky, J. S. "Technoference: Longitudinal associations between parent technology use, parenting stress, and child behavior problems". *Pediatric Research, 84*(2), pp. 210-218, 2018. Disponível em: <doi.org/10.1038/s41390-018-0052-6>

Moore, S. D.; Brody, L. R. e Dierberger, A. E. "Mindfulness and experiential avoidance as predictors and outcomes of the narrative emotional disclosure task". *Journal of Clinical Psychology, 65*(9), pp. 971-988, 2009. Disponível em: <doi.org/10.1002/jclp.20600>

Myruski, S.; Gulyayeva, O.; Birk, S.; Pérez-Edgar, K.; Buss, K. A. e Dennis-Tiwary, T. A. "Digital disruption? Maternal mobile device use is related to infant social-emotional functioning". *Developmental Science, 21*(4), e12610, 2018. Disponível em: <doi.org/10.1111/desc.12610>

Ouellet-Morin, I.; Odgers, C. L.; Danese, A.; Bowes, L.; Shakoor, S.; Papadopoulos, A. S. e Arseneault, L. "Blunted cortisol responses to stress signal social and behavioral problems among maltreated/bullied 12-year-old children". *Biological Psychiatry, 70*(11), pp. 1016-1023, 2011. Disponível em: <doi.org/10.1016/j.biopsych.2011.06.017>

Pew Research Center. *Teens, social media & technology 2018.* 2018. Disponível em: <www.pewinternet.org/2018/05/31/teens-social-media-technology-2018/>

Radesky, J. S.; Kistin, C. J.; Zuckerman, B.; Nitzberg, K.; Gross, J.; Kaplan-Sanoff, M. e Silverstein, M. "Patterns of mobile device use by caregivers and children during meals in fast food restaurants". *Pediatrics, 133*(4), e843-e849, 2014. Disponível em: <https://pediatrics.aappublications.org/content/pediatrics/133/4/e843.full.pdf>

Reed, J.; Hirsh-Pasek, K. e Golinkoff, R. M. "Learning on hold: Cell phones sidetrack parent-child interactions". *Developmental Psychology, 53*(8), pp. 1428–1436, 2017. Disponível em: <doi.org/10.1037/dev0000292>

Rozin, P. e Royzman, E. B. "Negativity bias, negativity dominance, and contagion". *Personality and Social Psychology Review, 5*(4), pp. 296-320, 2001. Disponível em: <doi.org/10.1207/S15327957PSPR0504_2>

Steiner-Adair, C. e Barker, T. H. *The Big Disconnect: Protecting Childhood and Family Relationships in the Digital Age.* Nova York: Harper Business, 2013.

Stelter, R. L. e Halberstadt, A. G. "The interplay between parental beliefs about children's emotions and parental stress impacts children's attachment security". *Infant and Child Development, 20*(3), pp. 272-287, 2011. Disponível em: <doi.org/10.1002/icd.693>

Teicher, M. H.; Samson, J. A.; Sheu, Y. S.; Polcari, A. e McGreenery, C. E. "Hurtful words: Association of exposure to peer verbal abuse with elevated psychiatric symptom scores and corpus callosum abnormalities". *American Journal of Psychiatry, 167*(12), pp. 1464-1471, 2010. Disponível em: <doi.org/10.1176/appi.ajp.2010.10010030>

Twenge, J. M. e Campbell, W. K. "Associations between screen time and lower psychological well-being among children and adolescents: Evidence from a population-based study". *Preventive Medicine Reports, 12*, pp. 271-283, 2018. Disponível em: <doi.org/10.1016/j.pmedr.2018.10.003>

Vaillancourt, T.; Hymel, S. e McDougall, P. "The biological underpinnings of peer victimization: Understanding why and how the effects of bullying can last a lifetime". *Theory into Practice, 52*(4), pp. 241-248, 2013. Disponível em: <doi.org/10.1080/00405841.2013.829726>

10. EMOÇÕES NA EDUCAÇÃO: DA PRÉ-ESCOLA À UNIVERSIDADE

Associação de Ansiedade e Depressão da América. Fatos e estatísticas. Disponível em: <https://adaa.org/about-adaa/press-room/facts-statistics>

Comissão Nacional de Desenvolvimento Social, Emocional e Acadêmico do Aspen Institute. "From a nation at risk to a nation at hope". 2019. Disponível em: <http://nationathope.org/wp-content/uploads/2018_aspen_final-report_full _webversion.pdf>

Belfield, C.; Bowden, A. B.; Klapp, A.; Levin, H.; Shand, R. e Zander, S. "The economic value of social and emotional learning". *Journal of Benefit-Cost Analysis, 6*(3), pp. 508-544, 2015. Disponível em: <doi.org/10.1017/bca.2015.55>

Bell, C. C. e Jenkins, E. J. "Community violence and children on Chicago's southside". *Psychiatry, 56*(1), pp. 46-54, 1993. Disponível em: <doi.org/10.1080/00332747.1993.11024620>

Belsky, J. e de Haan, M. "Annual research review: Parenting and children's brain development: The end of the beginning". *Journal of Child Psychology and Psychiatry, 52*(4), pp. 409-428, 2011. Disponível em: <doi.org/10.1111/j.1469-7610.2010.02281.x>

Boyne, J. *O menino do pijama listrado*. São Paulo: Seguinte, 2014.

Brackett, M. A.; Elbertson, N. A. e Rivers, S. E. "Applying theory to the development of approaches to SEL". In: J. A. Durlak, C. E. Domitrovich, R. P. Weissberg e T. P. Gullotta (Eds.), *Handbook of Social and Emotional Learning: Research and Practice*, pp. 20-32. Nova York: Guilford Press, 2016.

Brackett, M. A.; Reyes, M. R.; Rivers, S. E.; Elbertson, N. A. e Salovey, P. "Classroom emotional climate, teacher affiliation, and student conduct". *Journal of Classroom Interaction*, pp. 27-36, 2011. Disponível em: <www.jstor.org/stable/23870549>

Brackett, M. A.; Rivers, S. E.; Reyes, M. R. e Salovey, P. "Enhancing academic performance and social and emotional competence with the RULER feeling words curriculum". *Learning and Individual Differences*, 22, pp. 218-224, 2012. Disponível em: <doi.org/10.1016/j.lindif.2010.10.002>

Bradley, C.; Floman, J. L.; Brackett, M. A. e Patti, J. Burnout and teacher wellbeing: The moderating role of perceived principal emotional intelligence. (Dados não publicados.) Yale University, New Haven, CT, 2019.

Brooks, D. "Students learn from people they love". *The New York Times*, 17 de janeiro de 2019. Disponível em: <www.nytimes.com/2019/01/17/opinion/learning-emotion-education.html>

Castillo, R.; Fernández-Berrocal, P. e Brackett, M. A. "Enhancing teacher effectiveness in Spain: A pilot study of the RULER approach to social and emotional learning". *Journal of Education and Training Studies*, 1(2), pp. 263-272, 2013. Disponível em: <doi.org/10.11114/jets.v1i2.203>

Center for Collegiate Mental Health. *2015 annual report* (Publicação Nº STA 15-108), 2016. Disponível em: <https://sites.psu.edu/ccmh/files/2017/10/2015_CCMH_Report_1-18-2015-yq3vik.pdf>

Collaborative for Academic, Social, and Emotional Learning. Effective social and emotional learning programs, 2015. Disponível em: <http://secondary-guide.casel.org/casel-secondary-guide.pdf>

Departamento de Educação do Estado de Nova York, Departamento de Educação da cidade de Nova York. Memorando de entendimento, 2016. Disponível em: <www.nysed.gov/common/nysed/files/DOE_MOU_FINAL.pdf>

Divecha, D. e Brackett, M. A. (No prelo). "Rethinking school-based bullying prevention through the lens of social and emotional learning: A bioecological perspective". *International Journal of Bullying Prevention*.

Durlak, J. A.; Weissberg, R. P.; Dymnicki, A. B.; Taylor, R. D. e Schellinger, K. B. "The impact of enhancing students' social and emotional learning: A meta-analysis of school-based universal interventions". *Child Development, 82*(1), pp. 405-432, 2011. Disponível em: <doi.org/10.1111/j.1467-8624.2010.01564.x>

Gershoff, E. T. e Font, S. A. "Corporal punishment in US public schools: Prevalence, disparities in use, and status in state and federal policy". *Social Policy Report, 30,* pp. 1-37, 2016.

Gladden, R. M.; Vivolo-Kantor, A. M.; Hamburger, M. E. e Lumpkin, C. D. Bullying surveillance among youths: Uniform definitions for public health and recommended data elements, version 1.0. National Center for Injury Prevention and Control, Centers for Disease Control and Prevention, and U.S. Department of Education". 2014. Disponível em: <www.cdc.gov/violenceprevention/pdf/bullying-definitions-final-a.pdf>

Goleman, D. *Inteligência emocional: A teoria revolucionária que redefiniu o que é ser inteligente.* Rio de Janeiro: Objetiva, 1997.

Greenberg, M. T.; Brown, J. L. e Abenavoli, R. M. *Teacher stress and health: Effects on teachers, students, and schools.* Edna Bennett Pierce Prevention Research Center, Pennsylvania State University, setembro de 2016. Disponível em: <www.rwjf.org/en /library/research/2016/07/teacher-stress-and--health.html>

Holzapfel, B. Class of 2030: What do today's kindergartners need to be life--ready? [blog], 20 de janeiro de 2018. Disponível em: <https://educationblog.microsoft.com/en-us/2018/01/class-of-2030-predicting-student-skills/>

Immordino-Yang, M. H. *Emotions, Learning, and the Brain: Exploring the Educational Implications of Affective Neuroscience.* (Coleção Norton sobre a neurociência da educação). Nova York: W. W. Norton & Company, 2015.

Lipson, S. K.; Lattie, E. G. e Eisenberg, D. "Increased rates of mental health service utilization by US college students: 10-year population-level trends (2007-2017)". *Psychiatric Services, 70*(1), pp. 60-63, 2018. Disponível em: <doi.org/10.1176/appi.ps.201800332>

Loveless, T. "2017 Brown center report on American education: Race and school suspensions", 2017. Disponível em: <www.brookings.edu/research/2017-brown-center-report-part-iii-race-and-school-suspensions/>

McGraw-Hill Education. Relatório de aprendizado social e emocional de 2018, 2018. Disponível em: <www.mheducation.com/prek-12/explore/sel-survey.html>

Microsoft Education. The class of 2030 and life-ready learning, 2018. Disponível em: <https://education.minecraft.net/wp-content/uploads/13679_EDU_Thought_Leadership_Summary_revisions_5.10.18.pdf>

Moeller, J.; Ivcevic, Z.; Brackett, M. A. e White, A. E. "Mixed emotions: Network analyses of intra-individual co-occurrences within and across situations". *Emotion,* *18*(8), pp. 1106-1121, 2018. Disponível em: <doi.org/10.1037/emo0000419>

Murphey, D.; Bandy, T.; Schmitz, H. e Moore, K. "Caring adults: Important for positive child well-being". *Child Trends.* 2013. Disponível em: <www.childtrends.org/wp-content/uploads/2013/12/2013-54CaringAdults.pdf>

Nathanson, L.; Rivers, S. E.; Flynn, L. M. e Brackett, M. A. "Creating emotionally intelligent schools with RULER". *Emotion Review,* *8*(4), pp. 305-310, 2016. Disponível em: <doi.org/10.1177/1754073916650495>

Parthenon-EY Education Practice, Ernst e Young LLP. Untapped potential: Engaging all Connecticut youth, setembro de 2016. Disponível em: <http://cdn.ey.com /parthenon/pdf/perspectives/Parthenon-EY_Untapped-Potential_Dalio-Report_final_092016_web.pdf>

Reyes, M. R.; Brackett, M. A.; Rivers, S. E.; White, M. e Salovey, P. "Classroom emotional climate, student engagement, and academic achievement". *Journal of Educational Psychology,* *104*(3), pp. 700-712, 2012. Disponível em: <doi.org/10.1037/a0027268>

Rivers, S. E.; Brackett, M. A.; Reyes, M. R.; Elbertson, N. A. e Salovey, P. "Improving the social and emotional climate of classrooms: A clustered randomized controlled trial testing the RULER Approach". *Prevention Science: The Official Journal of the Society for Prevention Research,* *14*, pp. 77-87, 2013. Disponível em: <doi.org/10.1007/s11121-012-0305-2>

Salovey, P. e Mayer, J. D. "Emotional intelligence. *Imagination, Cognition and Personality,* *9*(3), pp. 185-211, 1990. Disponível em: <doi.org/10.2190/DUGG-P24E-52WK-6CDG>

Simmons, D. N.; Brackett, M.A. e Adler, N. Applying an equity lens to social, emotional, and academic development. Edna Bennett Pierce Prevention Research Center, Pennsylvania State University, junho de 2018. Disponível em: <www.rwjf.org /en/library/research/2018/06/applying-an-equity-lens-to-social-emotional-and-academic-development.html>

Sperduto, C.; Kershaw, T.; Brackett, M. A. e Monin, J. (Em desenvolvimento). An app-based, emotional intelligence intervention for wellbeing in university students. Escola de Medicina de Yale, Centro de Estudos da Criança, Universidade de Yale New Haven, CT.

Taylor, R. D.; Oberle, E.; Durlak, J. A. e Weissberg, R. P. "Promoting positive youth development through school-based social and emotional learning interventions: A meta-analysis of follow-up effects". *Child Development, 88*(4), pp. 1156-1171, 2017. Disponível em: <doi.org/10.1111/cdev.12864>

White, A. E.; Moeller, J.; Ivcevic, Z.; Brackett, M. A. e Stern, R. "LGBTQ adolescents' positive and negative emotions and experiences in US high schools". *Sex Roles, 79* (9-10), pp. 594-608, 2018. Disponível em: <doi.org/10.1007/s11199-017-0885-1>

11. EMOÇÕES NO TRABALHO

Barsade, S. G. "The ripple effect: Emotional contagion and its influence on group behavior". *Administrative Science Quarterly, 47*(4), pp. 644-675, 2002.

Barsade, S. G.; Brief, A. P. e Spataro, S. E. The affective revolution in organizational behavior: The emergence of a paradigm". *Organizational Behavior: The State of the Science, 2,* pp. 3-52, 2003.

Barsade, S. G. e Gibson, D. E. "Why does affect matter in organizations?" *Academy of Management Perspectives, 21*(1), pp. 36-59, 2007.

Barsade, S. G. e O'Neill, O. A. What's love got to do with it? A longitudinal study of the culture of companionate love and employee and client outcomes in a longterm care setting". *Administrative Science Quarterly, 59*(4), pp. 551-598, 2014.

Caruso, D. R. e Salovey, P. *Liderança com inteligência emocional: Liderando e administrando com competência e eficácia*. São Paulo: M. Books, 2007.

Côté, S. "Emotional intelligence in organizations". *Annual Review of Organizational Psychology and Organizational Behavior*, 1(1), pp. 459-488, 2014.

Côté, S.; Lopes, P. N.; Salovey, P. e Miners, C. T. "Emotional intelligence and leadership emergence in small groups". *Leadership Quarterly*, 21(3), pp. 496-508, 2010.

David, S. *Emotional Agility*. Nova York: Penguin Group, 2016.

Grandey, A. A. "When 'the show must go on': Surface acting and deep acting as determinants of emotional exhaustion and peer-rated service delivery". *Academy of Management Journal*, 46(1), pp. 86-96, 2003.

Harter, J. "Employee engagement on the rise in the U.S. *Gallup News*". 26 de agosto de 2018. Disponível em: <https://news.gallup.com/poll/241649/employee-engagement-rise.aspx>

Hatfield, E.; Cacioppo, J. T. e Rapson, R. L. "Emotional contagion". *Current Directions in Psychological Science*, 2(3), pp. 96-100, 1993.

Hennig-Thurau, T.; Groth, M.; Paul, M. e Gremler, D. D. "Are all smiles created equal? How emotional contagion and emotional labor affect service relationships. *Journal of Marketing*, 70(3), pp. 58-73, 2006.

Ivcevic, Z.; Moeller, J.; Menges, J. e Brackett, M. A. "Supervisor emotionally intelligent behavior and employee creativity". *Journal of Creative Behavior*. 2006.

Knight, A. P.; Menges, J. I. e Bruch, H. "Organizational affective tone: A meso perspective on the origins and effects of consistent affect in organizations". *Academy of Management Journal*, 61(1), pp. 191-219, 2018.

LaPalme, M. L.; Rojas, F.; Pertuzé, J. A. e Espinoza, P. "Surface acting can be good or bad: The influence of expressing inauthentic emotions on burnout, absenteeism, commitment, and patient complaints".

Mayer, J. D.; Roberts, R. D. e Barsade, S. G. "Human abilities: Emotional intelligence". *Annual Review of Psychology*, 59, pp. 507-536, 2008.

Menges, J. I. "Organizational emotional intelligence: Theoretical foundations and practical implications". In: C. E. J. Härtel, W. J. Zerbe e N. M. Ashkanasy (Eds.), *Research on Emotions in Organizations*, vol. 8, pp. 355-373. Bingley, Reino Unido: Emerald, 2012.

Menges, J. I. e Bruch, H. "Organizational emotional intelligence and performance: An empirical study". In: C. E. J. Härtel, W. J. Zerbe e N. M. Ashkanasy (Eds.), *Research on Emotions in Organizations*, vol. 5, pp. 181-209. Bingley, Reino Unido: Emerald, 2009.

Moeller, J.; Ivcevic, Z.; White, A. E.; Menges, J. I. e Brackett, M. A. "Highly engaged but burned out: Intra-individual profiles in the US workforce". *Career Development International, 23*(1), pp. 86-105, 2018.

Rosete, D. e Ciarrochi, J. "Emotional intelligence and its relationship to workplace performance outcomes of leadership effectiveness". *Leadership & Organization Development Journal, 26*(5), pp. 388-399, 2005.

Schoenewolf, G. "Emotional contagion: Behavioral induction in individuals and groups". *Modern Psychoanalysis, 15*(1), pp. 49-61, 1990.

Seppälä, E. e Moeller, J. 1 in 5 employees is highly engaged and at risk of burnout. *Harvard Business Review*, 2 de Janeiro de 2018. Disponível em: <https://hbr.org/2018 /02/1-in-5-highly-engaged-employees-is-at-risk-of-burnout>

Taylor, C.; Ivcevic, Z.; Moeller, J. e Brackett, M. A. Gender and creativity at work. *Creativity and Innovation Management.*

Agradecimentos

Sou imensamente grato às inúmeras pessoas e organizações que contribuíram para meu crescimento pessoal e profissional e para o conteúdo deste livro.

Em primeiro lugar, gostaria de agradecer ao meu maravilhoso agente, Richard Pine, e à equipe da Inkwell Management, em especial a Eliza Rothstein, William Callahan e Lyndsey Blessing, por toda a orientação e o cuidado em cada estágio do processo de publicação. Agradeço também a Amy Hertz que, desde o início, foi fundamental para me ajudar a dar forma a este livro. Sou grato a Bill Tonelli, que me apoiou durante todo o período de escrita e, em especial, por me ajudar a tornar acessíveis para um público amplo minha pesquisa acadêmica e a de outros pesquisadores.

Não posso agradecer o suficiente às pessoas dedicadas e talentosas da Celadon Books, minha editora, que têm sido muito mais encorajadoras do que eu imaginava ser possível, incluindo Jamie Raab, meu editor e publisher, e toda a equipe: Deb Futter, Rachel Chou, Ryan Doherty, Anne Twomey, Christie Mykityshyn, Heather Graham, Jaime Noven, Randi Kramer, Alexis Neuville, Cecily Van Buren-Freedman e Clay Smith. Suas sugestões, apoio e, sobretudo, todo o entusiasmo com minhas ideias tornaram real meu sonho de escrever este livro.

Nos últimos 25 anos, tive o privilégio de trabalhar com educadores talentosos em milhares de escolas nos Estados Unidos e em outros países. Aprendi algo com cada pessoa e escola com quem interagi, particularmente naquelas escolas e distritos que participaram de minha pesquisa ou compartilharam suas histórias comigo. Envio uma mensagem especial para Valley Stream District 24 em Long Island e para Ed Fale e Bruce Alster, que fizeram parceria com nossa equipe para realizar o primeiro estudo do método RULER há mais de quinze anos. Uma segunda menção vai para a Diocese Católica Romana do Brooklyn e Queens, e, em especial, a seu ex-administrador distrital, Michael Pizzingrillo, que foi fundamental em nosso primeiro estudo clínico randomizado controlado do método RULER. Expresso profunda gratidão ao Departamento de Educação de Nova York, com agradecimentos especiais a Dolores Esposito, Carmen Fariña, LeShawn Robinson, Richard Carranza, Brooke Jackson, Dawn DeCosta e David Adams. Sou eternamente grato a Bonnie Brown, que levou o método RULER para o Distrito 75 de educação especial de Nova York, ajudando-nos a alcançar milhares de crianças com desafios emocionais e aquelas no espectro do autismo.

Outras escolas a quem devo muito incluem nossos primeiros adeptos e parceiros: New Line Learning, especialmente Chris Gerry e Clare Collins; Girton Grammar, especialmente Paul Flanagan, Les Evans e Matthew Maruff; Brewster Academy, especialmente Mike Cooper e Allie Cooper; a Escola Shipley, especialmente Steven Piltch; Horace Mann, especialmente Deena Neuwirth e Tom Kelly; Prospect Sierra, especialmente Katherine Dinh e Heather Rogers; Escolas Públicas de Seattle, especialmente Helen Walsh e Bryan Manzo; Highline Public Schools, especialmente Susan Enfield, Laurie Morrison e Kimberly Kinzer; Fairfax County Public Schools, especialmente MaryAnn Panarelli, Dede Bailor e Jeanne Veraska; Aidan Montessori School, especialmente Kathy Minardi; Escolas Públicas de Bridgeport, especialmente Fran Rabinowitz por sua visão; Instituto Tecnológico de Monterrey, especialmente Paulino Bernot Silis e Rafael Abrego Hinojosa; Academy District 20 em Colorado Springs, especialmente Susan Field, Maureen Lang e Clark Maxon; a King David School, especialmente David Opat;

Escolas Públicas de Hamden, especialmente Valerie Larose; Joel Barlow High School e, em particular, Gina-Marie Pin e Chris Poulos; e Distrito nº 43 de Coquitlan, especialmente Tamara Banks.

Também quero agradecer aos principais parceiros que nos ajudaram a expandir o método RULER nos Estados Unidos, incluindo a Willows Community School, com destaque para Lisa Rosenstein, Susan Sleeper e Christina Kim, e Putnam North West BOCES em Nova York, especialmente Renee Gargano e Joan Thompson. Em nossa jornada para fazer de Connecticut o primeiro estado emocionalmente inteligente, quero reconhecer nossos maiores defensores: Dianna Wentzel, comissária de educação; Fran Rabinowitz, diretora-executiva da Associação de Superintendentes de Escolas Públicas de Connecticut; Bob Rader, diretor-executivo da Associação de Conselhos de Educação de Connecticut; e Steven Hernandez, diretor-executivo da Comissão de Connecticut para Mulheres, Crianças e Idosos. Não teríamos alcançado uma fração das crianças e dos educadores em Connecticut e Nova York sem sua paixão e dedicação.

O método RULER, a pesquisa e abordagem SEL de nosso Centro, foi possível com o apoio dessas organizações generosas: Anthony e Jeanne Pritzker Family Foundation, Arnow Family Foundation, Chan Zuckerberg Initiative (Brooke Stafford-Brizard, Gaby López e Priscilla Chan), Corbett Family Foundación, Dalio Foundation (Barbara Dalio, Andrew Ferguson, Kevin Ashley), Dancing Tides Foundation, Einhorn Family Charitable Trust (Jennifer Hoos Rothberg e Itai Dinour), Faas Foundation (Andy Faas e Patrick Mundt), Facebook (Arturo Bejar e Jamie Lockwood), La Fundación Botín (Íñigo Sáenz e Fátima Sánchez), Graustein Memorial Fund, Greater Houston Community Foundation, Hartford Foundation (Richard Sussman), Hauptman Family Foundation, Instituto para a Ciência da Educação, Instituto de Políticas Sociais em Yale, Lurie Family Foundation, The Meeting House (Paula Resnick), Novo Foundation (Jennifer Bufet), Oxman Family Foundation, Partners of '63 (Charley Ellis e Jim Schattinger), Família Phillipe Costeletos, Pure Edge (Chi Kim), Robert Wood Johnson (Jennifer Ng'andu e Tracy Costigan), Seedling Foundation (Karen Pritzker e Kathy

Higgins), Simms/Mann Foundation, Susan Crowne Exchange (Susan Crowne e Haviland Rummel), Tauck Family Foundation (Mirellise Vazquez), Wallace Foundation (Gigi Antoni e Katherine Lewandoski), Wend Ventures (Nora Flood), William T. Grant Foundation, World Wrestling Entertainment, Inc. e Yale China Fund for Emotional Intelligence (Neil Shen e Leon Meng).

Também estendo minha mais profunda gratidão a muitos outros que contribuíram para este livro, entre eles Daniel Goleman, que me ajudou a encontrar meus mentores, Peter Salovey e Jack Mayer; Richard e Susan Reiner; Mark Sparvell (Microsoft); Denise Daniels (Moodsters); Barbara Winston e Stephanie Winston Wolkoff (Associação das Mulheres pela Paz da ONU); Jeannie Francolini (Flawless Foundation); Ginny Deering e Bridget Durkan Laird (Wings); Bill Jackson (Great Schools); Crystal Brown (Boys and Girls Clubs of America); Leslie Udwin (Think Equal); Roger Weissberg, Karen Niemi e Tim Shriver (CASEL); Wendy Baron e Ellen Moir (New Teacher Center); Christopher Rim (Command Education); e Hopelab, especialmente Fred Dillon, Brian Rodriguez e Shane Brentham, por seu apoio na construção e manutenção de nosso aplicativo Mood Meter [Gráfico das Emoções].

Quero agradecer àqueles que compartilharam seu tempo e intelecto ao fornecer feedback a este manuscrito: Dacher Keltner, Deb e Hugh Jackman, Diane Archer, Harriet Seittler, James Gross, Janet Patti, Jeff Clifford, Jochen Menges, Karen Niemi, Kathy Higgins, Jamie Lockwood, Roger Weissberg, Scott Levy, Sigal Barsade, Tara Westover, Tim Shriver, Jennifer Allen e Zorana Ivcevic.

Minha pesquisa e pensamento ao longo dos anos foram influenciados por inúmeros outros pesquisadores e profissionais, incluindo: Angela Duckworth, Carol Dweck, Dan Siegel, Erica Frydenberg, Kim Schonert-Reichl, Lisa Feldman Barrett, Mark Greenberg, Maurice Elias, Miriam Miller, Pam Cantor, Patricia Lester, Richard Durlak, Roger Weissberg, Stephanie Jones, Tim Shriver, Shauna Tominey e Sharon Shapses. Agradeço também a meus mentores e amigos das artes marciais, que sem dúvida contribuíram para minhas opiniões. E envio agradecimentos especiais para Doc Krawiec, Bob Bross, Mike

Wollmershauser, Grande Mestre Im Hyun Soo e meu amigo e parceiro de artes marciais por mais de trinta anos, Michael D'Aloia. Nos últimos quinze anos, também tive dois professores de ioga incríveis aos quais gostaria de agradecer por suas contribuições para a minha disposição: Peg Olivera e Lori Bonazzoli. E devo minha saúde física e mental aos esforços implacáveis de Damian Paglia.

Estendo minha gratidão aos meus parceiros no Oji Life Lab, incluindo Matt Kursh, Andrea Hoban e Camilla Mize, que me deram ótimas apreciações sobre este manuscrito; a Diana Divecha e Robin Stern, que estiveram comigo a cada passo do caminho, lendo várias versões de cada capítulo; e James Floman, Nikki Elbertson e Kathryn Lee, cujo amplo feedback e orientação editorial aprimoraram este livro. Quero agradecer especialmente a Christina Bradley, que me ajudou a reunir os recursos para esta obra e trabalhou comigo na bibliografia.

Meus colegas, alunos e equipe de pesquisa nos últimos vinte anos tornaram minha carreira uma alegria completa. Este trabalho se beneficiou enormemente de Jack Mayer, Peter Salovey e David Caruso. Cada um desses indivíduos foi um mentor e colega incrível. Robin Stern e Janet Patti também têm um lugar especial em meu coração por apoiar minha jornada. Charley Ellis tem sido um grande mentor para mim e sou eternamente grato por sua orientação e seu apoio.

Em Yale, tenho que agradecer a muitas pessoas, incluindo Linda Mayes, Kim Goff Crews, James Comer, Edward Zigler e Heidi Brooks. No Centro de Inteligência Emocional de Yale, fomos abençoados com centenas de indivíduos talentosos. Sou especialmente grato a Susan Rivers e Robin Stern, que foram meus cofundadores. Susan e eu conduzimos a maior parte da pesquisa original sobre o método RULER, enquanto Robin e eu trabalhamos juntos com David Caruso nos materiais de treinamento originais do RULER. Sua sabedoria está espalhada por todo este livro. Nossa atual equipe de liderança sênior, que inclui Scott Levy, Dena Simmons e Robin Stern, forneceu um grande apoio durante minha escrita. E Michelle Lugo, minha assistente executiva e parceira diária, forneceu apoio incondicional em cada etapa da redação desta obra. Michelle, eu não teria sido capaz de escrever este livro sem você!

Também tenho enorme gratidão pela dedicação e criatividade dos diretores de nosso Centro, Danica Kelly, Christina Cipriano, Andrés Richner, Nikki Elbertson e James Hagen, e nossos diretores de projeto e pesquisadores principais, incluindo Craig Bailey, Jessica Hoffmann, Zorana Ivcevic, James Floman, Jennifer Allen, Kathryn Lee, Charlene Voyce e Emma Seppälä. Todas essas pessoas talentosas lideram equipes de gestores de programas e pesquisas, todos os quais contribuíram para meu pensamento e tornaram nosso Centro o que ele é hoje. Também gostaria de agradecer a Laura Artusio e Ruth Castillo Gualda, que dirigem nosso trabalho na Itália e na Espanha, respectivamente.

Acima de tudo, agradeço à minha família por seu amor e incentivo. Meus pais, William e Diane Brackett; meu irmão, Steven Nadler, e minha cunhada, Letícia Fraga Nadler, e seus filhos, Benjamin e Sofia; meu irmão, David Nadler; minha prima Ellyn Solis Maurer e sua filha, Esme; e meus primos Richard e Lisa Maurer e seus filhos, Jared, Jacob e Megan. Também tenho profunda gratidão à minha sogra, Irene; minha tia, Sandra Price; e Jane Brackett. Palavras não podem expressar minha imensa gratidão a meu companheiro de 25 anos e marido de nove anos, Horacio Marquínez. Seu amor e compromisso comigo e com meu trabalho vão além de qualquer expectativa que se possa ter de um parceiro de vida.

Este livro é sobre crescimento pessoal e transformação por meio do desbloqueio da sabedoria das emoções. Escrevê-lo me deu uma visão maior de minha vida emocional e me inspirou a desenvolver ainda mais minhas habilidades emocionais. Espero que tenha feito o mesmo por você. Portanto, por último, mas não menos importante, agradeço a você, leitor, por permitir que, por meio deste livro, eu o oriente nessa jornada.

CONHEÇA ALGUNS DESTAQUES DE NOSSO CATÁLOGO

- Augusto Cury: Você é insubstituível (2,8 milhões de livros vendidos), Nunca desista de seus sonhos (2,7 milhões de livros vendidos) e O médico da emoção
- Dale Carnegie: Como fazer amigos e influenciar pessoas (16 milhões de livros vendidos) e Como evitar preocupações e começar a viver
- Brené Brown: A coragem de ser imperfeito – Como aceitar a própria vulnerabilidade e vencer a vergonha (600 mil livros vendidos)
- T. Harv Eker: Os segredos da mente milionária (2 milhões de livros vendidos)
- Gustavo Cerbasi: Casais inteligentes enriquecem juntos (1,2 milhão de livros vendidos) e Como organizar sua vida financeira
- Greg McKeown: Essencialismo – A disciplinada busca por menos (400 mil livros vendidos) e Sem esforço – Torne mais fácil o que é mais importante
- Haemin Sunim: As coisas que você só vê quando desacelera (450 mil livros vendidos) e Amor pelas coisas imperfeitas
- Ana Claudia Quintana Arantes: A morte é um dia que vale a pena viver (400 mil livros vendidos) e Pra vida toda valer a pena viver
- Ichiro Kishimi e Fumitake Koga: A coragem de não agradar – Como se libertar da opinião dos outros (200 mil livros vendidos)
- Simon Sinek: Comece pelo porquê (200 mil livros vendidos) e O jogo infinito
- Robert B. Cialdini: As armas da persuasão (350 mil livros vendidos)
- Eckhart Tolle: O poder do agora (1,2 milhão de livros vendidos)
- Edith Eva Eger: A bailarina de Auschwitz (600 mil livros vendidos)
- Cristina Núñez Pereira e Rafael R. Valcárcel: Emocionário – Um guia lúdico para lidar com as emoções (800 mil livros vendidos)
- Nizan Guanaes e Arthur Guerra: Você aguenta ser feliz? – Como cuidar da saúde mental e física para ter qualidade de vida
- Suhas Kshirsagar: Mude seus horários, mude sua vida – Como usar o relógio biológico para perder peso, reduzir o estresse e ter mais saúde e energia

sextante.com.br